講談社選書メチエ

798

ポスト戦後日本の知的状況

木庭 顕

MÉTIER

はしがき

本書は、前著『クリティック再建のために』(木庭 二〇二二a)の続編であり、叙述自体これの上に展開されるから、本書の読者は前著を予め読むことを要する(多少強く言えば、誤解のもととなるから、これを読まずに本書を読むということがないように願う)。[1] さらに言えば、前著がさらにその上に成り立っている二冊、つまり『人文主義の系譜』(木庭 二〇二一)および『モミッリャーノ 歴史学を歴史学する』(モミッリャーノ 二〇二一)をも(『政治の成立』(木庭 一九九七)等までに及ばずとも)読んでいただきたい。前著は(「文献案内」で断っているように)モミッリャーノと対話する形で書かれているから、とりわけ、この訳書を読まずに前著だけ読んでも意味をなさない。前著は或る意味では私の方法を例解しただけだが、その方法が前提する歴史的成層は(それまでの著作の幾何学的叙述では単純化せざるをえなかったものの)実は極めて複雑である、ということを、モミッリャーノを前にすれば、白状せざるをえなかったのである。本書が目指す、クリティックを焦点として社会構造史を叙述するということ、自体モミッリャーノが初めて到達した考えであり、[2] 私はそれを日本近代に適用するだけであるから、この点でも読者はモミッリャーノ抜きには本書を一行も読めない。

本書の執筆は私にとって計画外であった。前著「まえがき」の原稿を(私にとってはソシュール研究等の同僚でもある)編集者の互盛央は私に書き直すよう命じた。「まえがき」は、問題の意義を日本の読者に彼らに近い脈絡で言い換える、繋ぎの役割を担っていたが、原稿はそれを如何にも面倒くさそうに遂行するものであった。もちろん私は書き直したが、実際のところは、現代日本の脈絡に置き換えることなど、それこそ難題中の難題であった。したがって、とりあえず少し詳しくしてみたものの、「右の〔クリティック不全という〕日本の状況を直接扱う準備を私が持たないことは明白である」と逃げを打たざるをえなかったのである。この時私は将来その準備をするだろうとは言っていないし、またその気もなかった。しかし、こうして一つの課題が浮かび上がったのである。もちろん、専門でない私が日本のことを扱うその論理的な理由については「序」で詳しく述べるが、事実の上できっかけになったのは以上の経緯であった。「瓢簞から駒」の類いである。

しかし実際に取り組むと、（自分が現代日本の知的状況の中に置かれている以上）切実なだけに、非常な集中力が生まれた。切実性の中には（自分が周囲の知的状況をささやかながら何とかしなければならないというポジションを取る以上）責任ということも含まれた。直接に責任を負っているその状況につき「何故そうか」を問うのであるから切実は当然である。結果、専門外の事柄について書くこととなった。ただし、歴史を専門とする者が現状分析に手を出した、ということではない。別の時代を対象としたにすぎない。そもそも歴史は語義上（「ヒストリーエー」）過去という要素を含まないばかりか、論理的に現代に関わる。私のように遠いギリシャ・ローマを扱っていてもそうである。

ポスト戦後日本の知的状況◉目次

第Ⅱ章 戦前期（一八九五―一九四五年）

第V章 ポスト戦後期II（一九九五―二〇二〇年）

序

1　本書が設定する問題

本書は、現代の日本において何故クリティックが定着しないのか、という問題を立てる。このクリティックなるものが何を意味するかについては、前著において述べたので繰り返さない。「知的状況」とはいえクリティック不全のみを対象とすることになるが、「知的状況」というタイトルを維持するのは、クリティックの状態が知的状況の最も枢要な位置を占める、と考えるからである。何故そうなのかについても、前著で述べたので繰り返さない。

本書は、右の問題の答を求めて一九〇〇年前後からの日本の歴史をも辿る。そのことなしには現代の状況が理解できないからである。ただし、そう見える部分があるかもしれないが、本書の内容は「思想史」でもインテレクチュアル・ヒストリーでもない。知的階層ないし擬似知的階層の知的活動のうちのクリティックのみを追跡する。これは、後に述べる本書の歴史学としての限界とは別の事柄である。

2　この問題設定の個人的な動機

私がこのような問題について考えるに至った背景には個人的な経験がある。私はこのクリティックなるものを生命とする分野の研究者であるが、研究を大学教育の場で還元するに際して非常な困難に直面したのである。幾つかの前提的資質を学生が欠いているために、クリティックのあり方を問い、先へと進める、という私の企図は（極めて優れた資質を持つ少数の学生に対して以外は）そもそも通じなかった。この経験は決して無駄ではなかった。つまりクリティックを凡そ成り立たしめる（どのようなクリティックを構築するか以前の）土台について、その重要性そのものについて、反省し、そしてそこから説き起こす、ということを強いられたのである。考えてみれば大変な幸運を意味していた。それればかりか、これは私の教育活動を研究者の養成へと戦術的に集中させた。この戦術も私に大きな財産を遺した。クリティックを（どのようなタイプであれ）しっかりと基礎に据えた新しい知的階層を（さしあたりは法学者・法律家に限られるとはいえ）育てる、ということが私の使命となった。幸い、私の非力にもかかわらず、何かの僥倖により私は「過ぎた」次世代研究者（とりわけ法学者）に恵まれた。しかし全体から見れば（右の極めて優れた資質を持つ学生に対応する）彼らは極めて少数であり、外に目を転ずれば、もとより多くの例外が存在するが、概ね、クリティックの観点からする限り呆然とせざるをえない知的風景が広がっているのである。私の教育活動それ自体は、比率としては絶対少数派であるとはいえ次第に一定の厚みを持った層の学生たちに囲まれ始め、私は一瞬外の風景を忘れることさえあった。しかし初期に遭遇した困難を直ちに思い起こさせる状況は何一つ変わっていない、ことは終始確かであった。それどころではない。年を追う毎に絶望は深まらざるをえなかった。一体何故こうなるのか。私と同じ立場に置かれれば誰でもこう問わざるをえないはずである[1]。

このようなわけで、本書は、何故こうなるのかについて考察するのであり、そのような状況を列挙して告発していくことには関心を有しない。自明のことでももう一度確かめなければならない、ということは言うまでもないが、しかし、それをしている暇はないのである。

3　探究の性質、その限界

このように「何故？」と問う以上、本書は歴史学に属することとなる。歴史学である以上は史料に基づくばかりか史料批判を施さなければならない。しかし、残念ながら本書はそこに及ばない。史料批判のためには長い年月を要するその分野の訓練、特に全体をバランスよく見る見通し、が不可欠である。史料として取り上げるものの位置と限界の測定が不可欠だからである。本書ももちろん史料批判に努めるが、私の受けた訓練は別の時代の別の社会を分析するためのものである。だから、史料に基づいたとしても、その取捨選択は恣意性を免れない。自分で史料を扱うのでなく、なるべく信頼できる二次文献によるようにする、といった工夫はするが、どうしても自分で史料を読まざるをえない場面は出てくる。その場合、そこから得られる推論のバイアスや射程の判定に、到底自信はないのである。

補うための工夫は、第一に、もちろん、(本来史料批判もまた史料によってなされるべきところ) 信頼できる先行研究に依拠してこれに替える、ということである。特に史料(この場合知的言説を成すテクスト)の背景については全面的に二次文献に従った。また、史料の解釈についても極力自分で読むということを避け、先行研究に依拠するようにした。ただし、「クリティック不全の歴史分析」というジャンルがあるわけではないから、直接の先行研究は存在しない。したがって二次文献をさらに解釈するという作業が必要となった。第二に、同時代史ということがある。つまり同時代をまさにクリティック不全問題最前線で生きてきた人間が有しうる展望というものが史料批判を補いうるのである。[2]だからこそ、私は個人的な経験から説き起こした。具体的には、ポスト戦後(post-postwar = PPW)日本の知的世界(少なくとも大学)で二〇歳代から六〇歳代までを過ごし、その間に周囲に強い疑問を抱き続けた、そのような人間が、その周囲の知的状況の変化を感じ取ったところ——これが本書の叙述の隠れた軸になる。この経験から生まれる感覚によって史料選択と史料批判がなされる。[3]戦後期については(一〇歳代後半に自分で感じ取ったことのほか)後述する環境の中で伝え聞いたことが大きな役割を果たした。伝承の中には戦前期から伝承され来たったことがたくさん含まれた。このような伝承が濃密に蓄積された空間にたまたま私は居た。むろん、そうした伝承を書き連ねることはしない。それを史料とするのではない。史料の選択や位置付けに暗に作用しているという警告を読者に与えるのみである。

翻って考えればしかし、現代史つまり同時代史をする、しかも文書でなく経験ないしその証言を使ってする、というのは、トゥーキュディデース以来、歴史学の中の本流である。トゥーキュディデースも、同時代を批判的に生きたということを最大限生かして同時進行で歴史を書いていった。私の場合、最前線には常に居たのである。最前線の中の最たるものの大学しかもその変容の震源地にあり、そこで批判的に振る舞い、そして挫折する、という経験をした。だからこそ、再びトゥーキュディデースにならって、本書は状況の中に置かれた人間の省察になる。ギリシャの悲劇やローマの喜劇や人文主義以降の人々の知的営為を追跡するときの、あの晴れ晴れした気持ちは持ちえない。しかし人は誰でも自分の現実に対して責任を有する。その責任の中に、自らの失敗の原因について考えるところを証言しておく、ということがあってしかるべきである。つまり、本書は現代の日本においてクリティックが欠落しているその理由を探究するが、決してそれを他人のことのように記述して済ますということはしない。何よりも、力及ばずそうした状況を改めえなかったことに対する反省がある。だからこそ、欠如の列挙などはせず、端的にその理由を歴史学的に探るのである。

とはいえ、本書は、トゥーキュディデース風同時代史にさえ至らない。その前の段階の、高々誰かに史料として用いて貰う、証言であるにとどまる。だからこそ、バイアスを積極的に申告し、また個人的なエピソードをも伝える。史料批判のソースのうちの一つを右に明かしたのはその一環である。

なお、前著の読者は、私がクリティックをデモクラシー成立のコロラリーとするのを見て、近代日本のクリティック不全がデモクラシーはおろか政治も未発達であることの帰結であること、火を見るより明らかではないか、あらためて分析するまでもない、と言うかもしれない。しかし私は前著で、反対に、クリティックこそはデモクラシー発達の基礎である、とも言ったのである。この観点からすると、デモクラシー未発達の理由を探究する中間審級の位置にクリティック不全の理由分析が置かれることになる。近代では逆転して（クリティックの温床たる）市民社会が先に成立していないと政治システムのさらなる発展がない、ということも私はこれまで書いてきた。クリティック不全の方が政治やデモクラシーの欠如の理由であるから、前者の理由を後者に見るのでは逆立ちになる。

　問題設定、そしてこれに対応して方法、の面で全く新しい試みであるということは言えるかもしれない。しかしながら、クリティックのあり方を歴史学的探究の対象とする（そしてこの探究を当該社会自体の歴史学的探究の鍵とする）ということ自体はモミッリャーノが始めたことで新しくない。新しいとすると、包括的なクリティック不全を探究するという点である。これは確かに未開拓の分野である。ただし、この序でもこの後言及するし、本論第Ⅲ章でも触れるが、クリティック不全の問題は、そうとは意識されずに、したがって的確な方法が見出されえないままに、丸山眞男によって発見された過去を持つ。

　いずれにせよ、この探究にあたっては独自の方法を用いる。その方法とは、前著で示した、パラデイクマのヴァージョン対抗のあり方を突き止めてその理由を問う、というものである。ただし、本来は社会に流通する全てのパラデイクマについて対抗のあり方を問わねばならないが、本書は、クリティックという人々の活動方面に現われた限りでそれを問う。つまりクリティックを遂行する際に従っていると想定されるパラデイクマの対抗関係のみを分析する。方法の面の難しさの第一は、クリティックのネガティヴなあり方を歴史学の対象とするクリティックを新たに考えつかなければならないという点に存する。かつその第二は、クリティックが発達しないという事実、換言すればクリティック遂行パラデイクマのヴァージョン対抗がクリアに現われないという事態、を分析しなければならないという点に存する。クリティックが発達した事例であれば、そうしたクリティックを多かれ少なかれそのまま用いても（例えば実証主義史学を実証主義的に分析しても）クリティックのあり方を近似的に記述しうるし、個々のクリティックの個性が生まれる理由にも大まかには接近しうる。ところが、クリティック不全の場合には、それに立ち向かうクリティックを新たに立ち上げなければならない。もっとも、クリティックが発達した事例でも、それが一体どうしてそうありえたのか、それがどう崩れたのか、を探究する場合には地下深くに探究を及ぼさなければならない（この探究こそは「三部作」で目指したものである）。すると同じことになる。本書は以上のような困難を展望して執筆される。ただし、繰り返すように、方法の完成には至らず、中間報告としてまずは証言をするにとどまる。

4　時代区分

以上のような理由で、直接の考察の対象は、私が問題に直面した一九八〇年代から現在までの日本の知的状況ということになる。しかるに、アンドルー・ゴードンは、その編著における全ての論文が一九七〇—七五年のどこかで「「大きな転換点」があった」と考えている、と指摘し（ゴードン（編）二〇〇一、一〇頁）、キャロル・グラックは同じ書物の中で（その「転換」前）「じっさい、有効な在野勢力をもたない国にあって、その代役を務めたのがこの進歩的知識人のゆるやかな連合だった」（同書、一六〇頁）と述べ、知的状況の変化を示唆している。これらの専門的知見を信頼するとすれば、私が直面した状況は、一九七〇年代後半から顕著になっていく風向きに対応するものであるということになる。他方、「ますます絶望的になる」状況がはっきりしてくるのは一九九〇年代半ばからである。二〇〇〇年代初頭には戦後期の所産がほぼ解体され終わり、二〇〇〇年代半ばからは新しいフェイズが安定軌道に向かい、二〇一三年頃に安定軌道は完成する。すると、私が直面した状況は、一九七〇年代の前半からスタートする「ポスト戦後の知的状況」として大きく括ることができることになる。念のため少し早めに一九七〇年に区切りを設定し、次にそれ以降を一九九〇年代半ばで二つのフェイズに分け、それぞれＰＰＷ‐ⅠおよびＰＰＷ‐Ⅱという符号によって指示することとする。ＰＰＷ‐Ⅱは二〇〇〇年代半ばで緩やかに前期と後期に区分しうるであろうが、この区分はマイナーなものである。終期は一応二〇二〇年とする。[4]

他方、本書はそのタイトルの割に大きな部分を戦後期と戦前期に当てる。ＰＰＷは戦後期との関係でしか捉ええないのであるから、戦後期を若干詳しく叙述しなければならないのは当たり前であるが、その戦後期は戦前期、つまり日露戦争以後一九四五年に至るまでの状況、との関連抜きには把握できない。しかもＰＰＷは戦後期を経由せずに直接戦前期と繋がる様相をも見せる。畢竟、ＰＰＷは全く戦前期と戦後期から逃れられないのである。

本書は夏目漱石の或る洞察を全体の基礎に置く。それはさしあたり戦前期を直接見通すものであるが、今述べたばかりの事情を通じて戦後期とＰＰＷをもその妥当領域に収めるのである。クリティックの観点からこうした日本の歴史を見通す場合に、夏目漱石の時代が占める特定的に特権的な高地より見通すことが有効である、ことは同時代に森鷗外があれだけの密度でクリティックについての省察を深めたという事実によっても裏付けられる。漱石のテクストは、一つの史料ではあっても、あまりに鋭く、事実として、緩やかな意味でモデルの機能を果たしうるのである（その意味、とりわけ実証主義にとっての「モデル」とは異なるということ、については第I章で説明する）。要するに、漱石が提示したモデルに人々が従っていくように見える、それに様々な変奏が加えられていくように見える、その様を叙述し、翻ってモデルの妥当性を証明する、ことになる。ＰＰＷに至るまでそうすることができる、ということである。

5　アプローチ

何を材料として論ずるか、であるが、クリティックに焦点を絞る以上、知的階層の言語行為を分析の対象とする。知的階層の（欠落を含めた）あり方はどうしても論ずべきこととなる。裏から言えば、人々の膨大な言語交換全体を材料として採るのではない、ということにある。他方、知的階層を構成すべき人々の言語行為全体を問題とするから、狭い意味の学術のみならずそれ以外の言論も見ることとなる。ただし（クリティックというものの位相にかんがみて）直接的に政治的な言論は除く。他方、前著で明らかにしたように、クリティックは元来政治的決定に間接的に繋がる言説に固有のものであるから、これを拒否する（ところに政治的意味を有する）狭い意味の文学も除く。狭い意味の文学においてもクリティックの原型は不可欠であるから、本来重大な関心事であり、まして、本書は夏目漱石が創造した文学的形象を一種のモデルとして使用する。それでも本書が狭い意味の文学を扱いえないのは、完全にエコノミーの問題である。扱うならば、大いに分節的に、別の膨大な専門的研究を連結しなければならない。

かつ、このように言わばクリティックに特化した言説のみを扱うとしても、それさえ網羅的に渉猟することは不可能であるから、同時代を生きた人間としての勘と記憶を頼りに、ほとんどランダムにサンプルを採るがごとく点描するしかない。視野の限定された証言たる所以である。

漱石の作品を全期間にわたって一種のモデルとして使用する、そのコロラリーとして、比較的容易に採用されやすい二つのアプローチを何れも斥ける。漱石の文学的形象自体がそのようなアプローチを否定するものだからである。第一に、クリティック不全の理由を探究するのであるが、これを日本の近代化の不成功に結び付ける方向は決して採らない。「近代」は、とりわけ古典との対比をする場合に、なお有効な道具概念であるが、しかしクリティックは、近代に固有のものではないし、むしろ近代においては奇形的にしか発展しなかった。第二に、当然、クリティック不全は日本に歴史的に固有の要因によるのではない。その原因を日本史の深奥に探っても無駄である。クリティックが十全に発達しないことが普通なのであり、かつその様相には個性があるが、それはさしあたり当該時代の当該社会の事情による。もちろん、前の時代に条件付けられるという側面は濃厚に存在し、この側面は蓄積されることもあるであろう。しかし蓄積されないこともあり、蓄積されるかされないかは一つの問題である。日本の事例は、さしあたり一九〇〇年前後からのみ蓄積されていった結果であろう。

本書は比較という探究の手法を意識的に封印する。これが有効であることは疑いないが、他でしばしば論じてきたように、モンテスキュー以来の比較学には大きな問題がある。つまり確立されていない方法を使用することにはリスクがありすぎる。ただし、道具立ての設定自体において比較を視野に入れているではないか、と言われれば、そうだと答えるしかない。しかし、あくまでこれを下味に使い、実際には封印しておくということには方法の上での意義がある。それに、分析対象たる言説においては、粗雑な比較が荒れ狂っているのである。比較学のリスクどころではない。この混乱した言説にアプローチするときに、本来は是非必要であるが、比較という視点を一旦そぎ落とさないと、下手に着飾れば裾を巻き込まれるが如くになる。高度に洗練されたテクストの分析も難しいが、極度に混乱したテクストの分析ほど高度なこともない。

漱石のモデルを借用することのもう一つのコロラリーとして、知的階層の問題を信用の方面から見ることとなる。具体的には、経済社会の動向を座標軸に使うこととなる。この経済社会の動向であるが、基本的に経済史の研究を参照し、私が近代日本の民事法（つまりほとんど経済社会）について見てきたところによって大きく補う（さしあたりは、木庭 二〇一五、二〇一八bを参照されたい）。クリティックと信用という二つの事象の間に何故関係が出来るのか、ということについては後に詳しく述べる。

証言である以上は、そのバイアスを自己申告しておく必要がある。

6 個人的な系譜

鷗外を除くとしても、クリティック、そして日本におけるその不全、を問題とするのは、実質的には（参照すべき本格的な研究があるわけではないが）、私が初めてではない。私の場合、専門からして最も卑近にはヨーロッパのローマ史学やローマ法学（がルネッサンス以来の詳細な学説史をすること）にこの問題関心を負う。その後、私の関心は古典と近代の関係一般にも及んだ。問題をヨリ強く意識するようになったのはモミッリャーノとレーポレの影響による。さらに、反転して（堆積層を成す学説の、ないし歴史叙述を著わした側の社会の）思想史や歴史学それ自体をする、という着想はそもそも彼らのものである。当然、そこではクリティックのあり方に焦点が置かれた。しかし、彼らに赴く前に、原田慶吉と片岡輝夫がローマ法学内部でもとりわけ史料操作と史料批判に執心したことがやはり私に下地の意識を提供したと思われる。とりわけ、片岡輝夫とは、毎夏軽井沢の片岡邸に幾週も滞在し毎晩長時間の激しい議論を交わした。日本の知的状況一般についてもわれわれはしばしば論じた。片岡輝夫の個人的な知的経験は私のそれに接合されている。本書が戦後期ないし戦前期について触れる場合、直接には、このチャンネルを通じて得た知見を元にして素材を選んだ結果であることが多い。

むろん、片岡輝夫の周囲の空間は孤立したものではなかった。片岡の背景には常に石井良助があった。石井はおそらく原田とともに日本が生んだ最良の実証主義者である。片岡は正反対の方向を目指していたが、石井と片岡は、会えば、気があって仕方がないという雰囲気を常に醸し出していた。[5] およそクリティックをするということに不可欠な、快活で突き放した、メンタリティーがそこにはあった。また、原田への「学恩」を強く意識する滋賀秀三も控えていた[6]（後述参照）。他方、片岡の近傍にはまた松本三之介があり、これは丸山眞男に繋がっている。（松本も共有した、まさにそうした快活で突き放した、メンタリティーの系譜に位置する）篠原一もあり、これは（その『ロンドン日記』からそうした市民的メンタリティーの日本におけるソースの一人たることが知られる）岡義武に繋がっている（片岡は軽井沢で隣人として岡と交わった）。[7] 丸山は本書の分析対象の側にも属するが、しかし既に述べたように彼が問題としたことは結局本書が問題とすることと同じであるとも言えるのである。松本は自身何より厳格なテクスト操作で丸山の問題を探究した。三谷太一郎は魅力的な史料操作によって岡と丸山の両方を受け継ぐ。[8] さらに、最も厳密な史料操作を体現する（岡が直接間接に呼び寄せたと言われていた）坂野正高と渓内謙が当時東大法学部にあり、彼らは駆け出しの私に直接の影響を与えた。そして、（秘かに片岡を敬愛する）村上淳一とは、まさに本書（特に第Ⅳ章2）が取り上げる問題状況の関連で、彼の晩年になればなるほど（或る著書の中で私が「学問以前の」と形容した）固い連帯の関係にあった。

他方、私のバイアスを成す系譜は下方にも延びる。つまりどういうわけか奇跡的に驚くほど素晴らしい（その都度）若い研究者に私は囲まれてきた。名前の列挙は控えるが、私にとってその死がこれ以上に辛い出来事はないと思われた、福田有広（二〇〇三年没）と越智啓三（二〇一一年没）の名のみを記しておきたい。

要するに私は（ナポリ以前に既に）学問的に特権的な生育環境にあったと言えるであろう。当時の東大法学部には、若い研究者には（助教授になっても）一切負担を課さず、業績も要求せず、ひたすら「息の長い」[9]研究を待つという悠然たる投資態度（学問的資質を実質で評価しうるという自信）があった。にもかかわらず私がそれに見合うリターンをなしえなかったことは言うまでもないが、いずれにせよ、この環境が本書にプラスとマイナスのバイアスを与えていることを私は否定しない。ただし、「東大法学部中心に物事を見ている」という批判は必ずしも妥当しない。夏目漱石は法学部の教育および卒業生に対してこの上なく厳しい目を向けている（「浅井君！」）が、本書はこちらに加担する。「東大法学部」は、一般的には、必要な文学的歴史学的哲学的素養を欠き、したがってクリティックなど一顧だにしてこなかった。実定法学にも鈴木竹雄、来栖三郎、私と同世代でこれを受け継ぐ江頭憲治郎、岩原紳作等々、たくさんの例外があったが、こうした系譜は全体として見れば優勢ではなく、東大法学部の知的レヴェルを代表していなかった。それでもなおこの系譜のバイアスを本書について言うならば、もちろん私はそれを受け容れる。[10]私の考えでは、史料として有意味であるのはパラデイクマのヴァージョン偏差のみである。本書が史料として有意味であるのは（願わくば、のっぴきならない形で私が状況に関わったところから来る）私のバイアスにおいてのみである。

第Ⅰ章　与次郎

はじめに

森鷗外（一八六二年生）は二〇世紀の初頭に一連の「史伝」を著わし、「クリチック」にたずさわった江戸時代末期の「考証学者」たちを描いた。その趣旨は多様に解しうるが、日露戦争後において、政治的階層と区別された意味の知的階層が育つ市民社会の可能性が見えたのに、その足場となるべきクリティックの伝統がない、辛うじて手元にあってよかったものは捨ててしまった、ことへの批判が鷗外に存したことは疑いない。これに、ヨーロッパにおける当時ちょうど旬の実証主義批判の第一の波を鷗外が敏感に感じ取ったということが加わったであろう。反省対象の中には、実証主義の最先端に棹さしたばかりに経験することになった自身の医学上の大失態が含まれたかもしれない[1]。

同じ頃、夏目漱石（一八六七年生）は、同じ歴史的状況にあって、新しく芽を出した知的階層の可能性が致命的な欠落を帯びていることを冷徹に分析しつつあった。森鷗外と夏目漱石のヴィジョンは綺麗に対抗するものであり（拙著「森鷗外と「クリチック」」、木庭 二〇一八a、一五二頁以下）、このことは彼らの言語行為が社会構造をネガティヴにせよ媒介した、少なくともこれを鋭く摑んでいた、ことの証左である。漱石は初期の作品から一貫して知的階層の問題を扱う。その離陸を阻む社会構造を常に視野に入れていた。そして一九〇八年の『三四郎』において初めて本格的に、市民社会の成否の問題を、経済社会としての側面を強く意識しつつ、介在させて、社会構造を分析する、ということに転ずる。その際彼は、市民社会の成立を阻む(自己に内在する部分を含む)条件と格闘する主人公の傍らに、しばしば、この阻害のダイナミズムから弾き出されるようにして生まれる分子を置く。そうした類型の最初の人物が『三四郎』の中の登場人物、「与次郎」、である。

おそるべきことに、この与次郎は、その後の日本の表見的知的階層の全ての特徴を先取りしている。そうした自身の予見を漱石が意識していたかどうかはわからないが、彼が出来上がりつつある与次郎発生構造を捉えたことは疑いない。その射程を正確には特定しえずとも、何か容易には動かないところを押さえた、という手応えは有していたと思われる。

われわれはこの漱石の発見を手がかりに以下思考していく。つまりその射程がポスト戦後日本の知的状況にまで及んでいると考える。換言すれば、与次郎を(後述のように特殊な意味の)モデルとして、その後の知的状況(におけるクリティックの問題)を解析していく。そこで、まずこのモデルを説明しなければならない。『三四郎』という作品を論じなければならない。

1　与次郎の知的資質

『三四郎』において、熊本から大学入学のため東京に出て来たばかりの主人公三四郎が初めて佐々木与次郎に遭遇するのは大学の授業中である。三四郎の隣で与次郎は「先生の似顔をポンチに書いていた」のである(第三章)。「大学の講義はつまらんなあ」が彼の三四郎に対する最初の科白である。授業ばかり出ていないで、せっせと東京の文化的現実に触れろ、と三四郎に言う。東京の文化的現実とは飲食店と落語であり、「小さん」を芸術的に褒めて三四郎を感心させる。図書館は別らしく、「これから先は図書館でなくっちゃ物足りない」とつぶやくので三四郎は真に受けて図書館を初体験するが、その実、「与次郎を図書館で見掛けるのは珍らしい」。「彼は講義は駄目だが、図書館は大切だと主張する男である。けれども主張通りに這入る事も少い男である」。講義は駄目だと言うために図書館（アンティクアリアニズム）を担ぐが、図書館を本気で使っているわけではない。講義をけなすために外の文化を引照する（のでデカルトかゲーテかと思わせる）が、どこまで真剣に現実を見ているのか、ただ世間に棹さすというにすぎないであろう。要するにあちらを借りてこちらを批判する、ことしかせず、どれに対しても「ポンチ」アプローチ、つまり野次馬的態度、しか採りえない。[2]

　三四郎が図書館で本を読んでいると、書き込みに出くわす。「彼〔ヘーゲル〕の講義は真を説くの講義にあらず、真を体せる人の講義なり。舌の講義にあらず、心の講義なり。真と人と合して醇化一致せる時、その説く所、云う所は、講義の為めの講義にあらずして、道の為めの講義となる」といった調子であるが、そうでない性質の講義を聴かされる屈辱感がこれに続いて表現されるから、三四郎は失笑を禁じえない。しかし、どこかわかるような気もする。「ヘーゲルの」となおその先でも書き込まれるので、「余程ヘーゲルの好きな男と見える」と三四郎は皮肉るが、それでもその先も、ただ書き写している（「のっぺらぼうに卒業し去る」）だけの日本の学生に比してベルリンの学生は講義によって「未来を決定し得た」し、「切実なる社会の活気運に関」しえた、とあるので、三四郎は結局だいぶ考えさせられる。そこへ与次郎が現れて覗き込む。「大分気に入ったらしい」。長く再現されたこの書き込みは、与次郎が好んで取る種類の態度が何故生まれるか、説明する。講義は、外来のテクストを、それが深く関わっている現実を切り捨てて、持ち込んで来る。すると学生は単位を取得するためにこれを丸呑みにするしかない。ここから反発が生まれる。一理あるではないか？　他方でしかし漱石は、（ヘーゲルという選択にどのような意味が込められているか私にはわからないが）反動として産み出される知的態度の側も入念に描き挙げている。第一は、逆の極（講義と反対の側）を神秘化する癖である。第二は、逆の極を、行為に直結することと捉える傾向である。ミリタリーな感触がここから生ずる。その感触は文体に現われている。作者はこれを表わすべく文体をカリカチャーにしなければならなかった。エネルギーを使ったはずである。この皮肉の射程は非常に長く、現代に及ぶとさえ言える。つまり独特の漢文調の文体そのものが廃れた後にも、この二つの要素が織りなすミリタリーな調子（乱暴な言い方）は言説の水面下に今でも残存している。

与次郎は有力でない或る雑誌に様々なペンネームで盛んに執筆していた。今般は「偉大なる暗闇」と題する文章を発表し、大層ご満悦である。三四郎はこれを、半分講義を聴きながら授業中に読む。与次郎の弁は以下のとおりである（第六章）。

今の思想界の中心に居て、その動揺のはげしい有様を目撃しながら、考えのあるものが知らん顔をしていられるものか。実際今日の文権は全く吾々青年の手にあるんだから、一言でも半句でも進んで云えるだけ云わなけりゃ損じゃないか。文壇は急転直下の勢で目覚しい革命を受けている。凡てが悉く揺いて、新気運に向って行くんだから、取り残されちゃ大変だ。進んで自分からこの気運を拵え上げなくちゃ、生きてる甲斐はない。文学文学って安っぽい様に云うが、そりゃ大学なんかで聞く文学の事だ。新しい吾々の所謂文学は、人生そのものの大反射だ。文学の新気運は日本全社会の活動に影響しなければならない。

この後長く、つい最近まで、擬似知的階層の綱領として十分に通用していた、ものを漱石はたちどころに創造ないし捏造しえたことになる。流れに乗れなければ「損である」ばかりか、「取り残された」ならば「大変」なのである。ともかく、一発やってやらねばならない。社会に対して何らか実効性を有しなければならない、というのであるが、本当の現実を厳密に見る、というのではなさそうであるから、実効性は「文権」や「文壇」に関して言われるのみであろう。最も粗野な意味における権力にアプローチする日も遠くはないと思わせる。

与次郎のこのパンフレットは「高等学校」の教師、世に出ようとしない「偉大なる暗闇」「広田先生」、が大学のポストを獲得できるようにするためのものである。三四郎は「釣り込まれる」ようにして一気に読むが、「ああ読んだな」と思ったものの、「然し次の瞬間に、何を読んだかと考えてみると、何にもない。可笑しい位何にもない。ただ大いにかつ熾に読んだ気がする。三四郎は与次郎の技倆に感服した」。さらにまた、「能く考えてみると、与次郎の論文には活気がある。如何にも自分一人で新日本を代表している様であるから、読んでいるうちは、ついその気になる。けれども全く実がない。根拠地のない戦争の様なものである」。

「根拠地のない戦争」はクリティックの基礎さえないことの端的な指摘である。その際にしかし無内容に「日本が、日本が、――」とわめき散らすのも特徴である。流ればかりを追うくせに、ヨーロッパからの文化の流入に対して閉ざすよう主張する。「西洋」を排撃する。それが流れだからであろう。「ことに大学文科の西洋人を手痛く罵倒している。早く適当の日本人を招聘して、大学相当の講義を開かなくっては……」というように与次郎は檄を飛ばすのである。

この件の結末は第十一章に書かれる。「広田先生」が三四郎に書かせて運動した、と新聞に攻撃されることになったのである。当の「広田先生」は驚かない。しかし与次郎が善意でしたということについてはこれが酌量の理由になるとは考えない。何故ならば、「第一僕の為めに運動をするものがさ、僕の意向も聞かないで、勝手な方法を講じたり勝手な方針を立てた日には、最初から僕の存在を愚弄していると同じ事じゃないか。存在を無視されている方が、どの位体面を保つに都合が好いか知れやしない」。取引世界における表見代理の法理の異常増殖はこの時代に既に始まっている。「広田先生」は、「善意無過失」であってさえ、無視された、否、無視されない、本人は堪ったものではない、と言っている。ましてその「善意無過失」が限りなく無内容な場合は言語道断であろう。[3]

しかるに、漱石はここでこれを知的世界の性質を照らし出すパラデイクマとして提示しているのである。知的世界を構成する人員が、皆、法的には無権代理人であるところのブローカーのようだ、というのである。そもそも自分の勘定で動いていない。他人を当て込み、しかもその他人との間に信頼関係がない。ここでは、元来特別の信頼度を意味する「善意」はそもそも信頼関係を意味しない。勝手によかれと思えば、「善意」となる。しばしば余計なお節介である。自己利益追求とないまぜである。本人が尊重されない。否、この知的世界に本人はいないのかもしれない。皆がブローカーになり、こっちの代理人だと言って、あっちを信用させ、あっちの代理人だと言ってはさらにその先を信用させる。最初のこっちは架空かもしれないが、それで十分である。皆でこれをやりあう。自前の信用はなく、今回失敗した与次郎のように、スペキュレーションは必ず破綻するから、信用は決して蓄積されない。蓄積はまず、同僚間で厳密な議論を交わし、互いの言語行為の質を当てに出来るようになっていること、を意味するであろう。次に、このような営為が世代間において継承されていくこと、を意味するであろう。共に、ここでは全く期待できない、ということが作者によって痛烈に批判されている。与次郎はそのために造形された。

このような知的資質は、結局「広田先生」を傷付ける。与次郎を推進するのは既存の授業とその後ろに控える(差し当たりは人事の)メカニズムに対する不満であり、そのため彼はこれにオルタナティヴとしての「広田先生」を突きつけるつもりである。しかし結果的に、「広田先生」を「だし」に使った。これを踏み倒して、彼が反感を抱く当の体制に食い込もうとする、その意図は与次郎にまだないけれども、意図的にこれを追求する者がやがて現われても不思議はない。その当の体制に対する反発から(矛盾であるが、却って)「広田先生」(の方)を攻撃し、そしてこれを土産にその体制に自分を売り込もう、それに失敗すればその体制に対してさえテロルを向ける、という分子さえ登場するであろう。いずれにせよ、この三角関係にわれわれは十分に留意しておく必要がある。

2　この知的資質をもたらす要因

作品は与次郎の言語活動が何故こうなるのかについて精密に特定している。三四郎は与次郎に二十円貸す。このことを作品が告げる時、「広田先生」は与次郎の人格を描写する。

気が移る……例えば田の中を流れている小川の様なものと思っていれば間違はない。浅くて狭い。しかし水だけは始終変っている。だから、する事が、ちっとも締りがない。縁日へひやかしになど行くと、急に思い出した様に、先生松を一鉢御買いなさいなんて妙な事を云う。そうして買うとも何とも云わないうちに値切って買ってしまう。（第七章）

与次郎が書生として住み込む「広田先生」の家の引っ越しは作品中大きな役割を果たしている。引っ越し先の貸家を探す段から描かれる。「広田先生」はその敷金二十円が払えない。そこで野々宮から借りる。野々宮は三四郎と同郷の物理学者で大学に勤めている。野々宮は妹のよし子のためのヴァイオリンを買うはずの金銭を「広田先生」に回す。「広田先生」はやりくりして何とか二十円を作る。これを与次郎は野々宮に届けなければならなかったのである。全て現金のやりとりである。その現金二十円を与次郎は失った。「なに落したんじゃない。馬券を何枚とか買って、みんな無くなしてしまったのだと云う」（第八章）。与次郎は、厳密には代理人でなく使者（nuntius）であるが、これは文学的形象であるから、代理人を表現しており、馬券購入が法的に有効である（「広田先生」が否認できない）のは表見代理の法理が働くからである。つまり先の私のsimilitude（三一頁の代理のたとえ）は重ねてのredundancy（同じことを別の言い方でもう一度言ったの）であり、作者自身がredundantであるのを指摘した（三度同じことを別の言い方で言った）にすぎない。つまりここで与次郎は実際に無権代理をして見せ、なおかつ横領にさえ及んだのである。たまたま投機に成功して増やしこれを自分のポケットに入れずに本人に返却したとしても横領は既遂である。むろん、他からの融通で穴埋めできたとしても同じである[4]（木庭 二〇一九、二二九頁以下）。三四郎は呆れるものの、故郷から少し早めに届いた仕送りを融通する。直後、二人で蕎麦屋に行くが、「与次郎は中々人に払わせない男である」。他人の金で大盤振る舞いするタイプなのである。

　要するに、与次郎のこの行動様式は彼の知的態度と完璧にパラレルである。そうして作品は、これらの与次郎の行為は、彼の偶発的な性格から来る偶発的なものであるのではない、と詰めてくる。何か構造的な要因の帰結である、というのである。

「広田先生」は高等学校の教師であるが、「世に出ない」ためもあって経済的余裕は全くない。むしろ地方に辛うじて余裕があり、野々宮も三四郎もここからの仕送りに依存している。しかしこれとても強力というわけではない。それでも、彼らは短期の信用を融通し合って生きている。その融通の過程に、エイジェントないしメッセンジャーたる与次郎が介在する。そもそもその世界の食客である。食客は一般に資産成立のメルクマールである。しかしここでは、与次郎が豪語するように、「広田先生」の生活が与次郎の実際的な能力なしには成り立たない。食客は、余裕に任せて資産の果実を享受するのではなく、マネージャーとして物的利便につき役務するのである。ここから、与次郎の横領が生まれる。[5] 横領は、資産のレヴェルを滑空しているはずの金銭を地に降ろすところに生ずる。地に降ろして果実を取ろうとする。この場合は中でも最低で、投機をした。広田＝野々宮方面においては信用の蓄積が脆弱で、与次郎のようなものが入り込むのを防ぐ制度的防塁を巡らすに至っていない。反対に、与次郎のようなものが跋扈するからこそ信用の蓄積が生まれないのでもある。貧しくとも、大きな透明性があれば、つまり与次郎のような無頼な義侠的精神とは対極にある信頼関係があれば、蓄積は生まれるであろう。読者は、何故「広田先生」は与次郎を切らないのか、と苛立つが、作者は、この二人双方にとって互いが不可欠であることを感じさせている。またしても作者は或る構造的な連関を指摘しているのである。

与次郎は二十円を三四郎に返せない。しかし妙手を思いつく。三四郎が秘かに思慕する美禰子に融通させるのである。美禰子は承知するが、ただし三四郎に直接手渡す、と言う。(信用整理ないし収縮の一手段としての)「弁済による代位」であり、美禰子は、三四郎をショート・カットして与次郎と直接の債権債務関係に立つはずであるが、ショート・カットするときに中間の三四郎を償却することになる。その瞬間において美禰子は三四郎に対する物的関係に近い優位(「返してやった」)を得ることができ、三四郎を自由にしうるかもしれないのである。[6] まして、与次郎は美禰子に、三四郎自身が入用なのだ、と言ってある。美禰子は、弁済者として与次郎を支配するのではなく、お前の債権を取り立ててやったという貸しを作ることによって三四郎の方を支配するつもりである。弁済による代位は債権者の側への一時の融通へと転倒する。三四郎と美禰子の関係は作品の主題である。この関係が成り立つか否かが何を意味するのか、作者は暗示することに余念がない。

その前に、この融資が成り立つのかどうか。「あの女は自分の金があるのかい」と三四郎は尋ねる。与次郎は、「そりゃ、どうだか知らない」が、「里見というのは知らないかね。里見恭助。法学士だ。美禰子さんの兄さんだ」と説明するのを忘れてはいない。どこまで自立的な資力かはわからない。しかし「法学士」は、漱石の lexicography（意味のフィールド上における語の布置図）において、不安定な中では最も強力な資力に近い、依存するにしてもなかなか有力なところに依存している、ということを指している。その有力さはおそらく日本の政府権力に近いというところから生まれている。ちなみに、「広田先生」のところにも出入りするが、しかしこの里見とべったりの、原口という、政府の資金でパリに遊学した画家がいる。大変に野心的で、美禰子の肖像画によって展覧会で成功する。要するに、この画家は里見という信用源にぶら下がることを旨としているが、それは明治政府へのぶら下がりの延長線上にある。三四郎に女とともに投げかけられた謎は、以上のほぼ一元的な信用源にお前もぶら下がる気があるかどうか、であった。だからこそ、おかしな具合に、美禰子は三四郎に向けて代位弁済するはずが三四郎に貸す、三四郎の債権者になる、かの如くの話になってくる[7]。ところが、「じゃ、あなたが御金が御入用じゃなかったのね」。


「要る事は僕が要るのです」

「本当に？」

「本当に」

「だってそれじゃ可笑いわね」

「だから借りなくっても可いんです」

「何故。御厭なの？」

「厭じゃないが、御兄いさんに黙って、あなたから借りちゃ、好くないからです」

「どういう訳で？　でも兄は承知しているんですもの」

「そうですか。じゃ借りても好い。——然し借りないでも好い。家へそう云って遣りさえすれば、一週間位すると来ますから」

「御迷惑なら、強いて……」

　美禰子は急に冷淡になった。今まで傍にいたものが一町ばかり遠退いた気がする。三四郎は借りて置けば可かったと思った。けれども、もう仕方がない。……三四郎は自分から進んで、他の機嫌を取った事のない男である。女も遠ざかったぎり近付いて来ない。


　これがこの作品全体の最も効率的な要約である。確かに、外へ出た二人は、銀行の前に至り、三四郎は美禰子に引き出しを頼まれ、かつそれをそのまま持たせられる。時を経て、三四郎は原口の家で美禰子がモデルを務めているところを訪ねて借りた金を返そうとするが、場面不適切として拒絶される。そこを出たところで、予想外の若い紳士と遭遇し、里見の友人らしい（ということは、一元的信用源にもっと近い）この男が美禰子をさらって行ってしまうはずである。彼がおそらく（原口をも退けて）最終の勝者であり、原口の絵が掛かる展覧会までには美禰子の夫となったはずである。美禰子が三四郎に、里見の信用世界で勝負をする気があるか、つまりは自分を「獲得する」（どうやらその信用世界は大いに物的である）[8]気があるか、を問う、その融通を断ったのだから、或いはその意味を理解しなかった、したくなかった、のだから、三四郎はレースの前に失格した。美禰子にはそれは残念なことであり、というのもおそらくその信用世界に少々不満であり、何らかの突破口が欲しかった。兄主導の縁談によって「片付かなければならない」美禰子にとっては、事態が切迫しており、三四郎に決断を求めたが、彼にはその信用世界そのものに対する無意識の不信感がある。美禰子が貸したままにしておきたい金はもはや、彼女が三四郎の心に構造を刻印するためのものであるにすぎない。

野々宮の妹、よし子、は美禰子と正反対の性質の女として描かれる。同じく「新しい」タイプであるが、こちらはまだ若く、率直かつ真っ直ぐな性格で、複雑な駆け引きと無縁である。作品は、三四郎との間の関係の成否につき完全に留保している。しかし、三四郎の共感が潜在的にこちらにあることは明白である。それは「世に出ない」「広田先生」や野々宮の側の信用世界である。ということは、成り立っていない信用世界である。里見や原口の側と彼らの間の人的な連続性はまだ保たれている。しかし亀裂は生じ始めており、その亀裂の分、原口や与次郎のように、エシャンジュとレシプロシテを通じて上昇しようという「気運」が生まれており、とりわけ、与次郎が代弁する周縁からは、乾坤一擲の大博打に打って出る、という圧力が蓄積されつつある。

かくして、前節で確認した三角形は、ここでは、金銭の貸借関係として現われる。①与次郎と、②「広田先生」や野々宮、そして③里見や原口。この最後のもの③の結合タンパク質として美禰子が存在する（彼女は秘かにそれに不満であるが）。また、おそらく大学の授業やその背後の人事のメカニズムはこの③にぶら下がっていることであろう。三角形を言い換えれば、③の本当の基盤であるべき②

市中の信用（「広田先生」や野々宮）は逼迫しており、①投機に走る分子を生み、その投機が失敗したときに、その分子①は③にぶら下がろうとする。この時である。市中の信用②は、それまで連続的だったはずの③に背を向けざるをえない、という強い違和感を抱く。三四郎に託されたこの感覚、その前提事実として進行していたはずの②③間の亀裂、が作品の核心である。この作品には予感しかなく明示されないが、③は軍事化を通じての投機機会創出にますますノメリ込んでいっている。三四郎はどうしてもこれに乗ることができない。その怪しいエシャンジュに忌避の感情を有している。それというのも、軍事化による信用機会創出は強い信用吸収力を持ち、市中の信用②を圧迫し、圧迫すれば与次郎①が生まれ、与次郎①がその信用機会創出マシーンにすり寄り、或いはマシーンを志し、こうして与次郎の増殖はマシーンを肥大させる。この multiplier（乗数効果）の前に②は取り残される。②③間の切断は決定的になる。三四郎は、この循環に未来はない、と直感している。だから美禰子の金はどうしても受け取れない。上京過程の宿での出来事（パラデイクマ）の大層な発展ヴァージョンである。三四郎はそういう aléatoire（ぬれ手にアワ）な利得を潔しとしない（「私は疳性で」）。

3　与次郎とクリティック

以上二つの三角関係はパラレルであり、知的資質の問題と信用の問題は深く結び付いている、というように描かれている。後者から前者が発生する、というように差し当たり読めるが、真の意味の因果関係があるとは読めないので、与次郎の知的態度と信用面における態度が同一の構造的要因に基づくものである、という造形を作者が行った、とひとまず解するのが無難であろう。この場合「構造」とは、特定のフェイズのその社会において比較的安定的に見られる関係および人々の思考の方向性を指す。この構造を漱石はクリティックと信用という二つのタームによって例解した。その例解の中で不可欠な役割というものがあり、これを担う与次郎に、その役割に対応する或る特徴的な知的態度が現われる、という画像が提出されているのである。

漱石は、与次郎がクリティックを脱漏させるに至るプロセスをも例解画像の中に含めて描いている。

与次郎も、既存のパラデイクマに漠然と従うタイプではない。『吾輩は猫である』の（迷亭の法螺「牧山男爵」に簡単に引っかかる）「金田の妻」とは全然違う。つまり本来何らかのクリティックを備えていてよいはずであるところに位置付けられている。『三四郎』の登場人物全員がそうである。全員が（少なくとも潜在的には）知的階層に属している、ないし属すべき存在である。彼らは、パラデイクマをパラディグマティクに分節させることを知っている、ないし目指している。「パラデイクマをパラディグマティクに分節させる」とは、そこに漠然と作動しているパラデイクマを一旦パラディグマティクに解釈し（解釈という意識的分析的なステップを介在させ）、その上で作動させる、ということである。その際、所与のパラデイクマであると解釈されたところを厳密なヴァージョン関係に置く必要が生まれる。所与のパラデイクマも厳密に識別されるし、そこから別ヴァージョンが引き出される。この間に飛躍が必要である。「雨が降る」ということはどういうことか。「雨が降る」ということである、ではパラディグマティクな分節はない。「H_2Oに重力が働いている」でも、「僕の心が泣いている」でも、よい。現実をネガティヴに捉え、そこから拠るべき原理原則が導かれる場合、分節は最も明瞭である。パラデイクマを前にして相当熟考し立ち止まっている。以上は、まだクリティックに至らない場合でも、クリティックの大前提である。

この分節は、そこに見出したパラデイクマに漫然と従って既に行為してしまっている、というのと反対極である。そこには、簡単には行為に赴かない、という契機が存在する。現実をこれほど見通しながら、決して「世に出ず」、「大いなる暗闇」と揶揄される、「広田先生」、何の役に立つのかわからない不思議なことを研究している物理学者の野々宮、はこの契機を担っている。前著で私は「原クリティック」という道具概念を用いた。この二人は中でもそれを推し進めた「原クリティックⅡ」をすることができる人物として描かれている。しかるに、パラデイクマのパラディグマティクな分節は、（一見矛盾する、少なくとも鋭い葛藤の関係に立つ）もう一つの契機を含んでいる。現実に対峙し、鋭くそこに問題を見出し、これをどうにかしよう、という契機である。これなしには原クリティックの精度は上がらない。漠然と言えばアクチュアリティーである。どうすべきか、という能動と作為の契機であり、後述するように、丸山眞男はギリシャ以来のこの契機を抽出してわれわれに伝える役割を果たした。

以上の二つの契機は対抗的である。この対抗ないし緊張関係によって知的営為というものは支えられている。つまり、知的階層は大きな傾向として二つに分かれ、同時にまた一人の人物が二つの側面を持つ。かくして、人がそうした知的営為を成り立たせる構造を創出しようとする場合、以下のようにして基底的なステップが踏まれる。文学的営為の基本である。現実に対して厳しい分析の目を向ける。しかしそこに言わば芽を探し求める。現実の中での右の対抗ないし緊張関係を担うに至るであろう、しかしそうしようとしてそれに至らない人々（現実を知的に突き放すばかりの人と、鋭く問題を感じ取るものの何とかしようと短絡する人）を見出し、その特徴をそれぞれコントラストによって誇張し（その結果それらの人々の像は欠点を突出させて印象的になる）、それぞれ両側に配置して、一個の叙述の中で激突させる。この知的営為をテクストに編む。ホメーロス以来そのようにされてきた。だからわれわれの場合も、「広田先生」さえ十分に対抗的に、かつ欠点に満ちて、そこに置かれている。作者は「広田先生」へのアイロニーを欠かしていない。

ところが、「広田先生」の反対側こそは、なかなかに深刻な問題をもたらす。反対側に相応しいのは、深い省察を意識しながらも、つまり迷いながらも、最後は決定し、誠実に実行する、しかしそこに致命的な限界というものがある、という者であろう。言わばヘクトルである。否、アキレウスのように一直線に進むばかりという強烈な欠陥によって特徴付けられる人物でもよい。『三四郎』においては「法学部」や「法学士」が担うべきであろう。ところが「法学士」の里見は如何なる知的中身も与えられてはいない。それどころか、漱石の作品において「法学士」は最低の俗物として描かれる（『虞美人草』の「浅井君」を見よ）。こすっからいヘクトルでは芝居が成り立たない。次に、この里見と癒着した原口が来る。おそらく、試験や立身出世のための文学部の単位取得つまり授業も同様の癒着状態にあると設定されているだろう。これにさらに与次郎がくっついている。「広田先生」の側に居るはずなのに「切った張った」の勝負ばかりしていて、言葉を交わす間もなくもう行動に走っている。席も温まらない。実は与次郎は癒着に批判的で、クリティックの方へ舵を切りたい。知的階層が「金田の妻」と変わらない、つまりパラデイクマのパラディグマティクな分節を実行しえない、という状態に苛ついている。そこでポストを「広田先生」に譲れ、と要求する。しかし「広田先生」にヘクトル役を担わせようとする与次郎の「運動」は既に矛盾である。折角原クリティックのきっかけを摑みながら、「広田先生」を「世に出す」という、利益分配仲間に食い込むための賭けに出てしまえば、漫然と行為に出る、否、それ以上に直情径行に走る、ことになってしまう。彼の怪しいパンフレットは、真の学識を求めるように見えて次の瞬間「文権」や「新気運」にすっ飛ぶ。漫然たる「金田の妻」以上に、作品中の与次郎のこの行動様式こそが知的階層および文学を成り立たしめないポイントとなる契機なのではないか？

この作品は、以上のようにして、「広田先生」の反対側を、ただ癒着している状態としてばかり描くのではなく、癒着を突破しようとして一層混迷する事態としても描く、ことによって文学として成り立っている。確かに漱石の筆はホメーロスのようなわけにはいかない。しかしその大きな独創は、知的営為と文学を成り立たしめない動因たる癒着を全体として一つの極に収斂させ、成り立たしめはするが脆弱で儚い方の極と、見事なコントラストを成させる、という点に存した。癒着の極（里見、原口、与次郎＝癒着を攻撃して却って亢進させる者）と「広田先生」・野々宮の間で引き裂かれる三四郎を造形することにより、漱石は原クリティックないし文学の基底を達成しようとしている。以後、彼は三四郎に相当する個人の内面を鋭く横切る前線のみを周到に描くようになる。そこに全てを投影する。長編小説というジャンルの常道である。

この基本線から見ると周辺に位置することになる与次郎につき、その画像部分に再度拡大鏡を向けて見てみよう。彼が一旦は癒着を切り裂いて飛躍しようとしたという事実は残る。どういう飛躍をしようとしたか。どういう手段によって飛躍しようとしたか。与次郎はポトラッチを企てた。ポトラッチとは、全てを投げ出して賭ける、そして(とりわけ相手が返せなければ)全取りしてチャンピオンになる、そのような贈与交換のことである。通常のパラデイクマの作動、したがって通常の言語行為の交換、はポトラッチでない贈与交換に似る。ゆるゆると曖昧な先送りの関係の中にある。しかるにポトラッチは軍事化と終局を意味する。つまり根底まで動員して根底まで摑み取ることと、そこで贈与交換過程がゲーム・オーヴァーになること、を意味する。通常の贈与交換においては、パラデイクマのパラディグマティクな分節はないものの、パラデイクマが直ちに作動するということもなく、実現するともなくしないともなく、パラデイクマは漂っている。命令しても迂回されてしまう。ポトラッチはこれの対極である。むしろこの曖昧さに苛立つことと親和的である。

しかるに、作品においては、ポトラッチの画像は信用面の画像に遷延される。遷延こそはもちろん文学の鍵である。信用面のポトラッチは「馬券」として単純化される。なるほど博打である。しかし実に薄汚れている。三四郎に、そして結局美禰子に、尻ぬぐいして貰おうとする。つまり質の悪いエシャンジュと連続的である。ポトラッチもまたエシャンジュの一種であり、容易にレシプロシテに回収される。レシプロシテは所与であり、与次郎はこれから脱出する跳躍を試み、しかし結局これに完璧に従ったも同然となる。パラデイクマのパラディグマティクな分節が曖昧になる、クリティックの前提が欠ける、一個の明確なメカニズムが特定されたことになる。なおかつ、同じくパラデイクマのパラディグマティクな分節を欠くにしても、ポトラッチを一旦くぐった以上、パラデイクマのパラディグマティクな分節の定義上の正反対、つまりパラデイクマの端的な実現、暴力的な分節解消、へと傾く。

ここで与次郎が「金田の妻」の正反対であることをもう一度思い出す必要がある。知的平面にしてはあまりにも突撃的に、彼は猛烈に運動し、言わば殴り込みを掛ける。そして目標を強奪しようとする。何か頂点を奪取しようとするのがポトラッチの最も大きな特徴である。もう一つの特徴は捨て身であることとである。匿名での執筆もそうだが、誰に言われるでもなく、「広田先生」の配下を任じて自らを犠牲にしようとし、しかし実際には三四郎と「広田先生」本人を犠牲にしてしまう。しかし多くの人の目には、「広田先生」が手下を犠牲にして頂点を強奪しにかかった、と見えるのである。いずれにせよ、パラデイクマのパラディグマティクな分節が単に曖昧な関係の中に埋もれてしまう、というのでなく、それがそれこそ軍事化によって積極的に解消されてしまう。つまり直線的で短絡的な行動によって否定される。これで原クリティックが否定されるのである。自動的にクリティックの芽は摘まれる。芽が出ないのではなく、ポトラッチの場合は芽が積極的に摘まれるのである。圧殺されるのである。これが、われわれのクリティック不全探究の中で与次郎に注目せざるをえない所以である。

漱石は、この特異な事象に気付けばこそ、与次郎の知的態度を詳細に描いた。作者にとっては、知的態度と信用の両方を基礎付ける構造全体が重要なのであり、かつ、この構造は、既に見たように男女の関係を屈折させ、かつ作者はこのルートを主旋律として造形していくのである。したがって与次郎は副旋律を奏でるにすぎない。

4　与次郎の射程――サンクロニクな平面

本書は以下与次郎を一種のモデルとして使いながら叙述を織り成していくが、問題は与次郎モデルの射程である。与次郎の画像は、実証主義的分析のモデルとしては使えない。与次郎のような社会学的類型が統計的に有意に存在した、しない、などと言っても全く意味がない。ここまで述べてきたように夏目漱石が創作した文学的形象なのである。しかし、文学的形象はただの想像の産物で現実と関係がない、とは言えない。「ただの想像の産物」もむろん現実であるが、それ以上に、作者が深く現実と切り結んで紡ぎ出したものである。そしてその現実は実証主義が捉えてくる現実とオーダーを異にする。実証主義は、モデルたるパラデイクマが（少なくとも統計的に有意に、或いは蓋然性のレヴェルで）そのとおりに実現することを想定する。儀礼に関する判定と同じ基準が妥当する。しかし文学的形象は、少し不正確だが、わかりやすく言えば、例えば社会学的類型として統計上与次郎に分類されない者も意識の奥底に与次郎的性質を忍ばせている、といった現実を捉える。つまり社会構造を指示するのである。かつ、文学的形象は、この社会構造自体を記述するのではなく、そこに焦点として或る構造がなくてはならないと思わせる対抗的な諸ヴァージョンを創造する。正確には、どうしても同じ焦点を結ぶ多数の他の対抗ヴァージョンおよび焦点たる社会構造があるに違いないと思わせるような強い一ヴァージョンを構築する。与次郎モデルが妥当するように見える場合、それは、そこに同一のヴァージョン対抗関係つまりそれを発生させる屈折体が作用しているということを意味する。つまり、そのような社会構造切片が存在し続けているということである。

ちなみに、実証主義的には、知的階層の問題と信用の問題は明確に区別される。つまり、実際には、「広田先生」のような人物が彼のようなお金の問題を抱え、与次郎のようなエイジェントが周りを蠢き、問題を一層錯綜させている、などという事実はなかったであろう。知的階層内の三角形と信用世界内の三角形はそれぞれ別個に存在したであろう。漱石が見出したのは、同一の屈折を、知的階層を材料とする造形によっても信用を材料とするそれによっても同じように表現しうる、というにすぎなかったであろう。個々人としては、里見のような立場の者が「広田先生」のような知的態度を取り、かつ与次郎のように画策する、ということもありえたであろう。実際、「広田先生」の与次郎評の中で微かに関連が指摘されてはいるが、作品は「二十円」の問題と「運動」の問題をさりげなく並べて置くばかりである。安定的な資産に恵まれず信用上の大きな不安を抱え続けながら、しかし、或いはだからこそ、与次郎とは正反対に透徹した目で現実を見ることができた樋口一葉（一八七二年生）のような例がある（この点については桑原朝子の研究（桑原 二〇二二）に譲る）。また、資産に恵まれながら貧しい知的資質しか持たないというのが圧倒的多数であろう。その場合、資産が自立的かどうかという点も重要である。貧しくとも安定的であれば、概して高い知的資質が育ちうる。つまり本書の関心で言えばクリティックをしようとする。多少近似的なアプローチで実証主義風にも説明しようとするならば、現在の余裕よりは将来の安定に、知的ポトラッチの博打に出るかどうか、は懸かっているであろう。そしてさらにそれよりも、知的ポトラッチが何か輝いて見えるそれこそ「気運」があるかどうか、或いは凡そ「気運」が重要と見なされているかどうか、有り体に言えば、何かそわそわとしているかどうか、が大きな要因であろう。

にもかかわらず、二つの三角形の間には明確な対応関係があるということを、われわれは、まさにこうしたギャップを指摘しながらも、そのただ中で確信せざるをえない。人々の深いレヴェルの意識を規定しているもの、社会構造、が信用とクリティックの双方を左右しているということであろう。われわれはこのギャップを統計学的有意性論によって埋めるべきものとは考えない。むしろポイントは実証主義的平面と社会構造の平面の間のギャップであろう。このギャップこそは社会構造の実在、つまり実証主義的平面の底にまだ何かあるということ、を裏付ける。つまり鍵となる現実が再現的パラデイクマのレヴェルではなく底にあって見えない社会構造のレヴェルにあるということである。だから例えば樋口一葉の深い創造性はギャップを利用して社会構造に降りるということによってもたらされる。彼女自身、窮状にかかわらず、まさに窮状故に、現実を鋭く見つめ、ギャップを自ら増幅し、そして社会構造を指示するパラデイクマの対抗関係を創造しえたのである。

ただし、与次郎に関する限り付け加えなければならないことがある。与次郎は、知的世界および信用世界の双方においてそれぞれ基底を成す（しかし結局同一に帰する）構造を照らし出すパラデイクマの上で、どちらの世界もが破綻を来たすのに貢献するエイジェントである。一個の人格においてこの二役を統合している。ナッラトロジカルに言えば、双方の話（レシ）においてアクタン（話のパターンにおける決まった役柄）を務め、これが重畳している。同一の名によって重畳が指示されている。

これには重大な意味があると考えられる。何故ならば、（とりわけ先に述べた実証主義的平面では）知的世界と信用世界はそれぞれ存在しながら、交わることがなかったはずである。さしずめ「広田先生」の周辺では、平穏に「二十円」の貸し借りがなされ、この脈絡で里見周辺と接触することはなく、里見は「広田先生」周辺に出入りしても、知的関係に終始したはずである。その近傍の原口に「広田先生」の食客たる与次郎がくっつき、何やら集まりを組織しては、それを知的平面から「運動」つまりはポストと権力の平面へとずらす、という動きに「広田先生」は巻き込まれずに済んだはずである。彼の沈思黙考は「二十円」如きに攪乱されず、「二十円」の融通は日常の中に消えていったはずであった。ところが、この二つの自律的平面が共に投機を被り、その結果それらは相互融解してしまう。二つの世界を一個の坩堝の中に投げ入れるエイジェントこそが、与次郎なのである。一個の坩堝ということに対応してこのエイジェントは二つのレシに跨がる同一性を持たされる。三四郎等が同様の同一性を獲得するのはその反射である。

かくして、われわれが与次郎のような存在を追いかけるということは、なかんずくこの融解問題を追いかける、ということを意味する。知的世界にあるはずの者が、信用の巡る人々の投機応酬に参戦する、返す刀で知的世界を投機のロジックでかき回す、といったような場面が現われれば、特別の注意を要する、ということでもある。与次郎が社会学的類型でないとして、しかし単なる社会構造のエコー以上にそれに近く見せるその理由は、以上のとおりである。

繰り返せば、与次郎の存在は「広田先生」を取り巻く信用連関の側から発生した。彼はその連関において、事実のレヴェルで使い走りするエイジェント、つまり高度の信頼を寄せられて任されるのではないエイジェント、であった。そこでポトラッチに出て失敗した。疑いの目はエイジェンシーに集中して向けられている。他方、与次郎は大学の人事を左右する方向へと大きく討って出る。ポトラッチに転じた。雑誌を使ったキャンペーンをするばかりではない。様々な「運動」の中には知的サークルの会合を組織することも含まれる。そこで原口と協働し、半ば鳶に油揚をさらわれる。原口のターゲットは大学のポストではなく里見の義兄弟たるを意味する美禰子であったが、しかし彼は所詮ぶら下がりにすぎず、彼もターゲット（の画像を得るばかりでそれ自体）を得ない。三四郎こそは自分をぶら下がり組織から解放してくれるのではないか、と美禰子は期待したが、まさにそのぶら下がり組織嫌悪の感情が三四郎を妨げる。このブレイク・スルーを成り立たせない壁は、反対に与次郎の大勝負を生み、この大勝負の結果、三四郎には汚名のみが割り当てられる。結局この全面的な破綻は、エイジェンシーを発展させたことの帰結であった。

　そして、与次郎のようなエイジェントが何故現われるかと言えば、まず信用の方面で、「広田先生」の信用連関、ないし知的階層が依拠すべき市民社会、が脆弱であるからである。与次郎のようでない信頼できる媒体で人々が繋がっていれば、問題は発生しない。現金をめぐる使い走りのやりとりに古い人間関係が介在するところから与次郎の付け入る余地が生まれた。大学方面でも、堅固な知的サークルがあれば、与次郎のこのフレーム・アップの余地は全くなかったであろう。エイジェンシーの跋扈は何かの繊維組織の希薄の帰結になっているのである。そして、二つの平面それぞれで亀裂の入る点は、絶対座標の上で同一である、と作者は言う。与次郎はその連結点を担い、まず信用連関においで周縁に置かれて切羽詰まり、博打に打って出、次に同じ感覚で知的世界の「運動」へと駆り立てられていく。その地点で、原クリティックは吹き飛び、クリティック不全が現出する。与次郎の迷走は、しかも、知的階層から二つの平面の両方で循環路を剝奪し、与次郎の層ばかりか社会全体としてのクリティック不全を帰結する。

そのようなわけで、与次郎を追いかける意義には、一見するより大きなものがある。それでも、社会構造分析全体、つまりパラデイクマのヴァージョン対抗分析全体、とりわけ狭い意味での文学におけるそれの分析、にこの与次郎追跡が取って替わるものでは全くない。それどころではない。ヘーロドトスは、社会構造をあれだけ意識したが故にこそ、意識しながらなお、肝腎なところでは口頭伝承の対抗ヴァージョンを判断保留で並記するのみであった。トゥーキュディデースでさえ、（彼の叙述から「理論」を抽出することは可能であるが）演説と乾いた事実の経過によってのみ叙述した。本書も、本格的な歴史学を目指すならば、せめて、ヘーロドトスがそうしたように、（クリティックに直接関連する言説における）対抗的な諸ヴァージョンの全面的対置によって叙述を構成すべきである。しかし本書は力量不足によりこれをも断念しなければならなかった。文学的形象としての与次郎を意識しつつ、これに反応する言説（言語行為）を書き連ねてみようというにとどまる。本格的なヴァージョン対抗関係分析はできないが、せめて実証主義モデルによる整理ではない何らかの類比を以てそれに替えよう、というのである。そうすることによって、社会構造の分析自体には至らずとも、そうした分析の必要を示唆しよう、というのである。非常に緩やかな意味で（対抗ヴァージョン分析代替的に）与次郎をアナロジーのソースとして使いながら叙述を進める。つまり極めて近似的に、与次郎像は、つまり知的態度と信用上のこの特定のポジションは、典型性を有すると考えられていくことになる。

あくまでこの意味の「典型性」という、近似的レヴェルにおいてではあるが、与次郎がどこまでを意味するか、まずサンクロニクな平面において、今度は限界に着目して再確認しておこう。「金田の妻」や「車屋のおかみ」との対比における限り、与次郎は知的階層に属する。或いは、潜在的にそれに属する。しかしながら、知的階層の全体を代表しないことも明らかである。「広田先生」や野々宮や三四郎自身がむしろ知的階層の主力である。作者は彼らの問題を主として考えている。反対側に見ているのも与次郎ではなく里見・原口である。これもまた知的階層である。

与次郎は「広田先生」サイドに付き従って登場する。「広田先生」は東京行きの列車の中の場面以来、全てを見通す透視眼の持ち主として描き出される。しかし盲点がないわけではない。第四章における三人(「広田先生」、三四郎、与次郎)の貸家探しの散策の場面で、寺の隣の杉林を切り倒して洋館が建っている。「広田先生」はこれを時代錯誤とし、「古い」「九段の燈明台」と隣の「偕行社」(「新式の煉瓦作り」)の間のアンバランスを引照する。この時「広田先生」はつい「江戸名所図会に出ている」と言ってしまい、与次郎に「なんぼ九段の燈明台が旧いたって、江戸名所図会に出ちゃ大変だ」と指摘される。「東京名所」という錦絵の誤りだということがすぐに判明するが、やりとりはクリティックをめぐるものである。「日本の物質界も精神界もこの通りだ」というのは、様式の混淆(燈明台自体がそうであるらしい)や都市の出鱈目以前に、一つ一つを歴史的位相に即して正確に把握するということを欠いたまま呑み込む態度、に対しての批判である。前提を成す吟味がない。この場合、それは前近代と近代の同居などというものではない。明治初年の混乱と最近の混乱の間の混淆である。

ただ、「広田先生」は典拠に関する限り混乱し、ここはむしろ与次郎が正確なのである。

漱石はここで幾つものことを言おうとしていると考えられるが、そのうちの一つは、「広田先生」のクリティックは新しいもので、あったかもしれないアンティクアリアニズムの遺産そのものとは区別されるということ、そしてまた、後者はむしろ与次郎の側が受け継いでいなくもないということ、である。与次郎が知的階層に連なるとして、それはこの補完関係においてである。しかるに、（さしあたりはこのテクストを読む者の予感であるが）この補完関係が一個の対抗関係として成り立っていくことはない。両者の関係は分解されて終わるであろう。

少しディアクロニクな観点に移動しかけることになるが、さしあたりは同一画像内の同じ対抗関係として描かれるところをもう一つ見ると、『三四郎』のまさにこの場面で、三四郎と与次郎は新世代として描かれることが明示される。彼らは「明治一五年以後に生れた」世代であり、「明治元年位の頭」と対比される。この作者はこれ以前に「宗近君」と「甲野さん」の問題を考えたが、そこには与次郎はいなかった。「迷亭」の周りにもいなかったし、「赤シャツ」の周囲はどちらかと言えば「金田の妻」であり、精々原口（「野だいこ」）で、与次郎ではなかった。対するに、『三四郎』の次の作品『それから』（一九〇九年）には「寺尾」が登場し、これは明確に与次郎の後継者ないしなれの果てである。信用のサイドにおいては「平岡」がそうである。ただし、作者は与次郎だけが新しいと考えていたのではなく、「広田先生」と野々宮が代弁する新しい市民社会の発展可能性（これに、政治的階層から独立した知的階層の成否が懸かる）を想定しているのであろう。その夭逝を描く。芽が出たこと、しかし育たなかったこと。そこに付随的な問題として与次郎が存在した。しかるに、この付随の関係がやがて大きな災いをもたらした、ないし、災いをもたらす構造の一翼であった。

与次郎が知的階層の周縁部にあることも明白である。『それから』の「寺尾」は翻訳などで生計を立て、資産に支えられているのではない。「平岡」もまた、広い意味で知的階層の末端に位置する。一旦実業に出ながらその内部の不透明によって弾き出され、ジャーナリズムに身を置く。この設定自体が作者の把握をよく示す。「寺尾」には知的信用がなく、わからない箇所を「代助」にきかなければならない。逆に言えば、これが彼に残された乏しい信用手段である。

とはいえ、与次郎が知的階層本体に取って替わる、ということは大いに考えられる。彼が新しく現われてきたとして、今後大いに有望であると漱石が見通していたかどうか、はわからないが、しかし彼は与次郎増殖を促進する要因をも捉えた。与次郎に右に見たような行動を取らせる里見・原口の存在である。つまり（実は成り立っていない）政治的階層およびこれと癒着した（したがってこれも成り立たない）知的階層本体の知的資質の劣悪である。彼らの知が大変に皮相なまま終わっているために若い世代に不満が蓄積されている。そしてこれに対する反発に基づく知的営為がその皮相さを再生産してしまう。それどころか、反対側が本体を乗っ取ってしまうかもしれない。その間に、「広田先生」・野々宮の方は疎外され解体されていくであろう。ちなみに、作者が「学権」に対して向ける批判に関しては（まさに『三四郎』をも材料として）三谷太一郎の極めて優れた分析がある（三谷一九九五a、五二頁以下）。

漱石がパラデイクマのヴァージョン対抗の屈折態様を読み取り、そこから与次郎を造形した、そのようなことが有効である現実というもの、を捉えて現実内のその一局面を屈折体と呼べば、この屈折体は、もちろん社会構造の全体を意味しない。クリティックに限ってみても、他の屈折体と複雑な関係を保っていることであろう。例の三角形でなく、別の連関によって造形されなければ指示しえない、そういう別の屈折体と関連していることであろう。しかし次章以下の本論は、与次郎の屈折体がどこまで検出されるか、という点のみを試行的に分析する。例えば、実証主義のクリティックが堅固に育っていった社会圏があったかもしれず、そこには固有の問題が伏在しており、そして与次郎の屈折体とも重要な関係を形成していたかもしれない。本書はこのような可能性を留保する。事実、本書の主役たる与次郎もこうした別の屈折体と遭遇するかもしれない。しかし本書の中ではそれは遭遇にとどまり、与次郎が出会った相手は深追いされない。本書にはそうした余裕はない。それでも、社会構造の全体は常に多くの屈折体が複合体を形成して成り立っている、ということを忘れてはならない。

第II章　戦前期（一八九五―一九四五年）

はじめに

特別の意味におけるモデルとして与次郎という文学的形象を本書のために採用することとしたのであるが、次にこのモデルの射程について述べよう。その射程のディアクロニクな最初の期間は、つまり与次郎の屈折体がそのままの形で妥当し存続するのは、一九四五年まででであったと考えられる。本書は、そういう屈折体がポスト戦後期に再浮上すると考え、戦後期にもどこかに隠れていたに違いないとも推定するが、これらは何れもヴァージョンIIであり、ポスト戦後期の第二段階におけるヴァージョンIIaを含めて、全体として、漱石が摘出した屈折体がそのまま跋扈し突出した戦前期の段階とは区別される。つまりこれを言わばヴァージョンIと表記しうる。本書のターゲットはポスト戦後期であるから、詳述はできないが、しかし原型ヴァージョンであるだけに、そのディアクロニクな最初の段階内に認められる発展につき簡単にまとめておく必要がある。

1　那美さんの夫

実は、夏目漱石は『草枕』(一九〇六年)において右に見た信用方面の三角形に正確な年代を与えている。これがわれわれのクロノロジーのために極めて重要な手がかりとなる。

熊本郊外の名望家の娘、那美さん、は「今度の戦争で、旦那様の勤めて御出の銀行がつぶれ」て実家に帰っている（第二章）。「今度の戦争」とは「日露戦争」（一九〇四—〇五年）のことである（第十三章）。折しも従弟、久一、の出征である。皆で駅まで、川舟で送りに行く。直前に那美さんを夫ないし元夫が訪ね、二人は密会する。これを目撃する語り手に、夫が去った後、那美さんは、夫は貧窮して「私に御金を貰いに来たのです」と言う。「何でも満洲へ行くそうです」。「何しに行くんですか。御金を拾いに行くんだか、死にに行くんだか、分りません」。舟の上で若い久一は、戦争に行っても多少はよいこともあるだろう、と暢気である。語り手は、「戦争を知らぬ」と辛辣である（少し先の「満洲の野に吹く風の臭いも知らぬ」も呼応する）。久一を乗せた列車が走り去る時、その列車の末尾の三等の窓に一つ顔が出る。あの夫の顔である。偶発的か否か、那美さんは目を合わせ、夫を見送ることとなる。「画工」である語り手はその時の一瞬の表情を逃すことなく叙情詩の枠としてスナップ・ショットする。那美さんには、実は、「嬢様が京都へ修行に出て御出での頃御逢いなさった」男があった。

「今度の戦争で」銀行が破綻した、というのは、日露戦争によって金融危機が訪れた、と読めるが、作品全体を通じて戦争によって日常経済が冷え切っているということの強調がなされるものの、金融危機に関する限り概説書においてそうした事実は確認できない。全般的に、経済史の概説では、産業資本の飛躍期と捉えられている。しかしながら、一九〇〇—〇一年に地方銀行がたくさん破綻した、という事実が存在する（石井寛治　一九九九、二八〇頁）。この場合、地方銀行というのは、「国立銀行」の外側で、これに参入できなかった地方の名望家が金融業を貯蓄銀行化した、つまり自己固有の資産をアンバランスに越える資金を外部に負って大胆に貸し付け規模を拡大していった、そういうカテゴリーを指す(玉置 一九九四、一二二頁)。とりわけ日清戦争後のブームにより、大いに投機的となったと考えられる。ブーム後の信用収縮期において、したがって、一気に破綻していったのである。

もっとも、これが何故日露戦争と関係するか。人々がこちらの戦争のせいだと記憶したり感じたりしたのは何故か。他も多くが指摘するが、三谷太一郎はとりわけ正確に、大まかには日清戦争だが、しかし実は日清戦争後日露戦争前の戦間期、に日本社会そのものの転機を見る(三谷 一九九七、三二頁以下等多数箇所)。差し当たりは、外債により積極財政に打って出て、軍備を増強し、大陸へ進出し、これを植民地にするのである。もちろん、日清戦争ないしそれ以前から拡張政策は存在していたが、日清戦争は外債なしの戦争であったのに対して、その政策を支える信用構造が戦間期に転換された、というのである。確かに、外債を募集するためには、金本位制が不可欠であり、また利子率を高くし、緊縮しなければならない。対外的に信用を誇示しなければならないからである。また、日露間の緊張が高まる中、民間の投資は不安により収縮したと言われる。要するに、信用の回転軸を一極に集中し他を犠牲にするやり方である。確かにその一極においては、戦争に勝って植民地さえ手に入れてしまえば、やがて投資は回収される。投資の先は尖端部へ限定され、そしてそこは極限的な博打の場なのである。海外の資金をこの賭場に引っ張り込むために政府はあらゆる事をした。特にギャンブル好きのイギリス人成金にとっては、何しろ戦争、しかも強国ロシア相手の一発勝負、なのだから、この上ないスリルである。しかし、その外は、根こそぎ持って行かれるにもかかわらず、初めから返ってくる当てがない。持って行かれた段階で、信用は期待値に相関するから地方で暴落したはずである。結果として、犠牲になる、という感覚を、地方ほど鋭敏に持ったに違いない。確かに漱石が熊本に赴任していたのは一九〇〇年までである。しかし既に何ほどかを予感しえたに違いない。そして、一九〇六年（日露戦争直後）には既に右の（むしろ日露戦争準備期の）連関を正確に把握し、これを地方の人々の意識として造形しえたに違いない。茶店のお婆さんに「今度の戦争で（経済が冷え込んだ）」と言わせ、これが通る、という推理があったと思われる。（戦後の発展を言う経済史概説からすれば）時系列上の錯覚であるが、その錯覚は深い真実を探り当てているのである。少なくとも、地方には「日露戦争のためにこんなことになった」という意識が残った。当たり前だが、取材してそういう意識を初めて書くのでは文学者ではない。データを収集する前に当てなければならない。

那美さんの夫は、その投機的な一極の周りを回転する渦に巻き込まれて破綻した。那美さんの実家もそこに賭けた。那美さん自身は、京都における彼女の「修行」の場で出会った男性に賭けたかった。しかしこれを断念させられた。だから今でも「本家」とは疎遠で、久一は可愛がっても、彼女自身は離れのような所で暮らしている。新しいメカニズムは、そこへ賭けない者たちをもひどく傷付ける。そして、そこへ賭けて弾き出された者は、一発再逆転を遠く大陸で目指す以外にないのである。粗野で暴力的な、犯罪的で悲惨な、光景が誰の目にも浮かぶ。少なくとも那美さんはそう見通している。同時にこれは一九四五年までの日本の歴史をたった一枚の絵で描いたことになる。大陸へ行くこの夫は、もちろん与次郎のパラレルである。漱石は『それから』（一九〇九年）では（可能的に）平岡を、『門』（一九一〇年）では（現実に）安井を、満州へ送る。

2　与次郎の先駆者

「思想的関心の対象が公から私へ、国家から個人へ、シフトする」などと言われる何らかの変化については、同時代以降今日に至るまで動かない認識として、非常に多くの研究がある。変化が露わになるのが「明治三〇年代」（一八九七年〜）であるとするのがおおかたであるが、丸山眞男は「一九〇〇年ごろから一〇年ごろまで」の時期を指定し、その内容を、「個人の析出」、それも「非結社形成型」個人の「私化」、「原子化」と捉える[1]（丸山 一九六八（一九九六）、三九三頁以下）。松本三之介は、丸山の見解を一層精密に跡づけるべく作業をし、幾つか重要な指摘に辿り着いている。その第一は、視点の転換は既に「明治二〇年代」（一八八七年〜）に認められ、それも一群の「国家主義」、「国民主義」の中に徴表を持った、という点である（松本 一九九六、一四〇頁以下）。さらに重要なことに、松本は、一八九一年から九二年にかけて坪内逍遥と森鷗外の間で行われた「没理想論争」をこの観点から解釈した。これを私なりに咀嚼すると、市民社会形成への胎動が感じられる中、来たるべきその市民社会が生活事実に深く根ざさなければならないという主張と、知的批判的営為によって媒介されなければならないという主張、が激突したのである。後者の立場を掲げた鷗外が後年クリティックに関心を集中させるということは周知の事実である。この論争は胎動の現実たるを示す。

われわれは日清日露戦間期に着目した。これは丸山の「一九〇〇年ごろ」に該当するが、しかし

「広田先生」、つまりあの突き放した態度、の基盤は、かくして、日清戦争（一八九四―九五年）の頃から準備されていた、という可能性が高い。松本の指摘が正しいならば、「地方銀行」が一八九三―九七年の時期に大挙登場する（玉置 一九九四、八七頁）のとパラレルである。ただし、「広田先生」の無力と対応するかのように、これらの銀行は、日清戦争末期の好況下における貸出規制撤廃などで煽られた末に、結局、「弱小銀行強化策の立ち後れ」と「資本偏在」のために一九〇〇―〇一年恐慌の負の主役となる。その間に、特殊銀行や植民地銀行が設立され、大規模産業と結び付いて発展する（同書、一一〇頁）。

松本は、しかし、中間的なステップをさらにもう一つ置く。既に述べたように『三四郎』（一九〇八年）によると与次郎世代は「明治一五年」（一八八二年）以降生まれである。彼らは、まさに一九〇〇年以降の数年で（例えば高等学校で）何かから強いインパクトを受けたとしても、自ら知的活動つまり言説をなすのはまさに『三四郎』が位置する日露戦争後であろうと思われる。松本はまさに、周到にも、与次郎世代にわずかに先行し戦間期にこれに影響を与える世代と、シンコペーションの如くに一拍遅れる与次郎プロパーの層、を区別する。前者を高山樗牛（一八七一年生）や類似の者たちによって代表させ、後者を「藤村操事件」に学生として影響を受けた、あるいは代弁されたと感じた、人々によって代表させ、二つの別の章で扱った（それぞれ、松本 一九九六、一九一頁以下、二一二頁以下）。

明治期の思想テクストに関するフィロロジカルな装備を私は持たないから、松本を信頼しうるガイドとして高山樗牛について見ると、高山は、一八九七―九八年の「日本主義」、「国家至上主義」の著述の後、一九〇一年の「文明批評家としての文学者」において「個人主義」に「変節」した、と解釈されやすいところ、実は一貫して、「日本」も「国家」も個人の自己実現の手段なのであり、それ自体に価値を認められているのではない。「個人主義」とは言ってもそれはニーチェ超人思想にほかならない。ポイントは、石川啄木（一八八六年生）がほぼ同時代に見抜いたとおり、講壇哲学が「実生活にまつわる生々しい精神の問題、人生の問題に真剣な考察の眼を向けようとしない傾向に対する抗議」（同書、二〇五頁）であった。松本も認めるとおり、個人のルサンチマンを癒やすものとして民族や国家が捉えられ、それらはおそろしく観念的な「素朴な情愛」とまた連続的である。極端な混乱と飛躍が著しい特徴を成している。おそらく何か問題を発見して抗議しようとしている。しかし奇妙な屈折を見せてあらぬ方向に行ってしまう。高山樗牛は一八七一年生まれで、むしろ「広田先生」の方に近いが、以上の点（特に「日本」にいきなり飛躍する点）において与次郎を強く想わせる。そして、三四郎が発見して与次郎が満更でもなかった、あの書き込みにその調子が似るのである。つまり、松本が「明治二〇年代」に位置付ける市民社会の最初の萌芽に対応する「広田先生」に少し遅れてこれから離れ与次郎世代をインスパイアしたソースである。

漱石は、高山樗牛をモデルとしたのでは決してないにせよ、彼が属する層（松本は他に大町桂月、清沢満之、山路愛山などを挙げる）に素材を採ったと思われる。つまりわれわれは、与次郎型ポトラッチの登場に関するクロノロジーとして、やはり一九〇一年を重視しうるのである。高山は、日清戦争に勝って「国家」レヴェルで一流になったのだから、今度は個人の精神の面でも一流になる必要がある、と言う。どちらにせよ、そんな必要が一体どこにあるのかと思うが、そしてまた内村鑑三（一八六一年生）や幸徳秋水（一八七一年生）のように事態を冷静に見ることができた人々もいたのであるが、高山は、何か基底的な屈折体に衝き動かされて、個人的な（仕掛けられたポトラッチに対してポトラッチを仕掛け返す）ポトラッチを「国家」ないし民族レヴェルの自己発現、自己実現、にもたらさないと気が済まない。明らかに、逆転ポトラッチによって自分がもぎ取りたい、もぎ取り返したい、それが、明治国家というレヴェルの一極なのである。つまりわれわれとしては、このサインが出た時には、ターゲットがその一極なのだな、とひとまず推定できるのである。

もちろん、この波長とて、全く新しいということはなく、例えば水戸以来の系譜を感ずることもできよう。しかしそこでまさに、水戸についても精密な分析を経ている松本三之介のフィロロジカルな装備が新しい質を指摘した、ということをわれわれは尊重しなければならない（松本 一九六九、六二頁以下）。クリティックないし原クリティックの極端な欠落ないし拒否の面も、確かに全然珍しいものではないであろう。しかし漱石は「広田先生」や野々宮を（反樗牛として）置きえたし、（如何にマージナルな存在であったとはいえ）鷗外が再発見することとなる考証学も、明治初期知識層にとっての蘭学も、宮村治雄が再発掘した中江兆民（一八四七年生）のヨーロッパ思想受容（宮村 一九八九）（が示す高い吟味の水準）も、樗牛は学びえたはずである。（健康を害し直前に断念せざるをえなかったとはいえ、可能性としては）梅謙次郎（一八六〇年生）のようにヨーロッパで直にクリティックに接しこれを吸収することもできたはずである。もっと近くにおいては「没理想論争」があった。だから、樗牛の没クリティックは、むしろ極めて意識的なクリティック破壊、ないしその前触れであったろう。ニーチェに惹かれたという事実はひとまずこのことを推定させる。

3　与次郎世代

明治一五（一八八二）年以降生まれという、与次郎の世代は、まず、岩波茂雄（一八八一年生）、森田草平（同年生）、安倍能成（一八八三年生）、阿部次郎（同年生）、小宮豊隆（一八八四年生）、等々夏目漱石の「弟子」たちとして端的に同定しうる。そしてまた、唐木順三以来、「大正教養主義」の担い手として、批評を受けてきた。その根底には、まさに一九〇〇―〇一年以降の第一高等学校における生活があるとされ、またその生活は一九〇三年の「藤村操事件」をランドマークとする。むろん、彼らが世代の全てではないが、しかし様々な点で代表的であるということも確かであるように思われる。

彼らについて、筒井清忠は極めて重要な指摘をしている[2]（筒井 一九九五、二九頁以下）。「エリート文化の中核となる教養主義」と「大衆文化の中核となる修養主義」が一体化していた、というのである。筒井は、前提として、修養のノウハウを説く書物の商業主義的繁茂があったことを検証している。またこれに与次郎階層が影響を受けたということも、彼ら自身の証言をもとに推測している。その結果彼らの教養重視の中身が修養を旨とする人格主義になってしまった、というのである。与次郎を見る限り、意外ではない。修養主義は、どうすべきか、の短絡的判断のことである。或いは無内容な準則の乱発のことである。クリティックの出る幕は端っからない。

しかし、『それから』の代助は有名な場面で父の修養主義を痛烈に批判する。これを漱石による新世代弁護としてそのまま受け取るわけにはいかないが、代助に仮託された批判に、世代が持ちえた的確な批判的見通しが込められていることも確かである。つまり、曲がりなりにも市民社会が芽を出せば、知的階層は知的批判からモラル・フィロソフィーへと転進する。クリティックが批判の批判として登場する。ところが、前の世代は第一段階の知的批判以前で旧い垂範主義にとどまっているではないか。しかもそれがそのまま新しい経済的階層を乗っ取ってしまっている。この二重三重の覆いをはねのけたいと若い世代は感じたはずである。そう見ると、筒井の論証には少なくとも若干のバイアスがあることがわかる。第一に、世代の面々が後に高等学校時代を振り返る言説が主たる史料になっている点である。これは彼らが後年退化してしまった後にその知性を若い頃に投影している図である可能性がある。第二に、修養主義のジャンルとして挙げられる書物の著者は必ずしも「大衆文化」に属するとは言えない。すると、修養主義というより、モラル・フィロソフィーの短絡的形態であり、クリティックが欠けるから修養主義に見えるが、これが欠けるのは経済的のみならず知的な投機に伴う不安を猛烈に癒やす必要があったからではないか。

かくして松本三之介は意外にも、藤村操の世代を生田長江（一八八二年生）と魚住影雄（一八八三年生）に代表させる（松本 一九九六、二一二頁以下）。彼らの一九一〇—一一年頃の論説をこの世代の直接の表現として受け取る。それらは自然主義をめぐるものであり、直前の世代の長谷川天渓（一八七六年生）に対抗し、明治国家を剝ぎ取り、個人中心の体制を構築する、という動機を自然主義に込める。松本は、この「個人中心」の非戦的思想において彼らを内村鑑三や幸徳秋水、さらには与謝野晶子へと接続するのである。明らかにこれは与次郎というより（漱石が願いを込めて送り出した）三四郎の姿である。

もとより、漱石自身はおろか松本も、この姿が幻であることを十分に意識していると思われる。それでいて漱石は、彼ら（例えば生田長江の近傍にもあった森田草平）を決して見捨てない涙ぐましい人情家であり、しかも情に流されるその愚かさを十分すぎるくらい自覚していた。おそらく、幻たる所以、つまりそうした新しい階層たるならば当然に装備していなければならないクリティックの欠如、そしてこの欠如をもたらす情念の構造、をも認識していた。しかしともかく、三四郎を独自の（幻の）存在として認知することはやはり重要である。

さて、与次郎は？　続く一九一〇年代に重要な知的シーンが待っている。しかしそれを担ったのは一八八〇年代世代ではなく、その前の一八六〇―七〇年代世代であった。与次郎はその間 incubation の状態にあり、そして一九一〇年代には主役の影でその尻馬に乗る形で現われる。そして案の定、そのさらに次の段階では主役の期待を裏切り、しかし主役になり、そしてわれわれに、一八八〇年代世代はやはり与次郎、お前の世代だったか、と思い知らせるのである。

4　一九一〇年代の信用状況

一九一〇年代の社会について知るためには三谷太一郎を訪ねなければならない、という点に異論の余地はない。とりあえず政友会の政党政治基盤が形成される過程を追うのであるが、基盤たる名望家の変化そのもの、したがって地方社会の経済的ヘゲモニーの交替そのもの、が展望され、しかも信用の問題への関心が秘められているのである。

まず、「日露戦時の地方財政緊縮の反動として、〔なお「自然村」を基礎とする郡に替わって〕町村の経営にかかる事業施設が戦前の規模を上まわって勃興し」とある（三谷 一九九五b、一三三頁）。これはわれわれが『草枕』に見た那美さんの夫の没落に対応する。これが中央政府の財政金融政策のための犠牲であったと考えられる。地方では「日露戦争のせいで」と受け止められてもおかしくない。詳述しうるに至らないが、背景として、農村の信用状況の変化ないし崩落が存在したかもしれない。地方の土地の上の関係、つまり基盤である地主小作関係、が変質を遂げつつあったと思われる。それは、おそらく投資の一元的な極に対応する形態、つまり債務引き当てとして換金しやすい形態、そういう取引のしやすい形態、に変換されたはずである。法的ないし法学的装置は地主に使い潰し型経営を推進させた。占有無視の所有権概念構成は、伝統的な地域内信用循環を地主に放棄させ、中央のマシーンに全てを賭けて破綻するという道を強いた。『三四郎』においても『それから』においても、唯一の安定的な信用資源は農村から来る、と示唆される。ところが、信用循環の要を握る層が、言わば、自らの基盤を掠奪して博打（大陸進出と連動した産業化）につぎ込む（そして騙されて破綻する）ようなことになっていく。地域の信用循環によって支えられていた層にしてみれば、たまったものではない。これが一九一〇年代後半から三〇年代前半まで続く（唯一の基盤たる）農村経済を破綻させた理由ではないか。

いずれにせよ、那美さんの元夫の没落とすれ違うように、町村の財政をヴィークルとする信用膨張のあったことが示唆される（「日露戦後地方財政は再び膨張の方向に転じた」（同書、一三四頁））。対応して、「郡ならびに「自然村」に基礎をおく旧「地方名望家」にかわって「全国大の名望家」が「地方化」してくる」（同書、一四四頁）。つまり信用のチャンネルに名望家の形態が沿うこととなる。

現にその投資の一元的な極は、「軍事目的」に直結していた。初代満鉄総裁であった後藤新平は国内の鉄道広軌化を推進するが、その「経済的意義もまたその軍事的意義につながるものとして把えられた」（同書、一九二頁）。循環して、鉄道の発展は旧「地方名望家」層の没落を招く。投資に関して「民間」の関与が抑制されたばかりではない。（元内務官僚であり「全国大の名望家」候補であった）当の原敬は、「在地商業資本によって設立された北上運送会社」を基盤とする「北上派」を政治的に追い落とす（同書、二一七頁）。三谷は、これとても経済社会の発展であることを正確に捉え、「非国家的利益主張の噴出」を指摘する（同書、二三五頁）。しかしながらその経済社会は明らかに国家に極を持つ一元的な投資＝投機マシーンによるものであった。[3]

だからこそ、以上の変化が大正デモクラシーの基盤となり、それは確かに政治がその資源圏を拡大したということであったが、帰結は「満蒙問題への軍事的アプローチ」であった。むしろ「「民間の」対中国経済活動の不振」、「民間資本の軍事権力への依存」が問題となるが、主導権は陸軍が握り、真っ逆さまな方向へ舵が切られる（同書、二七四頁以下）。確かに経済的関心が主で、「領土というより土地所有権」が欲求の対象であったが、これがまさに強い軍事化、しかもその分却って統制の取れない私的な軍事化、をもたらした。陸軍もこれを追いかけたのである。その際に「満蒙独立運動」の「大陸浪人」が早くも重要な役割を果たした。ただしこれはまだ古い層に属し、早くも与次郎が大陸で暗躍している、というわけではない。

5　一九一〇年代の知的状況

一九一〇年代に一個の知的ピークがあったことは動かない事実である。戦前から現在に至る知的水脈を考える上でこのピークを参照することは当然である。われわれが夏目漱石の作品を引照基準として採用したこと自体そうした事情による。しかるに、一九一〇年代の言説を主として担ったのは一八六〇―七〇年代生まれであり、与次郎の世代ではなかった。何と言っても、森鷗外の「史伝」と夏目漱石の後半期の作品群がここに属するのである。一九一〇年代を代表するのが吉野作造の知的産出である、という点に異論の余地はない。彼も与次郎よりわずかに早く一八七八年に生まれた。まだ「広田先生」の側にあると考えられる。

吉野作造に関しても、三谷太一郎の研究が最も優れ、専門外の研究者が独自の解釈をしなければならないような要素は全く存在しない。三谷によれば、吉野の思想のポイントは、第一に、多数者の意思が最終的に政治的決定の基礎であるということであり、第二に、その決定が「一般民衆の利福」のためになされるということである（三谷 一九九五a、一四六頁以下）。つまり吉野は、政治システムを要求した。政治システムは初めから民会を備えた。しかしそれは全く人民主権を意味しなかった。多分に儀礼的な正統化の手段であり、民衆が実権を握るということ、その意味の民主化、を全然意味しなかったのである。にもかかわらず「人民の福祉のために」という動機が失われれば、恣意的になって凡そ政治を成さなくなる。

以上のような線をテクストから抉り出した三谷の解釈作業は凡庸でないが、その前提として、以上のような微妙な区別を行いえた吉野の知性の質も凡庸ではない。何故ならば、この後に触れる美濃部達吉の天皇機関説と軌を一にして、まずは明治憲法を正確にワークさせる、という視点がそこにあったからである。おそらく多くのデモクラシー理論を吉野は知っていたに違いない。しかしそれを単純に持ち込むのではなく、デモクラシーへの空気の中でなお、現実の正確な理解から、まずは政治システムを真に立ち上げなければならない、と考えたと思われる。

以上の点は、吉野が、少なくとも実証主義のタイプのクリティックを装備していたことを示している。この時代実証主義が優れて法実証主義であったとすれば、おそらく実証主義にとどまらない、もう少し広い、クリティックの基盤を意識していたとも考えられる。鷗外の「史伝」が威容を誇りえた状況であるから、突拍子もない推測ではない。現に、この点についても三谷は周到な言及を欠かしていない（同書、一三六頁以下）。つまり、吉野は、海老名弾正を通じて、「自由神学の歴史主義的聖書解釈」の影響を受けた。吉野が多少とも聖書批判の意味のクリティックに接したことは確かである。三谷は、別ルート（新島襄経由）ではあるが同種と解しうる影響を深井英五（一八七一年生）に見出し、比較している。そして以下のような深井自身の回想を引用する。

所謂高等批判の方法による新約釈義は私に新境地を開いた。……鋭利にして精細なる古文書考証の方法は特に私を啓発した。それによつて一般に歴史を読むときの心構へが改まつた。文書の背景及び含蓄に慎重の注意を払ふ習慣は此の時の習練に負ふ所が多い。それが後に契約の作成援用又は外交文書の取扱の上で大に役に立つた。

もちろん、二人に対する影響の間に差があることも確かである。後の困難な時期の日銀総裁を務める深井のクリティックは、鷗外が発掘したそれに近い。その分、聖書批判からの影響は直接的である。他方でおそらく、政治的決定方面の最低限の議論空間が全くなくなった時期において、テクニカルな孤塁を守るために深井にとってこの装備は有益であったろう。彼の金融家としての精度を論ずる余裕は本書にはない。これに対して吉野の場合は、右に見た判断の基礎にある吟味は、実は聖書批判と大きく異なる。その吟味は大局的な政治判断の基礎なのであり、逆に言えばその分独立していない。だからこそ、歴史家としての吉野は、明らかにphilosophic historyをしたのである。Istoria Civileをする限りでアンティクアリアンなクリティックにも関心を示した、とすれば矛盾はどこにもない。彼の「明治文化史」への関心は明らかに実証主義批判の動機を含むアンティクアリアニズムである。それ以前に、中国（政治）史への関心自体、彼が実証主義を回避してむしろその前の「啓蒙の歴史学」に航路を設定した、ということを物語る。

その実証主義であるが、実証主義が法学において最も発達したことは言うまでもなく、このフェイズをリードしたのは一九世紀ドイツの法学であり、その実質はローマ法学であった（いわゆるパンデクテン法学）。したがってコアは私法学であったが、これが（国家概念を手がかりに）政治システムに適用される（公法学が生まれる）とき、緊張感が極大化され、実証主義の論証手続が最も研ぎ澄まされる。ローマ法学ではテオドール・モムゼンを、実定法学ではゲオルク・イェリネックを、その到達点とした（前者が大きく先立つ）。公法学を構築するときには、どうしても法人概念が不可欠である。政治システムに国家概念を与え、しかもこれを法的な主体とするしかない。法治国家は政治システム作動の機能的等価物を保障するものであったが、その法治国家をワークさせるにはどうしても国家法人理論が不可欠なのである。したがって、もし明治憲法体制を近代国家として具体的にワークさせたいならば、国家法人理論によるしかない。

法人理論は、corpus mysticum という神学理論をベースに中世教会法学が教会財産や司教の法的地位をローマ法学的に捉えた、これをさらにサヴィニーが一九世紀の半ば前に実証主義法学のために自ら鋳造した法人格という概念に落とし込んだ、そして「団体の法人格」という理論を構築した、ことによって成立していた。国家を法人と概念構成することは政治システムを実証主義法学によって把握する唯一の方法であった。一九一二年の美濃部達吉（一八七三年生）『憲法講話』はイェリネックの国家法人論を採用した。美濃部は確かに「団体」から出発して国家を定義している（美濃部 一九一二（二〇一八）、二五頁以下）。これは、国家や統治を概念するときに corpus mysticum を基礎に採ることを意味する。統治は親分が子分を従える関係ではない。人々は徒党を脱すべく一旦彼岸へと投影され、次いで地上でそれを再現する。それが corpus mysticum であり、corpus つまり体の態様は様々でありうるが、例えば君主が絶対の統治権を独占したとしても、ただの親分ではないという意味で君主もcorpusに属し、その意味で君主も機関なのである。そうでなければただの権力簒奪者になってしまう。美濃部は伝統に倣ってcorpus（この場合は「団体」）全体を国民に採る。これも機関の一種であり、機関たるを意味する場合にはsubstratumという語が当てられる。例えば「substratumの欠けた、それが何だかはっきりしない、法人は成り立たない」などと言ったりする。財団のようにsubstratumを人の集団に採らない場合もあるから、substratumを国民に採った場合、社団（Korporation）という語を当てる。美濃部はこの語を用いていないが、概念構成はしっかりとしており、そこからpia causaと機関についての説明に移行する（同書、二六頁以下、二七頁以下）。極めて明晰にも（あるいは神学との混同を慎重に警戒して）、corpus mysticumの層と区別されるものとして、つまり「法律上から見て」と断った上で、法人概念を導入するということをもしている（同書、三六頁）。実際、美濃部は、精緻な概念構成の上に立って、imperium（summum）の意味の主権（国民が、生の集団でなくcorpusとして構成された、つまり国家を形成した、瞬間に神ないし最高目的に服するという原理）と、最高機関の所在を言う政体論的な主権概念を区別する（同書、四一頁）。かつ、後者の意味の主権を誰が保持しようとその主権はsubstratumたる国民のために行使される、とされる。この点こそが右に述べた吉野の議論とパラレルなのである。明治憲法が天皇を後者の意味の主権者としたとしても、この点にかわりはなく、だからと言って生身の人民に仕えるわけではない。

以上は、美濃部が法実証主義の先端をマスターしていたということを雄弁に示す。言わばそのクリティックの水準に達していた。だからこそ、一九一二年レヴェルで既に、沸き上がりかけた攻撃は、美濃部にとって、そもそも「一読するの労をも取らなかった者の言」なのであった[4]（美濃部 一九一三

（一九八九）、四一頁による）。つまり、攻撃者たちは、全くついていけず、言葉尻を捉えたにすぎなかった。テクストを、前提となっているところを押さえて、正確に読む、ということが、当時の日本の知識層において一般的には、如何に遠いことであったか、ということがわかる。にもかかわらず、近代国家を動かすためには、明治憲法と折り合わせなければならない以上、美濃部の概念構成が唯一の道であったろう。官僚機構と法学教育は、だから、これに依拠した、と言われる。

実証主義に関連して一言、柳田國男（一八七五年生）に触れざるをえない。実証主義批判の主要なフィールドである社会人類学に関わるからである。柳田は与次郎世代よりわずかに早く生まれ、その分「広田先生」の方に近い。事実、彼は与次郎たちに対して距離を取り、彼らが大跳躍の末に墜落する年代においても相対的に冷静さを保った。後継者と目されやすい折口信夫（一八八七年生）とも和辻哲郎（一八八九年生）とも異なる。柳田は新渡戸稲造（一八六二年生）の影響を受け、例のマシーンに使い捨てられる農村の側に視点を据えて動かされなかった。一九二九年に出版される『都市と農村』などでは、マシーンから発せられる信用のイムパクトを農村荒廃の元兇として名指ししてさえいる（柳田 一九二九（一九九八）、二六九頁以下）。占有の問題に、それと意識せずにではあるが、接近していさえする。にもかかわらず、一九一〇年の『遠野物語』は、こうした完璧な対現実対峙と全く不釣り合いに、クリティックから大きく遠ざかるのである。（フィールドワークにおける）一人のインフォーマントの言説を整理せずにそのまま再述する（柳田 一九一〇（一九九七）、「序文」九頁）。分布には固執するが、ヴァージョンの偏差には全く無関心であり、インフォーマントの特殊性に言及がなく、とりわけ内容の面で、自然宗教の如きものから儀礼・習俗・暦・歌謡に至るものまで取り上げるかと思うと、伝承とは言ってもインフォーマント近傍の怪奇談にすぎないものをもたくさん取り上げるのである。「山村の人々のイマジネール」を気の赴くままに記述するといった赴きである。『今昔物語』を意識した文体のせいもあろうが、アンティクアリアニズムのクリティックがない。この点は、タイラーやフレーザーに接しても変わらず（柳田 一九二六（一九九八）、一四八頁以下）、また歴史学と交錯しても維持される（柳田 一九四四（一九九八）、二〇七頁以下）。もちろん、実証主義批判とも言えるし、実証主義をベースにする近代国家の現実裁断に対する疑問提出でもあったであろう。現象学的姿勢に近いのである。しかし柳田自身が認識しなければならなかったはずの現実に、彼の遺したテクストはほとんど届いていない。もちろん、実証主義批判のクリティック構築など一度も成功したためしがないということもあろう。しかし、ヨーロッパの社会人類学を概観するにタイラーとフレーザー以外は知らないが如くになり、一九世紀の比較宗教学・比較神話学・比較言語学をパスするばかりか、一八世紀以前の前史を調べようともしない、という態度は、説明がつかない。『都市と農村』における都市概念の全くの無理解にも驚かされる。代わりに唐突に現われるのが「日本の独自性」に対する関心である。これは、「地方」の独自性や、近代化以前の歴史的な層、への関心とパラレルである。ここから一種の bucolicism, pastoralism が導かれているのではないか？　そのような夢想性から、しかも、「日本」へ飛躍する。これが与次郎の表徴であることを理解していない。与次郎が憧れるマシーンに魅惑されることはない。しかしそれが自分の標的である近代国家の糸の切れた先端であるということに気付くこともない。柳田が発掘したパラデイクマは、解釈のこの水準であると、どちらにも転ぶ。簡単に与次郎の夢を煽ることにもなる。柳田自身の強い対現実対峙のみがそうならない保障である。事実、柳田自身を除いて柳田が影響を与えた人々は多くおかしな方向へ走った。否、今も走り続けている。結局、クリティックを要するコアのジャンルでクリティックに関する深い理論的考察を欠いたということが致命的である。鷗外と漱石を知るわれわれには、柳田にももっとできたはずだ、という感想が残る。

6　一九一〇年代の与次郎——浮出の諸相

吉野らの知的リーダーシップの下で、与次郎はどこにどのように棲息していたか？

まず、吉野や長谷川如是閑（一八七五年生）、大山郁夫（一八八〇年生）らの活動がジャーナリズムを通じて社会運動ないし政治活動の局面をも持っていた、ということがある（三谷 一九九五a、九三頁以下）。これはもちろん、前々節で見た社会変動の帰結の一つである政治基盤拡大、言うならばポリアキー化、に応じ、これを推進しようというものである。この政治基盤拡大自体は、少なくとも一部の政治権力層の意識にも合致していたから、吉野らは、周知のように、大きな成功を収めることができた。信用の側においても、一極マシーンによるものとはいえ、その循環の裾野は拡がり、しかもその一極マシーンが論理的に国際金融の世界に棹ささねばならない限りで、アメリカの新しいヘゲモニー、尖端において透明な金融システム、にプラットフォームを求めざるをえない（求めうる）状況、が日本に及ぶのである（三谷 二〇〇九、六九頁以下）。民主化や国際協調といった潮流には裏付けがあったと考えられる。

他方、右の運動それ自体は、大山の団体重視（多元主義）や民族概念使用に現われているように（三谷 一九九五a、二〇八頁以下）、行動面でのフォロワー、そしてエイジェント、を必要とした。エンブレマティックな光景は、一九一八年の有名な立会演説会である。白虹事件後の状況下で吉野は浪人会の挑戦を受けて立ち、「大勝利」を収めるが、そこには吉野をサポートする新人会のメンバー、例えばその中心人物の一人であった麻生久（一八九一年生）が居た（スミス 一九七八、四一頁）。われわれは確かに与次郎が棲息しているのを見るのである。つまり、一九一〇年代において知的リーダーたちが創出した渦の中に、その上昇気流を担って、与次郎が活発に動き始めているのである。

もっとも、与次郎とは言っても一八八〇年代世代と一八九〇年代世代は区別されなければならないかもしれない。例によって三谷太一郎は格段に優れた精度で「大正社会主義者」たちを分析し（三谷 一九九五a、二五一頁以下）、「日露戦争の「戦後派」」、山川均（一八八〇年生）、大杉栄（一八八五年生）、高畠素之（一八八六年生）ら、と、麻生久、棚橋小虎（一八八九年生）、山名義鶴（一八九一年生）らを区別する。前者は「知的社会の限界集団」とし、後者は（吉野に近い、新人会メンバーを中心として）東大法科と関係が深い。しかし前者のみが与次郎であったとすることはできない。むしろ後者においてこそ与次郎的性格、つまり権力中枢へと再挑戦する傾向、が強まるのである。もちろん高畠などのようにじきに端的に国家社会主義へ転ずる分子が前者のカテゴリーの内部にあったが、団体・労働運動などに「組織管理者」として入り込むのは後者の特徴とされる。擬似知的階層の現実直接関与、それも特殊な態様の関与、である。そして後者のカテゴリーが、マルクス主義それもボルシエビキの影響を強く受けていくのであり、日本の知的世界におけるマルクス主義の或る種のヘゲモニーの源流がここに求められさえする（スミス 一九七八、二三二頁以下）。

一九一〇年代には、右に渦という比喩で示唆した現象に対応して、知的世界が大規模に組織化された。そこには学者や文学者のみならずジャーナリストや官僚や政治家が加わった。三谷は「国民文芸会」の例を挙げている（三谷 一九九五a、一〇四頁以下）。これとは性質が異なるが、一九一八年には老壮会が組織され、そこには高畠や大杉と並んで、満川亀太郎（一八八八年生）、北一輝（一八八三年生）、大川周明（一八八六年生）、鹿子木員信（一八八四年生）らがあった。さらに一九一九年設立の猶存社は満川、北、大川が指導して右翼を組織化する重要な媒体となったとされる。一九二四年には、政官財界、軍人、学者や文学者を大規模に組織する平沼騏一郎の国本社が生まれ、ここには三井甲之（一八八三年生）の名が見える。これらの動きを推進した主体はもはや知的階層とは言えない（彼らを追跡するタスクは本来の歴史学ないし思想史の守備範囲である）から、本書の射程をはずれるが、しかし与次郎が平岡を経てここへ辿り着いているのであるから、言及のみしておく。つまり、与次郎から転落した層が「大陸浪人」のような生態を経由して中枢権力に食い込む回路の存在が認められる。これにさらに、その中でも周辺的な分子が中枢に向かってテロルを行使する、という回路が付着する。言わば与次郎が身を持ち崩して知的階層たるを放棄し、ただのユスリ・タカリの類いに成り下がった姿である。

なお、「大陸」との関係であるが、竹内好は、アジア主義を追跡する中で、「玄洋社の〔民権から国権への〕転向」を論じ、副次的に頭山満と中江兆民それぞれの弟子である内田良平（一八七四年生）

と幸徳秋水（一八七一年生）のところで右と左に分岐する、とも指摘している（竹内 一九六三（一九八〇）、九四頁以下）。この分岐の年代は一九〇〇年代前半であり、本書が設定するターニングポイントと一致する。竹内が考えるようにアジア主義は初めから「膨張主義」との間に曖昧な関係を保持していた（水戸以来の国粋主義と不可分であった）と思われるが、そして同じく彼が考えるようにそれでもアジアとの真正の連帯という動機をどこかに秘めていたと思われるが、しかし与次郎が加わり、そして彼が求心的な方向に折り返すことによって、新たなフェイズ、つまり「大陸浪人」第二波（内田良平の側）、が生まれたのではないか？

いずれにせよ、右派の場合には一八八〇年代世代と一八九〇年代世代の間に継承関係が濃厚にある。前者のヘゲモニーが後々まで続く。これに対して左派の場合には切れ目がある。この差違は、等しくクリティックが欠けるにしてもその理由にヴァリエーションが存在する、ことによるのではないかと推測される。すなわち、一八八〇年代生まれ社会主義者の場合、同じく日露戦争前後の状況によって育まれたとはいえ、信用の一極マシーンを目がけて動くという要素は相対的に希薄なのである。彼らの動機付けは、その前の世代の社会主義者の場合のように全般的な社会改良というのではなく、むしろ目の前の局地的信用状況（犠牲強要型ポトラッチ）に対する義憤であったと思われ、なお知的階層というより運動家であったこの世代は求心的傾向が薄い（三谷は「政治の否定」（三谷 一九九五a、二七八頁以下）と言う）。これに対して、一八九〇年代世代は、吉野等の影響を受けた純然たる知的階層であり、同じ義憤に駆られたとしても（スミス 一九七八、二〇九頁）、普遍的に妥当する知的装備と組織を欲したのである。もちろん、それは信用の一元的マシーンへの食い込み願望ではなかった。しかし、ポトラッチへの対抗にはならざるをえなかったため、その別形態、（しばしば知的）権威主義を以てした。だからこそ、彼らは（しばしば知的）権威に弱く、対外的にも対内的にも組織のロジックを優先する傾向を獲得していき、その故にこそクリティックを致命的に欠いていくのである。例えばやがて福本和夫のような知的シャルラタンにさえころりと参る（同書、一四一頁以下）。つまり、端的なポトラッチと軍事化を目指す右派とは異なるが、一種の反動を経由してなおやはりポトラッチ故にクリティックを欠くに至るのである。

7　一九一〇年代の与次郎——内向もしくは浮出の遷延

かつての与次郎本隊はその後どうなったか？　代表格の阿部次郎（一八八三年生）は、仲間と文芸批評をしばらくしていたが、一転、一九一四年に『三太郎の日記』「第二」を世に問う。以後長くこの『三太郎の日記』は高等学校における愛読書ナンバーワンとなり、戦前期のエリートの知的バックボーンとなった、ということは周知のとおりである。著者によると「内面生活の最も直接的な記録」（阿部 一九一四—一五（二〇〇八）、一一頁）なのであるが、これは実に奇妙なテクストである。どう考えても一七歳くらいまでの少年の手記であるが、実際にはやがて三〇歳にならんとする大人の告白であるという（そう言えば、「私小説」の味が少しする）。少年の日記としてはもちろん、大人の告白としても、わざとらしく、拵え物の胡散臭さがつーんと鼻につく。ナイッフさがフィクションによるとすると、そのフィクションは成功していない。

この陳腐さはどこから来るか。まず、著者自身商業的な動機を隠していない（「最も平俗な意味におけるなんらかの社会的動機」（同頁））。しかし明らかにそれだけではない。著者はその「自序」で、比較的最近何らかの危機に陥り、それを克服した、ということを示唆する。危機とは何で、脱出口はどのようなものであったか？　全編で徹頭徹尾自己に拘泥するのであるが、自己を解剖すると言いながらデカルトとあまりに違う（むしろ反デカルトを宣言する（同書、一〇二頁））のはもちろん、アウグスティーヌスもその表面をなぞるだけであり、横溢するのはロマンティシズムからニーチェに至るドイツ文化の線である（同書、六六頁以下、七四頁以下）。そして異様に固執する問題は、古今の偉人から自己周辺の同輩後輩に至るまでに対して自分が果たして優越しているか劣っているか、ということである（「張三李四に比べて」、「張三李四を比較にとる優越感」、「張三李四よりも一歩進めている」（同書、一五〇頁以下））。この強迫観念に対応して、脱出口は自己の優越性を絶対化する、つまり安全圏に置く、超越する、ところに見出される。一段上に立って後輩などを導く地位に自己を置き、どちらが上かの不断の煩悶の埒外に出ようというのである。

このノウハウを伝える点に阿部は意味を見出した。「現在の思想界に対して多少裨補するところあるべき」（同書、一三頁）となるが、如何にも与次郎らしく「思想界」などがターゲットであり、その実体は商業主義的な動機に繋がる需要であろう。要するに、日露戦争前後の「煩悶」をこうした垂範主義によって克服する、という筋道が発見されたのである。ほとんど、代助がその父に転身したようなものである。乾坤一擲のポトラッチがこうなるというのも与次郎ならではであろう。このヴァージョンも、しかし、一九一〇年代の例の渦、その文化的商業主義勃興の側面、に乗っているのである。それを通じてやはり例の一極マシーンに繋がっている。見過ごせないのは、このヴァージョンが、その慰撫の精神において、与次郎のように弾かれて例えば大陸に渡った分子をマシーン中軸部に再吸収する和合ないし談合を早くも示唆している、という点である。

和辻哲郎の『古寺巡礼』(一九一九年)についてほぼ同様のことを言うことができる。執筆動機が率直に語られている(和辻 一九一九(二〇一二)、二一頁以下)。父に、お前のやっていることは「道のために」どれだけ役に立つのか、ときかれ、「自分ながら自分の動揺に愛想がつきかかっている時であるだけに」「ひどくこたえた」和辻は、「今度の旅行」が「古美術の力」によって「自分の心を洗い」、「富ま」せるためのものであることを意識する。つまりこれも危機からの脱出である。その危機はおそらく阿部のそれと同種のものであったろう。脱出方法は古美術であり、これについて確かに自分は「燃えている」が、それは「わき道」であり、「安逸を求めて自分の要求を誤魔化している」にすぎず、「第一の仕事とする」ことは到底できない。要するに、アンティクアリアニズムを本格的に追求する気はないのである。むろん、その分モンテスキューからブルクハルトへという比較文化や文化史に一見接近する。しかしその実アマチュアの幼稚な旅行趣味の域を出ないものとなる。むしろ、今日にも通用する商業主義的な一ジャンルの先駆けなのである。

仏像や仏画を鑑賞するときに関心を向ける先は、例えば端的に「種族」であり、「蒙古人」か「日本人」か「支那人」かという骨相識別である(同書、二九、五一頁)。また、山寺の里で突然「僕は曽て子供であった!」と叫んだり、「国宝」という語に興奮して「我々は日本民族の一員として」鑑賞する権利を有すると口走ったりする（同書、四八、六二頁）。要するに、逃げ道はクリティックを欠いたアンティクアリアニズム（形容矛盾）に気分だけ耽溺することであり、気分だけだから、ひょっとしたらかつて追求した自由はその中に含まれず、逆に、後に顕著になる一極マシーンへの協和の動機が早くも忍び込んでいるのである。

実証主義を中心的に担う法学の中でも柱になるのは民法学である。一九世紀ドイツのローマ法学を直接に継承しなければならない。その影響は旧民法が明治民法に変身する際にまず強く現われるが、精緻な実証主義はついに流入しなかった。二〇世紀に入っていくのであるから遅すぎた。この決定的な段階を経ることなく日本の民法学は成長しなければならなかったのである。民法は市民社会の鍵を握るから、この点は大きい。ドイツ法学継受のピークを成すと言われる鳩山秀夫（一八八四年生）は、一九一五年の論文（鳩山 一九一五（一九五五））で、「動的安全」（以後しばしば「取引の安全」）というキャッチフレーズを声高に掲げて一世を風靡する。例えば真実の代理権が存在しなくとも第三者から見て存在しているように見えれば、有効として扱い、取引の円滑を保障する、というのである。与次郎は「広田先生」から預かった金二〇円で馬券を買うが、言わば、この売買は「広田先生」のために有効だと言うようなものである（金銭が介在するゆえに実際には与次郎の売買として有効）。一九一〇年前後からこのようにして不動産取引がなされ、二〇円でなく土地を失わなければならない事例が少なくとも判例上頻発する。「取引の安全」を法学部の教室で習い、素人を煙に巻くことを覚えるとき、「浅井君」は一人前の法律家になったように感じ、そしてやがて孤堂先生と小夜子に引導を渡す冷酷な役割を以て任ずるに至る。実証主義のクリティックを構成するステップを軽視して便宜（「価た。

値」、「利益」、「政策目的」）のために解釈をする、という日本の法律学の悪癖がこれによって確立された。

以上のように、「広田先生」／野々宮／三四郎の圏内において成長すべきものは成長せず、知的階層を構成すべき者たちは与次郎への転向（転落？）によってのみ不安定均衡を得たのである。つまり、一極マシーンの果実によってのみ潤う、しかし潤う、知的空間が生まれたのである。この知的空間は直ちに吉野や美濃部が目指したのと反対の方向を向いていた。吉野も美濃部も直ちには先へと繋ぎえなかった（後述のように南原繁を介して岡義武へ、ケルゼンを介して横田喜三郎や宮沢俊義へ、というように回り道によって後へ繋がったが）。表見的なポリアキー状態を何とか利用してこれを政治システムに転化しようという彼らの試みは、限界を抱えていた。一方では政治の実質化が阻まれ、吉野の誤算を数多く生んだ。「広田先生」にしても、与次郎が平岡の如く知的階層から脱落して単なるゴロツキになるとか、知的階層にとどまっても短絡的に組織中心の権威主義に走るとか、を果たして防ぎえたであろうか。他方では、近代国家の官僚制を制覇して秘かに生き延びたものの、刑事司法のような土台部分をさえ欠いた実証主義は所詮長命ではありえなかった。実際、既に一九一〇年の大逆事件は、多くの知識人に衝撃を与えていた。刑事司法はクリティックの主戦場であるから、そこでミニマムなクリティックさえ蹂躙される、実証主義さえ機能せずに端的に野蛮な暴力が噴出する、ということは希望ゼロを意味する。

8　一九二〇年代以降の信用の状況

既に述べたように、例の信用の一極マシーンによる投機は、日露戦争というその初めから、英国に資金を仰いでなされていった。軍事的な先端部分を大陸に持ち、これに向けて産業化を推進する、という仕組であった。これは第一次世界大戦というボーナスを得て一九一〇年代に相対的な成功を遂げる。吉野の試みさえその果実でもあった。しかしもちろん、朝鮮や満州の社会内部の経済を組み込むには至っていなかった。その縁ないし鉄道沿いに産業化ゾーンを得ただけであった。もっとも、一個のマシーンが外国債権者との関係で成り立っていればよいだけであったから、この限界は仕組自体を脅かさなかった。

ところが、第一次世界大戦は、受け容れ続けた英国資本の枯渇を意味した。一九一〇年代終わりには米国資本の受け容れがアジェンダに上る。しかし、米国金融資本が生命と考える原則と、投資対象マシーンの性質、が正面衝突するという可能性のあることから、この方角は鬼門を意味した。[5] 他方、第一次世界大戦に乗じて過剰に投機した反動が日本の金融世界を襲った。そもそも、台湾銀行や朝鮮銀行等植民地銀行は十分な準備に対応しないマネーを創出し、またこの種のマシーンに不可避なこととしてガヴァナンス・ゼロであった。やがて明るみに出ることとなる台湾銀行と鈴木商店のスキャンダルはエンブレマティックなケースである。

この二つの行き詰まりと関係してか、これと無関係に勢いの赴くままにか、大陸社会内部ないし実体経済をマシーンに組み込もうとする策動が盛んとなる。代表的な例が「西原借款」（一九一七―一八年）である。大陸に渡って産業的成功を収めた西原亀三という人物が朝鮮総督たる寺内正毅に接近し、寺内内閣が華北の北洋軍閥（段祺瑞）に巨額の借款を供与するということを私的にアレインジするのである。債権者たる地位を利用して段にこれを基礎とする貨幣を発行させ、ゆくゆくは円を直接流通させようとした、と言われる。しかし段の方が一枚も二枚も上手で、この金銭を自分の軍事的目的に使って返済さえしなかった。同様に、円にのみ連動した（円を通じてのみ金に連動した）朝鮮銀行マネーを満州に通用させようとする試みも失敗した。銀本位制の実体経済に歯が立たなかったのである。[6]少し後の満州では確かに銀高騰を奇貨として銀本位制を打破したが（小林 二〇一五、八三頁）、円に直結しえたと喜ぶのは浅はかであり、円は金と切り離されて無根拠であったから、空手形（一種の軍票）の上に信用を築いただけであった。つまり金を通じて国際的な信用秩序に棹をさすでもなく、実体的循環の方に足を付けるでもない、そのようなやり方は失敗を運命付けられていた。

壁は米国から直接的にも現われた。「四国借款団」というスキームの登場である（三谷 二〇〇九、七八頁以下）。つまりシンジケートが、どの国に対しても、中国の経済の内部に実力で介入し独占するような囲い込みを許さない、つまり信用の閉鎖的展開を禁ずる、というのである。これは如何にもアメリカ的な法的スキーム（門戸開放）であった。日本は、新たな策動ばかりか従来のやり方も否定されかねなかった。しかし米国資本は不可欠であったから、満蒙除外による参加を目指し、結局既得権益の個別維持という線で妥協する。以上の経過において、日本側に有力なオポジションがあったことを確認しておかなければならない。横浜正金銀行は、国際信用秩序重視にもかかわらず満州の銀本位尊重の方向で朝鮮銀行に対抗した。さらに米国側が強く信頼する井上準之助があり、その下には深井英五があったのである。

にもかかわらず、「四国借款団」スキームへの適応はなされなかった。一九二〇年代初め、旧来のマシーン運転を目指す方向さえ、すなわち満鉄外債および東拓外債の米国引受は、難航し、結局後者のみが実現するにとどまった（同書、一〇六頁以下）。一九二八年の張作霖爆殺事件はこの道をも完全に閉ざしたが、そもそも、「四国借款団」スキームの下、例のマシーンを動かすこと自体、国際信用秩序に相反することであった。それは言うならば、先に暴力的な地上げ屋に破壊行為を行わせておき、次いで投機的な資金を産業化にぶち込むやり方であった。債務者の占有を尊重しない債権者は、果実を産み出す占有を育てる観点を持たないから、一次資源獲得とそれに付随する産業立ち上げを企ててもすぐに実質破綻し、別の循環への先送り（暴力による新たな機会創出）によって繋いでいく自転車操業しかない。新たな機会を名目にして資金を受け入れこれで返済する（マルチ商法的やり方なのである。確かにこれで一息つくことができるけれども。いずれにせよ、ワシントン体制下の世界を享受しながら裏でこのマシーンを働かせることは不可能であった。

それどころか、例のマシーンの作動において先兵として突破する暴力的な分子自体が、続くべき投資主体を置き去りにして自分たちで投資物件を経営する、という新しい線が準備される。（第一次世界大戦時の陸軍内総力戦構想に沿革を求めうるかどうかわからないが）少なくとも一九二七年に石原莞爾（一八八九年生）によって明確に定式化されうるにたる準備がなされた（山室 二〇〇四、二八頁以下）後、一九二八年の張作霖爆殺とともにこの路線は鮮烈に浮上する。つまり権益テリトリーの外をも包括的に占拠し経営するという計画である。一九三一年の満州事変と続く年代の満州国樹立は結局その成果であり、性質上この動きは次々に新たな投資物件を求める以外のコースを持っていなかった。つまり、旧来のマシーン運転はもとより、「西原借款」の線さえ許さないものであった。元々投資家と地上げ屋の間にはドロドロの駆け引きがある。今やその駆け引きは後者による前者に対する恐喝ないしテロルという形態を採るようになる。これはまた「四国借款団」スキームの方へとまかり間違っても行かせないという行為でもあった。

9　新しい路線の国内制覇

一九三〇年代は、暴力集団直営路線が国内の経済をも呑み込む過程に彩られる。マシーンの尖端から来る果実によって国内は一見正常に循環が作動しているように見えたかもしれない、その果実を基礎として信用を立ち上げえたかもしれない（後述する高橋財政以降の表見的危機脱出）。もっとも、産業部門でも地主小作関係においても、実は「投資家／地上げ屋」（経営者／総会屋）パターンに見られる暴力性が払拭されえなかったのではないかと疑われる（後述する曖昧な統制経済）。いずれにせよ暴力集団直営路線は国内経済をも乗っ取るための暴力的な手段を次々に繰り出していく。そして制圧に成功する。外に向かっていた暴力を内に向かわせ、出来上がった完結的閉鎖的な直営体制を暴力集団自身で動かすべく動く（企画院等）。

制圧過程と制圧後というこの二つのフェイズは一応区別され、その境目は一九三六年の二・二六事件であったと思われる。前者の推進力は旧来の信用マシーン尖端部と向かう先が異なるだけであるから、それが流用され、そして破壊後は捨てられた。これへの反発と破壊の完結が混じった事件が二・二六事件（ないし一連のクーデタ計画）であった。陸軍のいわゆる皇道派と統制派の対立ないし交替は極めて入り組んだただの徒党内紛争でもあるが、緩やかに二つのフェイズに対応してもいる（陰謀とテロの応酬の中で皇道派が切り捨てられる）。

そうした「直営」の信用状況に一瞥をくれておこう。直営が完結すると、唯一の有効な出資の形態は暴力の行使であるということになる。暴力は闇の連中が行い、知らぬ顔をして投資家がほとぼりの冷めた頃に訪れる、というのでなく、正規の事業内容を成すようになる。戦争は継続された、というより、正式には今戦争が始まるのである。直営体制は論理的に戦時体制を意味することとなる。もっとも、実力行使にも資金は必要である。この資金が税によってではなく中央銀行からの融資（特別会計）によって賄われた、ということは概説的知識に属する。そこへ至る道は植民地の側が既に見た形で準備した。「高橋財政」についての見方は大きく分れるが、高橋是清自身が財政均衡への配慮を忘れなかったとしても（三和 一九七九、一一一頁以下）、やはり一九三〇年代前半のこの「高橋財政」の手法が決定的であったことは疑いない。

その秘訣はいわゆる「日銀引受」であった。つまり、市中に出た国債について買いオペすることの延長線上で赤字国債を日銀が直接引き受けるのである。政府は日銀口座にマネーを保有して財政支出に充てる。この形で日銀がマネーを創出したことになる。このマネー創出は、正貨準備つまり国際信用秩序という基礎をはずすものであるのはもちろん、実体経済における如何なる基礎をもはずすものであった。一旦市中銀行に引き受けさせたうえで買いオペする場合には市中銀行の信用力を大きく越えないという限度が作用するが、これがはずれるからである。越えないさじ加減というものを高橋個人はマスターしていたかもしれない。売りオペで運転するつもりであったとされる。現に高橋財政後期には均衡へと舵が切られたとも言われる(井手 二〇〇六、一七一頁以下)。しかしこれはポリシーであって制度ではない。[7]

結局一九三七年以後の戦時体制でこの循環が財政循環本隊から別会計として切り離されたのは幸いであったが、しかしその分歯止めはもうかからなかった。通貨は、さらなる軍事的冒険が続いてやがては果実をもたらすと人々が信じる限りで価値を持ちうる軍票に等しくなった。円ブロック内の物資の循環はそれでも何とか維持しえたかもしれない。しかし円ブロックの名高い「自給自足」は現実に遠く、円ブロック外に多くの物資を依存していた。「民間保有金を半強権的に集中してまで、海外現送金を調達せねばならなかった」(山崎 一九七九、二二頁)。そのまま自滅するか、円ブロックの外へと軍事的冒険を拡大してもっと派手に自滅するか、の二者択一であった。

例のマシーンは初めから一極的であった。しかしそれは、様々な信用も間接的にその一極に依存している、ということにとどまった。その依存の分、安定は仮初めのものにすぎなかった。ところが今や、この見かけの安定という仮面も脱ぎ捨てられた。全体、つまり円ブロック大の空間、が一個のキュークロプス支配下現物循環流動空間になる。早くから提唱された統制経済構想は、紀律化を唱えれば唱えるほど、非現実的であった。何故ならば制度化を支える機構、つまり責任分節、を否定するものであったからである。「指導者原理」によらざるをえず、「下から」、「内から」の統制という論理矛盾にのみ解決が求められた。実際には「統制会」というクッションが設けられ、このアリーナで統制官僚と便乗実業家が綱引きをするのであるが、クッションは早々にぼろぼろになって廃棄された。[8]「日本型ファシズム」の特徴として丸山眞男以来指摘されてきたことであるが、ひとまずは新しい信用状況のコロラリーであった。現物化、物的関係の横溢、は、もちろん前線を頂点として全経済を覆ったが、苛烈な資本市場のポトラッチに特有のストレスから現物の確かさによって解放され安心立命を得る、などというのは幻想である。苛烈な物の奪い合いであり、闇市場で現金も飛び交うのである。つまり小さな権力者たちの恣意に人々の運命が左右されたのである。暴力的尖端が全体になったのだから当然である。ユスリ・タカリのあの連中である。正規軍自体がそのようになってしまったこともよく知られた事実である。ここもまた紀律に遠く、腐敗の極であった。愚行を重ね、自他の犠牲者ばかり増やしていく。これも、「前近代的組織」であったなどということではなく、さしあたりは急激な変化の帰結であった。

10　一九二〇年代以降の知的状況――組織化の進展

一九二〇年代以降の知的状況も大変に複雑で簡単な要約を許さない。ここでは顕著な二つの特徴のみに触れる。第一は、一九二〇年代後半においてまず満州で、数年遅れて一九三二―三三年頃に東京でも、現われる事象、つまり知的階層が権力によって直接に組織されるというよく知られた事象、である。第二は、特に一九三〇年頃のやや明確な転回点を境にして、クリティック不全が独特の病的な様相を呈するということである。この二つの事象はもちろん深く関係しているが、何がこの双方をもたらしたか、について以下簡単に考察する。直ちに念のため断っておけば、知的階層の全体がこの傾向に服したのではなかった、ということである。服さなかった者が圧倒的少数にすぎなかったということはひょっとすると言えるかもしれないが、彼らは秘かに有力なまま戦後のスタートラインでクラウチングしていることができた。

一八九〇年代生まれの与次郎ヴァージョンI－2は一九一〇年代末にリーダーたちの驥尾に付して運動に参加していった。しかし一九二〇年代末からは、これとは異なる現実との間に、かつ直接的な関わりを持つようになった。知的中枢ではなく信用マシーン中枢の方へいきなり組織されていくのである。既に一九二〇年代後半において突破用弾頭の側で見られる。いわゆる「満鉄調査部」である。一九二七年の山本条太郎満鉄総裁就任が画期とされる（小林 二〇一五、五四頁以下）。「臨時経済調査委員会」は大量の新卒者をリクルートして彼の新しい経営方針に対応する大規模調査を実施した。細かな節約によって利益を回復するという考え方がそこにはあり、明らかに世界の信用秩序が閉ざされた（そして金融恐慌に向かう経済環境の）影響が見られる。さらに満州事変後は、後継の「満鉄経済調査会」が従うのは果たして満鉄か関東軍かと迫られて後者を選択するという場面を経て、華北分離工作にも（おそらく満州事変そのもの（山室 二〇〇四、二九頁）と同様に）加担していく（小林 二〇一五、六九頁以下）。この段階で早々に「自給自足」、「国防経済」、「国家統制」が明確にマニフェストされる。この組織化は、突破隊が投資側を乗っ取って直営体制に持ち込むのとパラレルであったことになる。投資側は里見を使い、与次郎は里見との間で「反発・殴り込み・癒着」ゲームをしていたにすぎなかった。与次郎が突破隊の近傍に出て見せる（「満州」へ行く）のも、殴り込みの助走をとるためであった。ところが直営体制になると、里見と弾頭部の関係は直接的になり、そうなると里見ではなく与次郎が適合的となって、与次郎が里見も投資側も押しのけて弾頭部と一体化する。これが新しい組織化の実相であった。

一九三三年には「満鉄調査部」形成の以上の動きで主軸を担った宮崎正義が東京に移り、一九三五年までに経済ブロック構想と五ヵ年計画が姿を現わす（同書、八四頁以下）。そして、このブロック化の動きは当然日本経済全体を却って満州が巻き込むことを意味した。一九三三年頃から、日本経済全体を直営体制にしてしまうプランが勢いを強めると、それと同時に、中枢に入った突破隊は全知的階層を自らのために組織しようとする。矢次一夫のような人物が「国策研究同志会」を組織しえたのである。後藤隆之助が近衛文麿のために一九三三年に組織した「昭和研究会」は組織化の代表例となっていく。与次郎がマシーン中枢に入り込むだけでは足りず、どうしても知的階層本体、「広田先生」、否、里見さえをも、同時に与次郎化して組み込まなければならなかった。少なくとも「広田先生」が残っていては邪魔なのであった。弾頭を動かす体制本体部分が有する最小限の合理性をかなぐり捨てて、全体が弾頭にならねばならなかったからである。そうなると、大学などでこの組織化に抵抗することは難しくなる。そもそも、先発の突撃隊が乗っ取った後も後発の殴り込み隊が次々と乗っ取り返す動きをしていき、そこには非常な競争関係と衝突が生まれたが、競争は知的階層本体を襲って屈服させ組み込むという競技においてなされた。天皇機関説事件は、最も厄介な障害である美濃部達吉を彼らが標的とすることによって起こった。

矢部貞治（一九〇二年生）は東京帝国大学法学部の政治学担当助教授／教授であったが、一九三八年以降みるみるうちに権力中枢に呑み込まれていき、ついには「近衛新体制」のイデオローグとさえ見なされるようになる。知的階層本隊が与次郎の挑戦に遭遇して切り崩される過程を、われわれは彼の遺した日記の御陰で詳細に追跡することができる。まず機関説事件、そしてその余波としての法学部諸教授に対する嫌疑、が背景を成す。矢部は少なくとも一九三八年二月以来、「右翼」の追及を気にし始める（一九三八年二月七日、矢部 一九七四、八〇頁。三月五日、同書、八九頁以下）。ただし最後まで彼ら、或いは彼らに阿る安井郁[9]（一九三八年八月二〇日、同書、一三四頁。九月三日、同書、一三九頁。一一月一〇日、同書、一六三頁）ら、を蔑み嫌った、ということは確認しておかなければならない（蓑田胸喜については、一九三九年一二月一日、同書、二七〇頁。一九四〇年一〇月二三日、同書、三六三頁。一九四一年一月八日、同書、三八七頁）。「大学と学問」を守るために職を賭す姿勢は崩れることがなかった。にもかかわらず権力中枢にどんどんのめり込み翻弄される（それと同時に議論の内容もますますおかしくなっていく）きっかけは、既に指摘されているとおり（三谷太一郎「戦争の時代についての少数派知識人の回想——岡義武の場合」、三谷 一九九七、三六四頁以下）、「小田村[10]」という学生が答案で問題に答えず「国体論」の観点から矢部を攻撃した、という事件（一九三八年三月九日付け日記に現われる（矢部 一九七四、九二頁））であった。

以後、この「小田村」に矢部は執拗に付け回される。ほどなく蠟山政道の紹介で昭和研究会に誘われる（五月三日、同書、一〇八頁）。折から矢部の教授承認人事が教授会にかかる（九月二一日、同書、一四六頁）。教授会はこれを可決する（九月二九日、同書、一四八頁）。しかしなかなか発令されない。これを矢部は大変に気に病む（一九三九年三月三一日、同書、二〇七頁。四月一四日、同書、二一〇頁。八月二八日に発令となる（同書、二四四頁））。折から経済学部の事件が進行していた。一人一人が思想・素行をチェックされるのではないか、人事に介入されるのではないか、という緊張感が極大化している時期である。一方で矢部は敵愾心を燃やす。「小田村」の組織が文部省に工作したかもしれないが（一九三八年四月三日、同書、一〇〇頁。一二月九日、同書、一七二頁。一二月一〇日、同書、一七三頁）、そんなことに屈するものか、と。しかし「小田村」とは曖昧な関係を保ち続ける（同年五月二一日、同書、一一二頁（「親しさうに挨拶をして「勉強をしてゐます」と言ひ」）。一一月二九日、同書、一六九頁）。「話の分かる先生」として褒めそやされながら、「学生が先生に教えを垂れた」と誇られ、怒る[11]。処分問題を長く燻らされる。曖昧さを嗅ぎ取られたという意識があるから、馬鹿にされたと力み、泥沼に陥る。「何お！」というプライドがポトラッチに引きずり込まれる原因となる。「客殺し」商法の被害者は必ず地位があって負けず嫌いの者である。矢部は「小田村」を相手にした時点で誤ったと考えられる。

そしてこの件と、最後は海軍嘱託[12]からさらに近衛のブレーン[13]にまでなっていくこと、は密接に関係している。元々エシャンジストである上に挑発されやすい。怪しい話にも簡単に乗っていき、瞞されさえする[14]。権力に阿ってアリバイを作り「小田村」に対抗した、というのではない。「小田村」対処の失敗を意識すればするほど[15]、瞞されたと知るともっと投じて取り返そうとする悪徳金融被害者のように、自分を切り売りしていったと思われる。この全てのやましさから同僚の冷ややかな目を感じる

（一九三八年一一月三〇日、同書、一六九頁（岡義武が「妙に皮肉な口振りを示す」））。一九三九年一一月二日、同書、二六二頁（南原繁と高木八尺が「何となく僕を敬遠してゐる」））。学部長から発令不進捗に関して「何か心当りはないか」「思想が少し自由主義らしい」と言われると、気が気ではない（一九三九年六月二九日、同書、二三一頁）。「小田村」の件以外はない、と答えるものの、昭和研究会、昭和塾に始まる一連の活動こそが妨げになっているのではないか、と不安になる（同年七月四日、二三二頁（「昭和塾のことかも知れぬ」））。しかしまさに、そういう「賭け事」を、こうして立派に現実に関わって何が悪い、という居直りで正当化する。だから権力への関与はエスカレートする。

そもそもそこはカジノ並の熾烈な勝負の世界である。昭和研究会も蓑田などの攻撃を始終受ける（昭和塾への攻撃：一九三八年一〇月二〇日、同書、一五四頁。昭和研究会への攻撃：一九四〇年一〇月二〇日、同書、三六一頁）。その種のことを矢部自身が非常に意識している。そして「あの低劣な連中」として会合でさんざ罵っている。つまり、矢部が圧力に屈して組織されていった、ということはない。事実元来「新体制」理論の信奉者である。なるほど、勧誘に対する吟味も杜撰ならば、様々な立場の受け容れにあたっても精査を経ない。しかし矢部の名誉のためにも言えば、彼は決して迎合したのではない。彼は自由な選択をし続けているつもりであった。それでいて「近衛新体制」の起草者的存在へと祭り上げられていく哀れさは、明らかに、与次郎そのものである「小田村」の挑発に応戦してしまった、そのポトラッチ心性による（平岡に三千代を譲って粋がった代助を想起せよ）。昇任問題でこの心性に拍車が掛かった。立場が宙づりに置かれた。プレケールになった。この時期の知的階層組織化には様々な側面があったが、そのうちの一つは、「広田先生」が与次郎の挑発に乗ってしまい、崩れていった、というものであった。与次郎たちは巧妙であった。特高などが、いえ、何でもありません、ちょいとお知恵を拝借、といった調子で探りを入れる（一九三八年六月八日、同書、一一七頁。一一月二七日、同書、一六八頁〔前記「原勝」の「新友社」の件〕）。曖昧さを作る。すると我慢できなくなって這い出て来る。「大いなる暗闇」でなくなる。これが与次郎の作戦である。クリティックは効かなくなる。[16]

与次郎であったとしても知的階層の側であった、と私は述べた。その与次郎がもはや知的中枢をターゲットとせず、ズレて、信用中枢の方へ入り込む、という事象は、したがって、注目に値する。そこには明らかに二重の意味がある。一九〇〇年前後に生まれた市民社会の胚芽が直営化によって消滅したばかりではなく、これに対応して、明治維新以来の、政治的オポジションとしての、知的階層それ自体が瓦解したのである。知的階層の変容ではなくその消滅が起こった。市民社会も知的階層も、どちらも元々脆弱であったことは否めないとして、しかしこれに加え、今前者のプレケールな存在態様が導火線となって後者を巻き込んだと見られる。直営化と与次郎組織化がパラレルたるメカニズムである。マルクス主義者の場合でも、彼らが信用マシーン中枢に組み込まれた理由はしばしば強制ないし急迫の事情であったであろうが、しかし、元々知的活動は彼らの言う（あまりにも特殊な）「政治」に従属すべきであると考えられた（背後の市民社会も自分たちの知的階層たるも弱かった）のだから、抵抗感はなかったであろう。個々人は様々な事情で組み込まれた（例えば秘かに植民地で理念を実現しようと考えた）としても、基本にはそういう弱さがあり、ここに目を付けられたのである。知的階層の崩壊（自律喪失）は、直営体制が（共に仮初めのものであったとはいえ）市民社会ばかりか政治システムそのものの余地をも残さなかった、ということをも意味した。いずれにせよ、クリティックを問うための前提そのものが崩壊するのである。

11　一九二〇年代以降の知的状況——思考の形態 その一

以上のような与次郎の活動形態の変化は、その思考の質自体を変えていった。クリティック不全もそのステージを上げていくのである。結果として現われる病状は極めて深刻であるだけに、全力を挙げて分析すべきであるが、その分極めて難しい。誰も彼も一斉に何とも形容しようのないおぞましい論理の混濁に陥っていく、のであるが、単純に「原クリティック以前へ戻る」などというレヴェルのものではない。

何故こうなるのか。そこで再び満州に視線を定めてそこに現われる先行事例を見ることが有益である。その際、山室信一が「満州国」を描く確かなタッチの跡をつけると、混濁の理由の一端が判明する。画像最初のフェイズでは、荒唐無稽ながら、挑みかかる単純明快さがある。ポトラッチ自体は少なくとも幕末からの系譜を誇るから、石原莞爾の日米決戦論を裏打ちする「東西対抗史観」も岡倉天心から内藤湖南、満川亀太郎へという流れに沿っていたとされる（山室 二〇〇四、五一頁以下）。満州建国時の王道主義も「西洋政治の行きづまりを打破」するのだという（同書、一三二頁以下）。しかし蠟山政道の指導（一民族は他民族を支配する必然（同書、一七七頁））を経て（一九三二年）中央から官僚が満州国に派遣され始めると、牧健二[17]の論文（牧 一九三四）などもあって一九三七―三八年頃には「皇道主義＝八紘一宇」という荒唐無稽なばかりかそれ自身意味不明なものにスローガンが変わると言われる。その間に、満州国は日本国内での「仕事師、思惑師、利権師」を煽ったが、内部では抗争が絶えず、挙げ句の果てに統制官僚層によって与次郎たちは叩き出される（山室 二〇〇四、一八五頁以下）。直営方式は元来の生理メカニズムを克服しないから、〈乗っ取る＝組み込む〉は〈乗っ取り返す＝掃き出す〉と一貫し、そして双方でメカニズムを構成する。常に両義的な手打ちがなされるが、それは常にひっくり返る。

死を前にして甘粕正彦が黒板に書き遺したと言われる（同書、二七五頁）「大ばくち／もとも子もなく／すってんてん」は（伝説であればなおさら）一九四五年までの日本の経験の総体を過不足なく表現した見事なものである（伝承の分布とヴァージョン偏差は分析に値する）が、「すってんてん」の潔さは幻想であり、鏡を睨むガマ蛙のように縺れに縺れた意識に苛まれるフェイズを経ていたのである。だからこそ、むきになって事実に目を背け幻想に浸る。山室は保田與重郎の「政治的なもののどんな汚れもうけない形で……事実がどうか知らないが、そうして明白に満洲国は前進した。……別個に新しい果敢な文明理想とその世界観の表現である」を引く（同書、一九五頁）。「事実がどうか知らないが」はむろんクリティックの問題を提起する。

実は、流石に東京では、矢部に触れる段で示唆したように、わけのわからないことが言い始められる前に、実証主義のクリティックを「克服」しようとする思惟が一九二〇年代に存在し、この思惟が一九三〇年代の与次郎本土帰還と合流した、という側面があった。この筋を見なければならない。彼らは決してクリティックに無自覚であったわけではなく、むしろ自覚すればこそ罠にはまっていった、と見うるのである。

吉野の新人会から出て東大法学部で地位を得た蠟山政道（一八九五年生）をまず取り上げる。ここでもまた三谷太一郎の研究（三谷 二〇一三、九七頁以下）に依拠することが必須であるが、これに導かれながらも一九二五年の『政治学の任務と対象』を相対的に独自に読んでみよう。その「序言」は極めて密度が高く、そこから蠟山が当時としては驚くべき水準で実証主義の問題を意識していたことが知られる（自動的にクリティックの問題を意識していたということになる）。政治現象を解明するために実証主義は不可欠であるとまず彼は言う。超越的正義に政治を基礎付けること（「先天的導入」）をしないということである。その場合、組織原理に着目することになるという。だから蠟山は少々不鮮明に「実証主義と組織原理」という言い方をする。かつ、それでいて社会学的実証主義を「無批判的」にはしようとせず「理想主義」と併用するという（蠟山 一九二五、「序言」四頁以下）。蠟山は法学的と社会学的の二つの実証主義を斥けて「理想主義」たる新カント派、この場合西南学派のそれ、に赴く（同書、一八頁以下、八三頁以下）。その際、経済学に功利的な価値原理を設定した左右田喜一郎、そして土方成美、さらに直ぐ後に触れる田邊元、を援用する点が注目されるが、周知のように結局新カント派は実証主義批判の先兵たる一陣営であった。実証主義の構成的な部分を根拠なしとして批判し、カントのアプリオリによって一旦一掃することを主張した。次に彼らはしかしカントのアプリオリの数学的公理系拡張を目指し、経験を超越する概念体系を築きうるとした。新カント派の中のいわゆる「西南学派」のいわゆる「文化科学」である。超越的でなく中側から超然とする道である。

蠟山はこの点に着目したと見られる。ただ、蠟山の筆致は、土方を引用するくだり、左右田と田邊の齟齬をやり過ごすくだり、「国民主義」と「近隣諸邦に於ける……帝国主義的発展」を調和させようとするくだり、に典型的に見られるように定かでない。アプリオリのクリティックに耐えながら具体的な価値体系を発展させるという新カント派の緊張感が、この二つを曖昧に和解させるというものに変質している。これは社会学的実証主義に対する（批判しながら依拠する）曖昧さとも関係している。

こうして、いよいよ政治の概念を定式する段に至ると、その定式は「人間と人間との結合又は協力関係をより高き秩序に組織化する直接及び間接の行為を言ふ」（同書、一五九頁）という何とも鵺的なものとなる。「より高き」のところには如何なる理念もなく、メルクマールは集団性と強制と利益（の相対的高さ）である。これであれば、あらゆる集団が識別されることなく定式に入り込んでくる。ヤクザの組織も相対的に大きな規模に至れば政治を論じさせるのである。国家もこの域に降ろし、ならばどろどろの国際紛争的関係もまた「国際政治」と呼ばれうるのである。新カント派にはあまりに遠い。

結局、蠟山の議論の骨子は、政治などないところで吉野のようにそれを求めても無駄である、現実を見て、そして政治をスルーして一直線に社会経済を高度に合理化せよ、という点に収束する。何年も経たないうちに「国家資本主義」ないし「計画経済」の最高のイデオローグになっていくのは当然である。われわれの観点からは、突破用分子を中枢に吸収して閉鎖する体制のデーミウルゴスである。戦後そしてポスト戦後の「改革」に対してさえ大きな影響力を持ったのは当然である。彼の視野は、周知の如く「国民協同体」と「東亜協同体」を日本の絶対支配たる「協和」でブリッジするブロック経済国際地域主義をさえ見通すものであった（三谷太一郎「日本における「地域主義」の概念――ナショナリズム及び帝国主義との関連についての歴史的分析」、三谷 一九九七、八五頁以下。フレッチャー 二〇一一、二三〇頁以下）。早くに輝ける知的スターとして昭和研究会の支柱となる。これを通じて、或いはその外で、非論理やアジア主義を吸収していく。蠟山はおそらく何重もの意味でレセプターを用意していったのである。挑みかかる分子を組み込むためのそれ。与次郎のような知的分子をマシーン内利益争奪戦の中に受容するためのそれ。軍事的尖端への集中と（その行き詰まり、国際信用面にも軍事的略奪面にもツケを回せない状況、から余儀なくされる）閉鎖系内のどろどろの利益再分配を調和させるためのそれ。

アジア主義は伝統的に与次郎の振り子の遠心的モーメントを担うロマン主義に対応するが、この時期は、すぐに見るように、利益再分配に食い込むために一旦離れて挑みかかり直すために機能する。或いはこれを先取りして中和するために機能する。尖端部が利益を先取りするためのプリーテクストでも、突進を制御して利益分配を優先させるためのそれでも、あったのである。そのようなレセプターを用意するという離れ業は、知的中枢からさらにマシーン心臓部へと食い込んでいった与次郎にしか到底なしえなかったであろう。思えば与次郎の得意技は運動であった。

12　一九二〇年代以降の知的状況――思考の形態 その二

むしろ与次郎ヴァージョンI－1に属する田邊元（一八八五年生）もまたクリティックの問題に無関心どころかその先端を追求するところから出発した。新カント派と現象学に専門レヴェルで通じていたはずであった。それは実証主義批判の王道を行くことを意味した。しかし、（家永三郎が「批判哲学から弁証法哲学へ」（家永 一九七四、一六頁）と呼ぶ）突然の退行が一九二四年の『カントの目的論』から始まる。田邊は、カントの三批判がそれぞれ一個の目的論的指導原理を有すると解した後、第一批判についてのコーエンの疑義提出、生物学が基礎付けられないという疑問、を手がかりに（田邊 一九二四（一九六三）、二八頁以下）三つの目的を統合する「有機体」を要請するのである（同書、三三頁以下）。その統合の論理形式は著しくヘーゲル的になる（同書、三九頁）。一九三二年の『ヘーゲル哲学と弁証法』になると、「主観客観の対立止揚」というクリシェが「絶対観念論に於ける絶対は、同時に我であると共に、我を媒介として非我でもありながら、而も単にその何れであることをも否定」（田邊 一九三二（一九六三）、八七頁）するといった西田幾多郎を崩したようなおかしなロジックが現われ、かつ、そのヘーゲルを行為や実体的歴史の平面へ言わば逆転させる、というマルクス主義とパラレルの理論構成が現われる（しかもマルクスを批判する（同書、二二八頁以下））。

一九三五年の「種の論理と世界図式」ではこのタイプのロジック（「絶対媒介」）がついに一線を越える瞬間を迎える（田邊 一九三五（一九六三）、一九四頁）。つまり、種と個は互いに排斥し合うが、しかし種あっての個であり個あっての種である、という絶対媒介関係があり、かつ種がその否定において個を放逐するときに外部を持たなければ論理的に成り立たないから、その種は人類普遍ではありえず、それは民族のようなそれ自身個別でなければ強い否定力を持ち得ない、というのである。ただしここまでであり、例えば民族という主題が膨張していくといったことは（一九三九年の「国家的存在の論理」（田邊 一九三九（一九六三）、二五頁以下）などに至ってさえ）田邊には見られない。森嶋通夫等による引用によって戦時中の田邊が学生を死に向かって鼓舞したことはよく知られるが（森嶋 二〇〇五、五六頁以下）、家永が指摘するように（家永 一九七四、一〇七、一一〇頁）、和辻のそれと比較して機会主義という感じを抱かせず、パセティックな部分が残る。「東亜」といったフレーズは見られず、弟子筋の者たち、西谷啓治（一九〇〇年生）、高坂正顕（同年生）、高山岩男（一九〇五年生）、鈴木成高（一九〇七年生）による「世界史的立場と日本」座談会が（竹内好が見事に分析したように（竹内 一九五九（一九八〇）[18]、四一頁以下））「いくらか東条英機の口ぶりに似ていないことはない」、「〔日米戦争正当化の〕教義学として」「完璧」であるのとは全然調子が違う。追い詰められた者がその運命を必死に正当化ないしせめて美化する、そのために自分が（ひょっとすると破滅を予感しつつ）準備してきたロジックを苦しそうに提供する、そうした姿が感じられる。追い詰められた学生と、袋小路にはまり込んだと意識している自己の哲学を、パラレルに置いているように見える。知的にはあまりにも惨めであるが、その分、私はそれ以上石を撃つ気になれないのである。

田邊も和辻と同じ基盤の上に出発したと考えられる。なるほど、転換後は（高山樗牛と同世代である）師の西田幾多郎（一八七〇年生）の図式を多用したとしても、初期には西田の「煩悶」は感じられない。「煩悶」があったとしても「批判哲学」の実証主義批判によって解決しうると考えていたかもしれない。しかし「煩悶」は伏流として存在し続け、或る時突然噴き出した。その時、西田自身の解決ないし未解決に懸かる曖昧な言語を吸収した。煩悶が今表に出た。到達したと思った解決の基盤が実質を欠き崩されようとしていることを予感したのであろう。問題は、何故実質を欠くのか、という省察をしえなかったことである。実証主義批判へ棹さしてもその意義に全く気がついていない。実質を欠くのは自分たちがクリティックを携えないからであること、実証主義批判はクリティックの問題であり、したがって新カント派などの理解のためにはクリティックが不可欠であること（それら乗っている蓄積を一枚一枚理解していかなければならないこと）、の何れをも全く理解しなかったのである。「絶対媒介の論理」が何故これほど深い迷妄になるのか、まずはそれが省察の課題だったのではないか。ヘーゲルはともかく、カントのアプリオリを扱って何故ここまで不明朗になるのか。阿部次郎や和辻哲郎が仮初めの精神安定をそこから得た擬似市民社会のそのプレカリテが結局は作用したとしか思えない。和辻哲郎のように裏でアカンベエをする（ロマン主義に通じる）捨て鉢な態度を田邊は決してとりえなかった分、クリティックの問題がここにははっきり露呈しているのである。

「マルクス主義とパラレル」と述べた部分を明示的にして見せたのが、今日でも同時代の傑出した哲学者とされる三木清（一八九七年生）である。昭和研究会のマニフェスト（一九三九年）は実質的に彼のものであると言われる。「支那事変」は（これまで大陸文化を輸入するばかりであった）日本がいよいよ大陸に自己の文化を広める機会であり、それによって「東亜」を統一してヨーロッパ中心の世界史を逆転させるということには歴史的意義が存在する。欧米の帝国主義から中国を解放し、同時にわれわれは資本主義から脱却する。築かれる東亜協同体の基盤となるのは、アジアの諸民族に共通に見られる共同体ゲマインシャフトである。これにより個人主義、自由主義を克服する全体主義を構築する。中でも日本文化には固有の指導的役割が与えられる。「日本画と西洋画」を一緒に見て「矛盾を感じない」、「日本人の心の広さと深さとがある」等々（「新日本の思想原理」（一九三九年）、酒井 一九七九、三〇三頁以下に再録）。今日でも執拗に繰り返し現われる調性であるが、「売らんかな」が透けて見える幼稚な法螺話で、本気であるとすればただの妄想である。しかし昭和研究会の若い事務局担当であった酒井三郎の証言によれば、一九三七年の三木の雑誌論文に感銘を受けた彼が、三木を講演に招き（三木は右の文章と同内容を語って大変な感動を与えたと言われる）、一九三八年に昭和研究会内に「文化研究会」を組織し、中野に三木を訪ね、これを委員長に迎え、結果、矢部も参加した会合が重ねられた後、マニフェストが成立するのである（同書、一五〇頁以下）。

確かにしばしば追跡されているように三木は並行して同工異曲の「支那事変」正当化を盛んに行っていた（フレッチャー 二〇一一、一九三頁以下）。しかし、このアジア主義を左派知識人の（権力中枢に入り込んでの）ぎりぎりの抵抗（演技）の一例とする（大澤聡 二〇一〇、一六九頁以下）ことには無理がある（あまりに露骨である）ものの、久野収のように彼の哲学本体を全く違う次元に置くことも可能と思われるほどに、一定の断絶が確かにあるのである。もちろん哲学本体の側にも、一九二〇年代後半にマルクス主義の理論センターの一つを主導したにもかかわらず一九三〇年代に入ってこれを離れた、と通説的に理解されるギャップがある。三木のマルクス主義哲学が運動としてのマルクス主義と乖離していたという分析（松沢弘陽 一九七三、二〇八頁）もある（このことを評価する久野収のような解釈もある（久野 一九六七、五二三頁以下））が、少なくともこの時期の日本のマルクス主義の特徴をそうした乖離がよく表わすという見解もある。さらに、三木はそれ以前にハイデッガーの下で学び、ハイデッガー等の思想をマルクス主義と結び付けたから、共に個人を軽視する点で共通であり、昭和研究会の三木までを通して全てが一貫している、と解する者もある（フレッチャー 二〇一一、四〇頁）。

このように三木清解釈は難題であるが、しかし何故最高水準の哲学者があのマニフェストのような衝撃的に劣化したテクストを紡ぎえたのか、という謎は残る。鍵は、多くの論者が注目する「人間学のマルクス的形態」（一九二七年）（三木 一九二七（一九六七）、五頁以下）が握っている。この論文で三木は、ハイデッガーの「世界内存在」とマルクスの階級的イデオロギーの間を架橋しようとした。このために「基礎経験」なるものを導入する。個人の経験でもないが、人類の経験一般でもない。つまり田邊の「種」とパラレルに何らかの集団的な経験である。さしあたり階級的経験であるが、さらに周到なことに三木は人間学的レヴェルの「第一次ロゴス」と階級的レヴェルの「第二次ロゴス」を区別する。後者は唯物史観の歴史主義に繋がり、支配的階級の変遷と共に移ろう。すると前者は移ろわないものであり、それを担うのは（ハイデッガーの何やら神秘的な合一体が暗に示唆しうる）民族ないし民族を超えた「東亜」や「東洋」などであろう。要するに三木はマルクスとハイデッガーの差違をよく知っている。それでいて、否、それを利用して、器用に両者を接合するのである。

そもそも彼は著作の全てを通じて驚くべき博識を発揮する。歴史主義を攻撃しても無駄である。一九三二年の『歴史哲学』（三木 一九三二（一九六七）、一頁以下）は、史料批判の問題とニーブーア、ヴィーコやクローチェ、に至るまで欠けるところがない。他の著作においてもギリシャ以来の哲学を唐紙に火が付いたように次々に繰り出す。何を把握しても決して外れていない。ハイデッガーと心中するかと言えば全くそうではなく、ハイデッガーのナツィス入党を直ちに批判しうる識見を有しているのである（三木 一九三三b（一九六七）、三一〇頁以下）。阿部次郎どころではないおそるべき教養主義がそこにある。酒井三郎を驚かせたのもこれであろう。しかし、これに感銘を覚えた当時の知識人たちの不名誉になるが、何かがおかしいと感じられるのであり、そしておかしく感じられるその理由は、三木が何を問題としているのかが一向にはっきりせず、また、彼が解釈する全ての哲学者について彼らが一人一人何を問題にしていたのかをいちいち深く確かめるということがないのである。答が似ていれば、「はいはい」と同じグループに入れられ同じ列に並ばせられる。彼は何かを問題とするということはどういうことかさえ解説している。しかし珍しく彼自身自分の問題を特定したかに見える「不安の思想とその超克」（三木 一九三三a（一九六七）、二八五頁以下）においてさえ、おそらく田邊にとって転回点となった不安の拡がりを要領よく解説しているだけなのである。

三木は結局、阿部や和辻と同じ基盤から出た最強の与次郎であった。かつ、突破用軍事集団だろうと対抗ポトラッチ体系だろうとその役に立つことができ、それらをきちんとその席に着かせることができた。「広田先生」は、そんなことを悪意でやられてたまるか、と言った。この人のよい最強の与次郎は、しかし、腕を見込まれてマシーン本体中枢に入り込んだ。人のよい分、その運動は結局（今やぶら下がりのみならず美禰子獲得に至っている）原口ののし上がりのために利用され、そして捨てられた。これが彼の悲喜劇であった。

経済社会を支えるべき実証主義民法学の様子に少し触れたが、鳩山秀夫は一九二四年に「債権法に於ける信義誠実の原則」という論文（鳩山 一九二四（一九五五））を発表する。我妻栄の鋭い古典的な指摘（同書、編者「序」三頁）によると、鳩山は早くも変身し、「資本主義社会における取引の安全確実」から「客観的な倫理の要請」、「近代私法の大原則から生ずる弊害」の「是正」、に方向転換したのである。真っ先に流れに乗る与次郎らしい態度であるが、その分、軽佻浮薄で厳密な思考は全く欠ける。そもそもドイツにおいてbona fides（ローマ契約法の信頼原理）が「ゲルマン的」Treue（民族精神の中に投影された忠誠）に変貌していった時期であるが、いずれにせよ、気の遠くなるほど分厚い概念の背景を全く意識することなく、今度の流れはこの方角だ、とばかりにラッパを吹く。それが何を意味しているのか、と問う姿勢は全くない。マニフェストに手を染める時の三木にさえ、一旦ひっくり返れば少なくとも「追放」にはなる、という自覚があったであろうが、鳩山にはそれさえないのである。

そして、同じ民法学からは、一九二四年に平野義太郎（一八九七年生）の『民法に於けるローマ思想とゲルマン思想』が現われる。その内容は「はしがき」（平野 一九六九、五頁以下）に宣言されており、ただの空疎なスローガンのようなそれに本論も尽きる。ローマ法＝「国家法」＝「個人主義」＝「資本主義」＝「非習俗的」＝「非社会的」に対してゲルマン法＝民衆・労働者の共同生活の法＝団体法を礼賛するのであるが、法学はヨーロッパの文化の中でも特に分厚い蓄積を誇るから、平野の理解そのものが当時としても（当時の東大法学部教授団が高く評価したにもかかわらず）お話にならないものであるし、ナツィスのイデオロギーでもあった「ゲルマン法」という神話が解体された戦後から見ると、赤さびた残骸にすぎない（マルクス主義はどう考えても右翼的なこのゲルマニストの幻想を一貫して好んだから、この点は平野一人の迷妄ではない）。

平野は、安井郁などと並んで、左翼が右翼になり、そして右翼から左翼へ転じた、典型的な日和見主義者とされて「最低」の烙印を押されるが、しかし実は一貫して或る固定観念から離れられなかったと言いうる。一九三三年の『日本資本主義発達史講座』に執筆し、「講座派」の代表者の一人とされるが、その視点も同じ側にある。よく知られるように、「講座派」は、明治維新をブルジョア革命とは認定せず、したがって直ちにプロレタリア革命を目指すことは出来ない、と考えたのであるが、平野が執筆した例えば「明治維新における政治的支配形態」によると、維新以後の課題は農村の農奴の解放であるということになる。封建的でさえない「アジア的」な農奴支配を強度に統一した明治政府は「資本の原始的蓄積の過渡的過程」における槓杆であり（平野 一九三三（一九八二）、五七頁）、そこに脆弱性が存するが、そのように農村を地主小作関係に再編成して資本主義に繋げる過程では入会地など共同地の解体がなされた、という（同書、五二頁以下）。マルクス主義の伝統的な工場労働者の視点に換えて地主小作関係内の小作人の視点が採られるのである。マルクス主義源流で階級支配終了と原始「共同体」が互換的となる傾向が存在するのに対応するかもしれない。『民法に於けるローマ思想とゲルマン思想』で平野がローマ法を都会的とし、ゲルマン法を農村的とした、ことが直ちに思い起こされる。他方で資本主義発達不全を言いたいのではあろうが、そして明治以後に一定の資本主義の発展を見る陣営との間で論争がなされたが、しかしいずれにせよ、立論は強度に図式的であり、それに適する事実のみを挙示する。歴史学の初歩すらそこには見出せない。ロマン主義の設定した原初へ固執し、その観点からのみ事物を見る、というバイアスが存在する。

事実、『大アジア主義の歴史的基礎』（一九四五年）においても同じ画像が使われる。確かに、転向後その共同体が「ない」から「ある」に変わり、しかも盛田良治が指摘するように「中国にはない」が「中国にもある」に変わる（盛田 二〇一〇、二一三頁以下）。しかしこれは末弘厳太郎の中国慣行調査に加わった経験的知見の結果ではない。何故ならば、平野はこの著作で端的に「大アジア主義」のために「東洋に共通する客観的な社会基盤」を求めるからである（平野 一九四五、一三七頁以下）。中国の農村に「郷土共同体」の（宗族をベースにした）「自律的自治」を見る。そこには「東洋的郷土社会」から「東亜農業」まで取りそろっている（同書、二四七頁以下）。それは自然条件に規定されるとされ、モンテスキューまで引かれる。「北支」農村の実質は驚くべきことに全く「ゲルマン」である。中国がゲルマンとはあまりであるが、結局平野は、「ゲルマン」を論じても、（明示的ではないが）日本を論じても（実質）、挙げ句の果てには中国を論じても、同じ画像になり、しかもその中国を「アジア」や「東洋」や「東亜」にしてしまう（これらの相互関係は不明である）。「東亜協同体」論よりは中身を充塡しただけマシであるとも言えるが、お子様ランチの旗を飾りとも知らずに食べてしまったとも言える。平野としては、今中枢内にある与次郎も、元はと言えば知的中枢に反発して遠心的に振る舞ったことにその地位を負っているではないか、忘れては困る、というのであろう。否、そういうロマンを残しておいてくれ、と懐かしむ風情さえある。日本浪曼派にも見られる独特の（ほとんど意識的な）軽薄さが平野の場合、見事に一貫している。このロマン主義的遠心力とそれに派生する権威主義は戦後のマルクス主義の特徴となるから、平野は左に旋回しても安住の地を得たことであろう。いずれにせよ、何が平野からクリティックを奪っているか、一目瞭然である。

この時期の与次郎にももちろん様々なタイプがあった。平野に近接する類型、そこからアジアを拭い去ると現われる類型、に（山室が言及した）保田ないし日本浪曼派があった。これに関しては竹内好の解読が最も信頼するにたる。それによる限り、保田は稀代のシャルラタンであり、日米戦争の段階になってむしろ有力になった。[19] その役割は「あらゆるカテゴリイを破壊することによって思想を絶滅することにあった」。その点で京都学派の上を行くものであった。「だから彼の文をよむものは、いつもはぐらかされた感じをもつ。「図々しさの典型」と取られる。しかし実際の保田は小心者である」（竹内 一九五九（一九八〇）、六一頁）。要するに最も過激な与次郎はとことんいい加減で無責任なため、クリティックの意図的な破壊という嫌疑が掛けられているのである。保田に近いところには折口信夫があった。彼の言説は、軍事化儀礼へのイニシアシオンに人々を直接鼓舞する声そのものであり（つまり観察者というより観察対象であり）[20]、乗っ取りにも手打ちにも相対的に冷淡であった。純真軍事化の動機、つまり乗っ取りも手打ちもせずにひたすら軍事化・一体化するという動機、を担当する。直営化は、軍事化分子が信用マシーン中枢を乗っ取ったとも見うるが、そしてそこに和合と相克の両面が現われるが、信用マシーン自体を拒絶し、軍事的尖端そのものに専心する、極端なヴァージョンをも持った。折口は無意識にその軍事化儀礼再現実化言説によってこの契機に寄与した。そして、保田は、ここから、（なるべく辺境に置かれた）[21] 死にゆく兵士に（勝手に）共感するロマン主義を引き出した（子安 二〇〇八、八三頁以下、一四八頁以下）。つまり利用した。この動機はそのまま兵士の死や特攻精神を正当化する（主として末期の）フェイズも持ったが、もちろん、先行の乗っ取りないし手打ちに対して後発的にチャレンジするための跳躍台にもなった。これが竹内をしてさらに一段悪党と感じさせるのであろう。とはいえ、こうした分類学を超えて、誰かが意味不明なことを言えばもっと意味不明なことを言って事態をエスカレートさせる、という奴隷王競技が熾烈に行われていたと考えられる（矢部の日記にも見られるとおり）。最後にはこの不条理性は完璧な破綻を前にして自己を納得させる唯一の手段となった。身ぐるみ剝がされたギャンブラーの自己慰撫である（「事実がどうか知らないが」、「すってんてん」）。何か、すっきりするのだろう。自分にとっても、ましてその行為によって虐殺された人々にとって、全く悪質な偽りの意識であった。

「事実がどうか知らないが」を経て「すってんてん」に至る時期になると、知識層の言説がプロパガンダ、ないし（もう少し早い時期においては）檄文や脅迫状のそれ、あるいは軍人の談話などのそれ、と完璧に一致していく。一大スペクタクルである。既に見た昭和研究会のマニフェストや「近代の超克」座談会や京都学派の座談会は最も有名な例である。一致は内容のみならず語彙やスタイルに至るまで徹底している。基本にはもちろん与次郎がマシーンの中に入った、そしてプロパガンダを担当している、ということがあろう。また、彼らがプロパガンダの言語を用意したということもあろう。しかし、プロパガンダのための言語が識別の上で意識的に用意されたというよりは、遥かに、言説の全体が何らかの構造的な理由で（知識層と軍人とごろつきとを問わず）そこへ一致していった、と言うべきであろう。

この事象の意義を再整理しておくと、以下のようになる。パラデイクマが（元々混線してはいたが、今や一切）ヴァージョン対抗しなくなった。むろん対抗を検知して増幅するのは（原）クリティックの役割であるから、これが活動を停止したということであるが、しかしそれ以上のものがある。つまりヴァージョン対抗の徹底した殲滅という事態が確かにある。これは、与次郎が中枢に食い込んだことに伴う言説空間の軍事化を意味する、と思われる。軍事化と言っても、もちろん、この場合はパラデイクマのヴァージョン対抗の混沌たる流動化であり、現実にはパラデイクマが漠然とヴァージョン対抗しているのに言説が単にこれを離れて（まさにもっぱら離れることによって）一様化した、というにとどまる。ヴァージョン統制が実効的であったわけではない。このことは信用状況においてわれわれの見た点である。それは結局中枢と与次郎が曖昧なエシャンジュの関係を結んだことによる。それでも、一般にヴァージョン対抗の識別は論理的思考を裏打ちするから、識別のこのような曖昧な封殺は、論理的思考に困難をもたらした。ここは京都学派などが担当して、先端の哲学から切り出された部品がおぞましい使われ方をする。そして、これも含めて、全ての言説が爆笑を誘う非論理を特徴とするようになる（やたら「A は non A で non A は A だ」とか「主観と客観を止揚する」とか世迷言を並べ始める）。他方、一般的に言って現実を見れば見るほどヴァージョン対抗識別の精度が上がるのだとすると、この時期の言説が全面的に現実離れするのも当然である。反対に言語を軍事化の手段とする。（折口信夫のそれを含む）互いにせめぎ合う神道系のヴォキャブラリーが動員される。

最後に、それでもなおクリティックが秘かに生き延びていたことを確認しておこう。まず、生き延びたのは実証主義のクリティックであった。実証主義はクリティックを現実の行為決定へと短絡させる面をも有する。だからこそクリティックを一応経た機能的等価物を不十分な条件下で通用させるために有効であった。満鉄調査部以来、新しい体制において知的階層が大動員される理由は、曲がりなりにも実証主義の教育を受けた吉野や美濃部の教育を受けた人材が、信用面の大短絡に呼応して現物レヴェルの符合を確かめるために求められたからである。[22] この局面で知的階層が求められた理由は、実証主義能力部分利用の必要であった。ただし、新卒者で十分とされたように、今日ならばＡＩで足りる（実証主義の片方のエンジンである）アンティクアリアニズムが求められたにすぎなかったかもしれない。彼らは素朴なレヴェルながらこれを身につけており、だからこそマシーン作動のため利用されたのでもある。現物「計画経済」のためにはますます高度な実証主義が必要とされた（革新官僚）。マシーンの側は、検挙しながらその合間にも脇村義太郎（一九〇〇年生）を使わざるをえなかったほどである（三谷 二〇一八、九四頁など（脇村に対する三谷のインタヴュー））。マルクス主義の側にも実証主義と重なる層が存在した。

ただ、第一に、実証主義は、その本性上何がどうなろうとも妥当するモデルを構築する無神経を生命とする。だからこそ現実を律しうるのであるが、しかし現実を全体として篩にかけることが必ずしもできない。史料批判の問題に置き換えれば、史料の背後にある複合的な現実を大きく見渡してバイアスをチェックすることが、時として、できない。だからこそ、笠信太郎のグループのように、精緻な経済計画を策定しながら、分け前の力尽くでの分配過程の中に自分たちが突っ込んでしまっているのを忘れてどんでん返しを食らう（企画院事件）。

実証主義のこの周縁部に覆われるようにして、その奥底にひっそりと真のクリティックの精神がなお隠れていた。これはやや奇跡的と思える。事実、完全に隠れおおせていたわけではない。矢部の日記に見たとおり、むしろ際どい駆け引きによって防御されていた。それでもしばしば乱入を被った。否、むしろ乱入事件の後、慎重な駆け引きへと作戦を変更した。乱入の最たるものは天皇機関説事件であった。これは京大事件や経済学部事件と性格を若干異にする。秘かに生き延びる部分が襲われたのである。大きな知的状況が「幻想の中の調和」となっていた（挑みかかりと収容の不安定均衡がそこに懸かった）ため、その幻想を免れた最後の砦がテロルに狙われた。国家機構の作動そのものを保障する美濃部の真の実証主義が攻撃された。これをも調和の中に取り込めなければ破滅であるということをレセプターの側は認識していたけれども、構造は動かせなかった。実証主義を襲う場合の商標である「国体」を合図として美濃部の天皇機関説を、マシーンそのものに溶け込んだ与次郎たちが執拗に迫害した。

しばしば指摘されるように、美濃部は既に一九一〇年代の天皇機関説論争において上杉慎吉を「そもそもこちらの言っていることを理解しえていない」のであるから議論以前だと批判していた（前提的批判）。一九三五年の事件における反論ではそれ以上に痛烈であった。実際、運動の中で批判した側は、機関説が一体何を意味するのか全く理解しようとしないばかりか、それは彼らにとって全然どうでもよかったのである。ただ美濃部のテクストが自分たちと同等に現実離れしていないというだけの理由で、そのシンボルとして、産業化したテロルがこれを襲ったのである。一九一〇年代においては貴族院の一部をなだめる必要があっただけで論争自体は美濃部の勝利に終わり、しかし一九三五年には逆に大波が襲って美濃部を葬り去った（三谷太一郎「天皇機関説事件の政治史的意味」、三谷 一九九七、二三四頁）、とすれば、一九一〇年代には与次郎が仕掛けるポトラッチはまだ知的中枢にとどまったのに対して、既に指摘したように一九三〇年代にはズレて、与次郎がいきなり信用中枢を乗っ取り、これを暴走させるに至っているのである。

以上のような打撃を被りながらもなお隠れて生き延びるのに成功した部分があった、と述べつつあった。以上の他に、むしろ戦後に繫がる秘かな一筋の脈があった。カトリック世界主義の田中耕太郎（一八九〇年生）や聖書批判に繫がる無教会派の三谷隆正（一八八九年生）など、他にもあろうが、美濃部と吉野の系統として、そうした時代にカントの線を譲らなかった南原繁（同年生）と、実質美濃部と関係が深くケルゼンに立て籠もった横田喜三郎（一八九六年生）は、世代の中の驚くべき例外である。そして、南原とともに最も奥深くにあって若い岡義武（一九〇二年生）の存在が（少なくとも戦後に繫ぐリンクとして）大きい。

既に大きくクローズ・アップされているように（三谷太一郎「戦争の時代についての少数派知識人の回想」、同書、三六五頁）、われわれが先に読んだ矢部の日記が岡に裏から鋭い光を当てる。矢部は同期で親しい岡のことが気になる。矢部の行動を岡がどのように見ているか、矢部にはわかる。しかし岡は決して口にしない。不気味である。一度岡の皮肉が矢部を刺した、と矢部は感ずるが（一九三八年一一月三〇日、矢部 一九七四、一六九頁）、岡は皮肉のつもりもなかったであろう。要するに、矢部からすると、岡は自分の行動を是認しないにもかかわらずそう言ってくれない（ひょっとすると、岡の背後の人々、南原、横田、宮沢、末延などに共通の態度であったかもしれない）。共に誘われたはずの海軍の組織にも加わらない（三谷 二〇一八、一一五頁（脇村義太郎の証言））。

或る日とうとう矢部はたまらなくなる（一九四一年二月一四日、矢部 一九七四、三九八頁）。些細な問題でのやりとりで、岡から学問を離れていることについて遠回しに非難されたと思ってしまう。矢部にしてみれば、自分は大学のために「どの先生よりも実質上尽してゐる」、つまり自分が「時代遅れ」に見られている大学を一人で挽回している。自分の御陰で君たちは学問していられるのではないか。岡は矢部の反論に「判った」と言ったらしい。しかし二日経って日記の上で詳細に自己弁護する矢部は、最後に「岡君の言ふことに嫌悪の情を覚へた」と書く（同年二月一六日、同書、三九九頁）。決して岡の意図はそこにはなかったと思う。しかし矢部からすると冷徹に利用されているように見えた。逆に言えば、決して罠に掛からない岡の状況認識の確かさの前に矢部は脂汗を流しているのである。

この確かさはどこから来るか？　三谷太一郎は、吉野作造‐岡義武間の実質的関係を追跡しようとして果たせない（吉野の死後だいぶ経って岡が自分を「無私の人」と評する吉野の言を知って感激するというエピソードに触れるのみである（三谷太一郎「第二次世界戦争前夜のヨーロッパと岡義武」、三谷 一九九七、三五二頁））。吉野は晩年苦しい中でも（漱石に似て）与次郎たちを見捨てない。その態度は驚異的である。ただし三谷によれば学問への情熱を決して捨てなかったという（三谷太一郎「日記に見る吉野作造の晩年の苦闘」、三谷 二〇一三b、三五四頁以下）。この情熱が、新聞社退職後東大法学部研究室で勉強した吉野から、その研究室で指導を受けた岡に伝わり、同時に岡の判断力を形成した、とも考えられる。[23]もちろん、これらの人々は最後まで与次郎にならなかったから、本来は本書で扱う対象ではない。しかし与次郎が表面上鳴りを潜めた戦後期を説明する都合上、この一筋の橋が落とされていたならば戦後がないだけに、よく知られていることではあるが、こうした人々の存在をここに書き留めておく必要がある。

15　一九二〇年代以降の知的状況——まとめ

まとめれば、極めて少数のこの彼らを除いて、この時代、知的階層は、まず第一に問題を掘り下げず、第二に手っ取り早く新奇な答を打ち出し、第三にその答は直ちに行為を指示するものになる。何とか知的に一山当ててやろうという態度が際立っている。基本を掘り下げて勉強するということがない。そのための訓練を受けるということもない。安手の新商品を派手な宣伝で売り込む、そのために高利貸しから借金する、しかし投機に失敗する、すってんてんになる、というのに似るのである。社会全体がこの薄っぺらな比喩で十分に描き尽くされうる始末である。

第Ⅲ章

戦後期（一九四五―七〇年）

はじめに

戦後期の特徴は、初めて知的階層が成立した、ということである。本書の主題よりすれば、クリティックの環境が初めて出来た、ということを意味する。というより、クリティックを通じて自らを知的階層に形成した人々があった、と言った方がよいかもしれない。

明治前半において知識層は政治的階層と不可分であった。一九〇〇年頃からようやく市民社会の萌芽が認められ、そして一九一〇年代には知的階層も生まれかかるが、これはその後急激に壊滅した。知識層は様々な組織に組み込まれ、クリティックどころか、最低限の知的インテグリティーさえ疑われるような状況が生まれた。

戦後になって初めて、あらゆる権力や集団利益から独立した、これらからの切断を強く意識した、知識層、つまり固有の意味の知的階層が登場する。もちろん、直前の時代の惨憺たるシステムが全崩壊したということが大きかった。しかし新たな集団的利益が混沌と跋扈したのであるから、これをも拒否しえた、というのは彼らの大きな功績である。

かくして問題は、何故知的階層が成立したか、である。と同時に、次の問題は、この知的階層がその後に継承されていかなかった、ということである。この理由も探らなければならない。当然、知的階層を取り巻く環境、そして知的階層の思考自体、の限界が俎上に上る。その際に、本書の視角からして、知的階層を構成した様々な人々のクリティックの質を吟味せざるをえない。

かくして、本章は例外的に与次郎ではない側、「広田先生」の側、を扱う。与次郎は潜んでいるから、こうして裏から描くしかないということもある。それが次の時期に跋扈してくるのは戦後期の「広田先生」が抱えた限界故であるから、まずはこの「広田先生」を描かなければならない、ということもある。

1　戦後期の信用状況

戦後の日本経済は少なくとも一九五〇年頃まではあらゆる点で戦時期のままであった、というのが標準的な見解である。確かに、復興期、ないし傾斜生産期、の信用の基軸は、戦時期を事実上準備した高橋財政そのものである。つまり、国債の銀行引受とその日銀買取によって円を発行するのである。復興期には復興債の日銀引受が行われた。しかし戦時期と復興期では大きく異なる面があるという論証（『岩波講座　日本経済の歴史』第五巻、一三三頁以下（寺西重郎・長瀬毅執筆））も説得的である。戦前における主要な資金調達法である証券市場による直接金融が戦後の銀行貸付による間接金融に変化する、という大きな構図の中で、戦時期においてもまだ資産家の株式保有は尊重されていた。ところが、復興期においては債権が無効となり、猛烈なインフレも襲い、資産家層が壊滅した。要するに資産家と証券市場というクッションがなくなり、同じソースながら資金は直接投資ターゲットに向かうのである。銀行も資産を失い、日銀借入が頼りであったから、そして日銀は「開発主義的金融」つまり特定の投資目標をねらって銀行の日銀借入を許したから、銀行とてスルーされたも同然であった。

そもそも、戦前の直接金融であるが、これは一極マシーンからの利益を「小分け」にして分配した先が、それを互いに交換し、かつ交換市場でしばしスペキュレーションをし、このスペキュレーションを通じて再投資へと呼び込まれた、のであろう。このゲームの主体は当然寡頭的であったはずである。もちろん一極マシーンが国際信用秩序と連動している頃に淵源を有したであろう。高橋財政においてなお、市中銀行に引受能力がある(その後ろに資産家が控えている)ということが演出される。その先にはむろん戦勝による投資回収というこのマシーン固有の夢が維持されていた。投資マシーンは表面上健在であった。馬場財政以降、このような金融クッションがはずれ、強制的に現物を動かすシステムが軍票発行のような通貨による戦費調達を補った、としてもそれは戦時特別会計の話であった。これに対して復興期には、戦争遂行という弾頭部分がはずれ、一極マシーンが解体された。そこへ寄生していた資産家もろともに、である。最終金融リソースは似ていても、また石炭と鉄鋼に信用を集中投下したといえども、それは、弾頭部分を欠く分、多元的であるから、構造は全然異なったと考えられる。一極の遠い先端の遠い将来に期待することができなくなり、現金を現物に投下して(「戦後」と「アメ横」)明日にはリターンを得ようというのであるから、インフレになる。投資対象は結局長い延長を持つ一極からほとんど極端に細分化されたと言える。

ポイントは「開発主義的金融」であろう。これが戦後を長く特徴付ける「信用割当」体制の原型であるとされるが、それは、既に述べたように、一極マシーンとそこへ寄生した資産家および彼らのカジノ的資本市場を（ちょうどdelegatio（Bの債権をAに譲ることによってA→B→CをA→Cにすること）のように）ショートカットしよう（信用を縮減させよう）という趣旨である。そうした市場の多元性を信頼しなかったということである。しかるに、日銀借入という制度を通じてのこの「開発主義的金融」は、悪名高い銀行行政過剰規制と連動しているというより、少なくとも初発においては、表見的な多元性の裏の曖昧な一元制を解体して一極マシーンを切り裂くというものであった。もちろん、その場合、政府・日銀の政策判断がいちいち絡む。この判断が多元的である限り、多元性が一極マシーンを切り裂いたと言えるのである。

ではその多元性はどこから出たか？　トートロジーであるが、明らかに一極マシーンを瓦解させた「軍事的弾頭の首ハネ」によった。この首をハネて蓋を取ると、元々蓋の下はなかなかにドロドロの利益闘争であったが、今や、上に天井がない限りで、ひとまず政治的な多元性が現われるのである。投資の政策判断は政治的な調整によって遂行された。そのような体制が出来上がった。もちろんこれは利益集団多元主義の政治システムであり、たぶん政治システムの中では最低ランクに位置する。それでも、その分、確かな基盤を有した政治システムであったのである。同時に、これが首ハネの一点によって支えられていることにわれわれは気付く。首ハネは軍事的必然によった。しかし、信用構造ないし経済そのものがそこに懸かるとすれば、軍事的必然すなわち政治的偶然に任せておいてよいわけではなかった。日本国憲法九条はもちろんそのための条文ではないが、しかしこの方面でも、そこをはずすと全てが瓦解する、不吉なことが起こる、という要の石なのである。

ドッジ・デフレは、もはや一極マシーン解体を利益調整の主導原理にしなくともよいというサインであった。解体過程はそれなりに乱暴な争いであった。疑獄事件が多発したのも当然である。しかし今や経済合理性を利益調整場面に加味する必要があり、合理性を欠く部門を退場させることも必要と感じられた。「保守合同」は、利益調整をいちいち現金を投げ合うレシプロシテに委ねていては身が持たないから以後は官僚的技術的に行われるべし、という動機をも伴っていたであろう。つまり多元主義の政治面が経済面に追いついたのである。ただしもちろん、多元性を官僚的調整と並んで密室の中の談合に隠すことにもなった。

　金融の技術的調整はやがて以下のような方式を確立させた。特別の長期信用銀行が発行する債券を都市銀行に割り当てて引き受けさせる。これを担保にして日銀が都市銀行へ随時融資する。都市銀行の資産は低利にとどめられた債券の形でフリーズされるが、かわりに都市銀行間の預け合い帳簿の上で日銀は逼迫時に融通を行う（同書、一四八頁以下）。「開発主義的金融」は露骨な傾斜融資（ばかり）ではなく、こうした洗練された媒介を経てなされる。もちろん、長期信用銀行ばかりか財政投融資があって、媒介的でない「開発主義的金融」も引き続きなされていったが、一般経済社会の信用は、媒介的な手綱を付けられつつも、自律的な多元性を一応保障されたのである。

　結果、戦後成長期の特徴は、「急速な資本蓄積の持続」であるという。普通それは資本収益率を下落させて投資インセンティヴを失わせ、長続きしない。この法則に反する結果になったのは、「著しいＴＦＰ（Total Factor Productivity）の増加」と労働投入の高水準であったという[1]（同書、一七頁以下（深尾京司他執筆））。ＴＦＰは、主要構成部分の一つたる労働生産性のうち「資本装備率」（あてがわれる資本の多寡）と「労働の質」を除いた分をも計算に入れうる係数であるが、戦後の信用状況を判定するに際して、これを基軸にマクロ経済を見る深尾京司の視角が最も説得的であるので、係数の性質と（基礎となる統計データを含めての）信頼度を吟味する能力を私は持たないながら、（アカデメイア風の緩やかな懐疑主義に従って）しばらくこれを参照する。個々的な財政金融政策の適否や短期的な国際条件によって説明する説に比して、それでは説明できない部分が大きいとする判断が信頼できるからである。資本と労働双方の環境的側面を結局言っている（これらをも考慮に入れる）とも解しうる、したがってそれは優れて信用状況のことでもある、ということがある。「労働の質」が、第Ⅴ章（PPW–Ⅱ）ではっきりするように、直接的な技能や学歴に限られるのに対して、総体的にどういう環境が投入される労働の質を決めているかという部分はTFPによって初めて掬われる。[2]

さてそれで戦後期経済に戻れば、元々そこには二つの限界がありえたという。一つは、単一為替レートが実際には円高だったためと、外貨不足のため、民間投資のプラスが輸入増加をもたらし、国際収支を赤字にし、金融引き締めを余儀なくさせた。ここをまさに輸出産業のTFP上昇によって突破したのである。もう一つは多額の貯蓄供給を要する点である。しかしこの点は、軍事的負担が低いために財政赤字の補塡に回す必要がないという点が大きく寄与して解決された（われわれはまたしても憲法九条に遭遇した）。実際、負担率の低い「小さな政府」が維持された（同書、二八頁以下（小塩隆士他執筆））。ただしこれは政府の役割が小さいということではなかった。資源配分と所得分配の点で政府は大きな作用を担った。信用割当もそこに含めることができるであろう。つまり財政出動も非調整的金融政策も採られなかったが、強力な調整的介入はなされたのである。

全体の鍵を握ったのはTFPであったとして、何故これが高かったかと憶測を巡らせれば、曖昧ではあっても、或いは曖昧な分、多元性調整はとにもかくにも各項の存立を尊重する、どちらかがどちらかを叩き潰すまでのポトラッチはなされない、ということが大きかったのではないかと推測される。競争論者からすれば不明朗の極みであろうが、不完全競争も競争絶滅よりはましなのである。もちろん、それはそこに腐敗がない場合である。つまり十分に優秀な調整者が立つ場合である。そのヴィルトゥオシスモに依存したことは否めない。それでも、労働現場にしても、戦後改革のおかげで最低限の労働法が機能するようになった。加えて、日本型多元主義の悪い面（PPW期に利用されることとなる組織内自己犠牲への暗転）と表裏ではあるが、終身雇用によって労働者は守られていた（同書、七五頁以下（森口千晶ほか執筆））。ここも士気が保たれモラル・ハザードがない限りでのことであるが、労働者は腰を落ち着けてじっくり例えば技術革新に取り組める。技術の企業体内蓄積のためには高度な技術者の長期在籍と忠誠心が不可欠であるが、これが多元性の中で保障されたとすれば、生産性の持続的増加も当然の帰結であったと思われる。そして何よりも、これらのことの全てが、一極軍事弾頭の不存在によっていた。とりわけ、その駆動力たる、挑みかかるポトラッチを解体しえていたことが大きい。

その間、一極軍事弾頭の不存在がノスタルジーの対象でなかったというわけではない。それへの強烈な希求が政治世界を渦巻いていた。その点で決定的であったのは、いわゆる「六〇年安保」であった。憲法九条を念頭に置いた護憲運動の到達点としてのこの事件が（高畠 二〇〇一、七〇頁以下）、一極軍事弾頭の再保有へ向かう芽を摘んだのである。そしてこの場面で、戦後のクリティック復活が頂点の寄与をなしたのである。それが最後を飾るものであったという見解（同所）も有力であるが、少なくともその程度には信用構造は知的世界をも大きく循環していたのである。

反面、右の信用状況に二つの大きな欠陥が潜んでいたことは隠しようもなかった。第一に、この体制は、不完全にせよ個々の単位の自律性を尊重するものではあったが、経済社会そのもの、ましてやこれを裏打ちしなければならない市民社会、の自律を保障するには遠かったのである。そこは基本的に実証主義的な権利保障によらざるをえなかった。一九世紀ドイツの実証主義法学を依然借りるのであるが、そもそも、ゲオルク・イェリネックの名を冠して指示するのが通例のそうした自由自体、（団体に権利保障するという概念によって簡単に理解されるように）或る意味ではその後継である利益集団多元主義の下では、大いにコンプロマイズされる。加えて、最初は弾頭解体のために介入がなされ、次には放っておけば却って自律が瓦解するということで調整はことのほか神経質になされたから、自律は不完全であった。

第二に、この体制は、個々の銀行から資金が行き渡る、その先に深刻な問題を抱えていた（この局面は経済史研究では全く扱われない）[3]。表裏の関係にある二つの側面が存在する。第一に、末端の信用供与は徹底的に物的担保によって行われた。それも、遅滞の場合に現物を力で取ってしまう（力尽くで押さえていないと安心できない）という型である。大商社でさえ中間卸しの商社に対して集合動産譲渡担保を設定し、書籍取次大手は書店に丸ごと根抵当を設定する。信用は縦に閉鎖的に系列化される。スクラップ・アンド・ビルドには向いているが、ＴＦＰにとって良好な環境は保全されない。育てることには向かないのである。おそらく復興期には一定の合理性があったであろう。しかしその先が問題であった。そもそも軍事化に最適であり、過激な譲渡担保やその他の非典型担保の発達は例のマシーン離陸時に遡るのであり、これが戦後も継続した、ないし第二の発展期さえ迎えた、のである。第二に、金銭授受のエイジェントたる与次郎によって例解したように、委任型の高度の信頼関係は致命的に未発達のままであった。平岡が銀行から弾き出されたいきさつによってかくも印象的に例解されたあの不透明さが経済社会を、その頂点に至るまで、覆っていたのである。つまり与次郎の発射と回収というメカニズムを再生産する豊かな生態系は手つかずのままだったのである。

2 一個の原点

クリティックに向けての再スタートが戦後直ぐに切られたことは疑いない。そしてこの出発点は現在に至るまで知的世界の基礎的な引照点であり続けている。ＰＰＷにおける知的状況を理解するためにもこの原点を確実に押さえる必要がある。予め注意を喚起しておくと、この原点が右に述べた戦後の状況のコロラリーであったというのではない。それが証拠に、この原点は戦時期に準備されていた。だからこそ戦後直ちに表に飛び出してくるのである。かつ、もちろん、戦時期の状況のコロラリーであるというのとは正反対である。この状況に対する全面的な拒否と批判的凝視によって駆動されていた。

戦時期の体制があまりに非現実的であるので、多くの人々が秘かに見切り、短命を予測した、ということはあるだろう。対応して、この原点は、戦前期の弾頭を首ハネする限りの戦後の状況とパラレルであった。原点から発せられる言説が驚くほど広範囲の人々に受容された理由も戦後期の体制が首ハネを生命としたからであったろう。

にもかかわらず、状況全体を批判的に見るという鷗外や漱石以来の芽が地中深くに保存されていたこと、そこから既に戦時期に新たな批判的凝視が秘かに芽を出していたこと、が大きい。だからこそ、この原点は、戦後体制の旗を振ったというより、前節で述べた戦後体制の弱点も真剣に分析しようとしていた。むしろ翻って戦後体制に対する鋭い批判がこの原点を定義する。戦後の「近代化」や「戦後民主主義」のイデオローグないしラッパ吹きと見るのは極めてお粗末な誤りである。要するに、一九一〇年代の遺産の上に、われわれは原クリティックをその第Ⅲヴァージョン（『クリティック再建のために』参照）へと推し進める本格的な機会に初めて逢着したのである。

原点について分析する際に丸山眞男（一九一四年生）を取り上げることについて異論はありえないであろう。ただし、彼が代表的とか典型的とかいうわけではない。彼はむしろ先端であった。

学生時代の丸山眞男が与次郎で全くなかったわけではない。一九三七年の「法学部三教授批評」（丸山 一九三六（一九九六）、三五頁以下）は、宮沢俊義、我妻栄、横田喜三郎をゴシップも交えて揶揄するものでもある。「自由主義の最後の堡塁」となった東大法学部に属しその自由を担うべき使命を帯びた三人が果たしてその任に堪えうるか、という設定であるから、権力に屈する彼らの姿を見世物にする、という趣向に出てもおかしくない。しかしそうならないのは、丸山自身の既に固有の問題関心がこの短いテクストを貫いているからである。権力ないし大勢の尻馬に乗って冷やかせば与次郎以下になる。マルクス主義陣営のようなブロックに拠って立てば与次郎と同等になる。しかし丸山はここで完全に個人の立場に立ちえている。それには根拠があった。「自由主義」は直ちに学問の方法の次元に翻訳され実証主義に置き換えられる。そして三教授の実証主義に対する学問的な批判が示唆される。機関説事件以後の宮沢の曖昧さと韜晦を取り上げ、実証主義が政治的限界を自覚したときには（宮沢のように「自由主義」を「骨の髄まで」浸透させた人間であればあるほど）逃げるしかない、という弱点を指摘する。我妻が「個人主義より団体主義へ」（或いは先に見た「取引の安全」へ）という潮流に棹さすのを見て、実証主義が何でも組み込んで調和させる点を突く。横田のみは、明確な政治的価値判断を基礎としてこれに対する整合性保障たるケルゼン版真正実証主義を展開するから、平和主義とデモクラシーに基づいて一人状況に頑固に立ち向かう姿を見せるが、丸山は、実証主義によって戦うという戦術と、本当は根底の価値観のために戦わなければならないということ、の間のギャップを（批判するというよりむしろ）案ずる。宮沢と横田の共通の基礎となるケルゼンについては、戦後の横田の著作ではっきりするが、まさに横田のような価値観がその法学理論にビルト・インされていた、という解釈が成り立ち、丸山のケルゼン理解がやや表面的であることは学生として仕方がないことである。しかし戦後の第二段階における横田の曖昧さを予言しているとも言えるし、我妻に関しては、（先に行って述べるような事情で）利益調整に明け暮れる戦後の民法学における彼（自身というより、そ）の地位をあまりにも正確に見通しており、宮沢の戦後の幸福の中に微かに混じる不徹底を一瞬連想させるとも言いうるのである。

これらの洞察はただの直感ではなく、実証主義の先に何か確固たるクリティックを構築しなければならない、という（まだ定式化されないにしても）明確な確信が存在した。それは一個の政治的見通しでなければならないとさしあたりは考えたようである。しかしそれとても、全く個人的な問題設定である。だからこのテクストの関心は知的階層に属する個人としての知的存立であった。個々の教授に、それで立っていけますか、否、われわれが一人一人立っていける基盤をそれで築いていけますか、と問うているのである。

最初の本格的な論文、「近世儒教の発展における徂徠学の特質並にその国学との関連」（一九四〇年）（丸山 一九四〇（一九九六）、一二五頁以下）、では、丸山は実証主義の射程を越える問題に極めて野心的に挑戦している。まずは「何故儒教は近世に入って飛躍的な発展を遂げたか」と問う。兵農分離ないし武士の非軍事化という「社会的乃至政治的構成」が一方にあり、他方には儒教が宋学しかも「公開的な教学」になった（狭いサークルを脱してアクチュアリティーを持った）ということがあった。中でも朱子学が幕藩体制の基幹となったのであるが、ところがやがてその朱子学に対抗して「古学派の興起」ということになる。中国の儒教内発展と類似するが、しかし「その思想的意味は全く異る」。そこで、この「古学派の興起」とは一体何であったのか、という優れて歴史学的な問題が立てられるのである。論証されるべき命題は、それが「儒教思想自体が分解して行き、まさに全く異質的な要素を自己の中から芽ぐんで行く過程」であったというものである。その「変革は表面的な政治論の奥深く思惟方法そのもののうちに目立たずしかし着々と進行していた」（強調原文）というのは、論証命題というより、どこに着目するかという方法の選択を言うのであろう。（主たる分析対象たる）徂徠の個人的思想形成過程が扱われていないというような批判（植手 一九九六、三四六頁）もあるが、そのような一九世紀風テクスト解釈ははっきりと斥けられており、われわれは歴史学の最先端の方法の思いもよらぬ出現に遭遇していることになる。思考様式の繊細な分析を歴史的社会の構造的把握に結び付けるのである。さらには、戦後になって初めて本格化するacculturationという視角も提示されている。儒教が日本に渡りどのように（変容するかではなく）全く別物に組み変わるかという問題である。

一九五二年の『日本政治思想史研究』にまとめられたときの「あとがき」（丸山 一九五二（一九九五）、二八三頁以下）には、石井良助の実証主義を手助けとしながら、ルカーチ、マンハイムからクローチェまでを参照したことが、依然マルクス主義のタームを（これを批判する中で）使うという形式ながら、はっきり書かれている。つまり当時最先端の実証主義批判と隊列を成す、もちろん現象学流用などを服飾としてまとうのでなく現実の厳密な分析の具体的場面で実証主義批判の方法を実践する、という野心がそこに現われている。

古学の内部でも山鹿素行や伊藤仁斎に対して荻生徂徠が独自でありかつ圧倒的であったことが言われるが、彼の「古文辞学」は、同じく原点に回帰するにしても、フィロロジーによるばかりか、テクスト背後の諸制度の幅広い理解による。言わばヒストリカルである。つまりこれを指摘する丸山はクリティックの性質を識別している。まさにその特定の性質から、理念や精神でなく、現実に対する具体的な働きかけの指示が受け取られる回路が生まれる、と丸山は解する。丸山は徂徠学を有力たらしめた事情を推測する。朱子学に対する徂徠学の対抗は、幕藩体制崩壊の徴候に対するリメディーを考えるというアクションに対応する、という。この実践性ないし「政治性」が徂徠学のクリティックの形態とソリデールな関係にあるというのである。ただし、徂徠の解答は再び武士を土地に戻すというものであり、丸山はこれに合格点を与えない。しかし、とにもかくにも徂徠が現実の中に問題を捉え、その現実を動かそうとした、という点を丸山は評価するのである。

これについて、朱子学の自然に対して徂徠学の作為、というポラリテが与えられる。丸山得意のポラリテ操作であり、戦後多く人々を惑わせもしたが、注意しなければならないのは、丸山は、これが「近代」だから評価される、というロジックは使っていない、ということである。そもそも徂徠が近代でないのは当たり前である。「近代」もたまたまそうかもしれないが、ともかく、自分の現実の総体と厳格に対峙し・それを精密に認識しようとする、そういう態度を評価しているのである。これこそはクリティックの原点である。明らかに、一九三〇―四五年のトータルにネガティヴな現実をトータルに突き放しえたことのコロラリーである。

キャロル・グラック（前出）は「ある意味では東京大学法学部という壁に閉じ込められていた丸山眞男」と言うが、匿われていたのでもあろう。そこで丸山は最も先鋭な抵抗方法を選んだ。凡そ物事を認識しようとさえしなくなった極端に落ちぶれた状況の中で抵抗を極めるべく突出して難度の高い認識対象に挑戦し極端に精密な認識をものにしようとしたのである。もちろん、それは目の前のあまりにも切実な問題があまりにも難解であったことにもよる。しかしさしあたりこの問題に直接チャレンジしたのではなかったのである。

しかし戦時中に丸山が自分の直接の切実な状況にヒストリアンの血を騒がせていたことも確かである。一九四五年の九月に復員した丸山は、一二月に参加した或る研究会の「機関誌」に短文「近代的思惟」（丸山 一九四六a（一九九五）、三頁以下）を寄せている（一九四六年一月印刷）。丸山はここで敢えて「近代」を問題とし、「その「超克」のみが問題であるかの様な言辞が……支配的であった……時代的雰囲気を……マッカーサー元帥から近代文明ABCの手ほどきを受けている現代日本とをひき比べて見ると、自ら悲惨さと滑稽さのうち交った感慨がこみ上げて来る……漱石の所謂「内発的」な文化を持たぬ我が知識人たちは、時間的に後から登場し来ったものはそれ以前に現われたものよりすべて進歩的であるかの如き俗流歴史主義の幻想にとり憑かれて、ファシズムの「世界史的」意義の前に頭を垂れた。そうして今やとっくに超克された筈の民主主義理念の「世界史的」勝利を前に戸迷いしている」と書く。まずこれが強烈な皮肉であることは自明である。したがって近代化のラッパを吹き鳴らすのでは全然ない。「近代的思惟は「超克」どころか、真に獲得されたことすらない」という今や確立された認識も、「「超克」説と正反対のいわば「無縁」説」を正当化しないと彼は言う。「近代化」はしたのであり、「超克」はその病である。また、「近代思想即西欧思想」という「安易な等式化」を彼は斥けるからこそ、漱石の「内発的」を引く。「内発的」と言うと現在でも西洋や世界に対抗してそれを凌ぐ日本独自のものを打ち立てなければならない、負けてなるものか、と受け止める見当はずれの向きが見られるが、「近代」も「西欧」もきっちり受け止めることが、自分たちの現実をしっかり把握して出発することに繋がり、そしてその自分たちの現実の最初のものは、経験したばかりの悲惨である、というのがその趣旨である。

こうして丸山は驚くべき速やかさで一九四六年に「超国家主義の論理と心理」（丸山 一九四六b（一九九五）、一七頁以下）を発表する。目の前で経験したばかりの驚くべき現実を直ちに歴史学的分析の対象とするつもりである。ここでは、実証主義的なアプローチは明示的に回避される。つまり例えば社会経済的な原因（資本主義や帝国主義の問題）によって説明する道を採らないという。多くの類似の悲惨は過剰な民族主義などなどといったことで説明されるが、今回は既存のあらゆる認識では説明の付かないことが起こったというのである。意識のどこか深いところから、非常に不思議なものが噴き出した、ととりあえず見える。そこで説明の前に、まずは噴き出したところを記述しよう、と。かくしてこの論文は問題の提示、ないしさらにその前の、問題定式化のための仮のスケッチ、にとどまる、というのである。事実丸山はランダムに問題と見えるもの、つまり説明せよと挑戦してくる謎、を列挙する。その整理も十分ではない。第一は、私的な空間とその外との区別の希薄さ。例えば個人の内面に国家が干渉するということと公的な部分が私益に侵食されるということの両方が含まれる。精神的権威と実定的な国家が分離されていないということも指摘している。次に、「倫理と権力」が区別されないという点。強いことが即正義となる、ということを言うように見える部分もあるが、正義の基準が強弱であるというのも立派な正義論であるから、丸山はおそらくこれを言うのではなく、物事の成り行きがそのまま正当化する、つまり独立の一貫した基準などは考ええない、ということを言うものと思われる。さらに、組織において個人が責任主体としても命令主体としても分立していないということが挙げられる。誰に責任があるのか、ばかりか、誰に権力があるのか、もわからない仕組があった。ただ、組織内は一種一方通行であり、上が被った損失は下へ下へとツケが回され、上のために下を犠牲にする、というメカニズムが支配する（「抑圧の移譲」）。東大法学部もついに匿い切れなかったため丸山は直接的なダメージを被ったばかりであったはずであるが、しかし直ちにこれだけの冷徹さで事態を記述しえたのである。自らの身の安全以上にこの知的態度こそが最も大きく侵害されたというのが彼の考えであったことは明らかである。

一九四九年の「軍国支配者の精神形態」(丸山 一九四九a(一九九五)、九七頁以下)も基本的に同じテーゼを東京裁判関連資料に拠って言うものである。丸山は二点に絞って指摘する。第一は、「既成事実への屈服」であり、必ずしも欲したわけではないことでも、一旦そのように動き始めるや、止めるどころか推進してしまう、ということである。第二は、「権限への逃避」であるが、これは要するに「無責任の体系」つまり「上に言われてやっただけだ」、「下が収まらないからどうしようもなかった」と皆が逃げるので責任追及のしようがない、ということである。現代に至るまで事実として妥当する不朽のチャーターであり、われわれ全員にとっての記念碑である。われわれ自身、不可思議で仕方がないけれども、気がつくと、してしまっているのである。

以上のように問題を摘出した丸山は、次に何故こうなるかの省察にかかる。一九五七年の「日本の思想」(丸山 一九五七b(一九九六)、一九一頁以下)が解答の頂点を成す。与えられた答は「「思想」が歴史的に構造化されないようなそういう「構造」」ないし「思想が蓄積され構造化されることを妨げて来た諸契機」であった。むろんこの解答は究極のものではなく一歩前進のベースキャンプにすぎないとされる。「構造化されない」とは、思想が次々に流入するが、流れ去るばかりで、或いは融合ないし接合されるばかりで、或いは突如思い出したように噴き出し、明確な論戦が形成されず、またそれが積み上がっていかない、積み上げの基礎が形成されない、ということである。神道の「無限抱擁」に言及された後、「国体」が個人の内面に浸透し「無制限な内面的同質化」を強要することが指摘される。結果、「私的領域における自律」がなく、その位置にあるのは「(村落）共同体」であり、これは「国体」との間で流動的な上昇下降を繰り返す。この流動性は、「実感信仰」と「理論信仰」およびこの両者の共存を生む。

以上の丸山のテーゼは、依然歴史学的な説明課題ではあっても、一段抽象度が上がっており、彼が中間レヴェルの方法的な橋頭堡を築いた、ということを示している。本書の視角からこれを言い換えると、以上の全ては、パラデイクマのパラディグマティクな分節の欠如を言うものであり、この分節のためにはパラデイクマのヴァージョン対抗関係が不可欠であるが、これがまた有効に形成されない、ということをも言う（木庭 二〇二二a参照）。すると、要するに原クリティックⅢの欠如を言い当てたことになる。それが根底にある、と。「国体」分析や「(村落）共同体」に関する言及によってその欠如に寄与する要因は少しだけ特定されてはいる。しかしそれは命題を例解する役割を担うにとどまり、本格的な歴史学的作業に至らず、それよりも、基礎に何があるか、を押さえる中間命題の構築がこの論文の意義である。

結局丸山は、原クリティックⅢへ初めて本格的に乗り出したのであるが、それにとどまらず、何故その原クリティックⅢが致命的に欠けるるか、という問題に初めてアプローチした。その探究のためには実証主義的クリティックは無効であるから、あやしげな実証主義批判は論外として、新しいクリティックを構築せざるをえなかった。もちろん、これはクリティックにとっての最難関を意味した。しかしこうやってクリティックは再開された。そして初めて、原クリティックⅢを見通してクリティックをする、しかも原クリティックの欠如をターゲットとする、ということが、鷗外や漱石の時代と異なって、一定の拡がりで支持された。今度こそ、「広田先生」は安定的な基盤を得たかに見えた。与次郎は出る幕を失ったかに見えた。

3　原点においてクリティックが直面した問題

ただし、丸山は戦時期の事象を解明する中で少々アンバランスに、戦時期にとってにとどまらない基盤的要因の問題に逢着したということになる。クリティック不全の問題にクリティックを向けることさえ容易ではないのに、クリティックの前提要因たる原クリティックⅢの欠落にクリティックを向けなければならない。クリティックをしうる戦術高地は市民社会であり、しかもその中の知的階層である。これはもとより存在しない。前提が欠落しているのであるから。しかもこの欠落を解明しなければならない。足場を構築しなければ足場を築けないというディレンマである。しかもそれで前人未踏の新しいクリティックを考案しなければならない。

このアンバランスは、戦後の日本が、本物でない政治システムの傘の下で急いで市民社会を形成し、この市民社会を基礎に本物の政治システムを立ち上げなければならない、という課題に対応していた。この課題は或る程度近代一般に固有のものであるが、しかしわれわれの見るところ、戦後日本においては多元主義の裾野に闇が広がって市民社会の発展を絶望的にしていた。この条件は、戦時体制において噴き出したものと同じであった。戦時体制以前、或いは明治維新以前、にはどうだったか？「日本の思想」では意味深長なことに事象の時間的限定は付されていない。

丸山は戦後日本について本格的に論じた作品を遺さなかった。ただ、丸山が言論を通じて社会に直接働きかける機会、講演や対談・座談会、においては多くの言及を採集しうる。この分野は今や専門家の丹念な史料研究の対象であり、私が手を出す余地を残さないが、最低限言うことができるのは、多くの信頼できる研究が確認するように、丸山が、戦時期に見られた特徴を日本社会が克服していないと見ていた、ということである。そしておそらく、右に述べたこと、つまり戦後体制において利益多元主義システムの蓋の下で極めて不鮮明な経済社会が展開したこと、も彼は視野に入れていた。

一九五一年の「戦後日本のナショナリズムの一般的考察」（丸山 一九五一（一九九五）、八九頁以下）においては、本書がマシーンと呼ぶものの軍事的弾頭部分が切除されたこと、しかしその推進力は、自殺したグループの他、看板を掛け換えて民主団体を主宰したり、経済活動の中に潜り込んだり、或いは「地方的小集団のなかに分散し還流した」こと（右に見た「日本の思想」のテーゼに繫がる点）、冷戦状況が再びマシーンに燃料を提供していること、が指摘される。「民主団体」の部分は特に「利益多元主義調整作用に（闇のフィクサーとして）従事した」と付け加えたであろう。さらに、一九四九年の「肉体文学から肉体政治まで」（丸山 一九四九b（一九九五）、二〇七頁以下）において既に、主として文学を論じ、精神による媒介、ないしそれとしてのフィクション、が不可欠であると述べている。これは、パラディグマティクな分節ないし加工を要するということでもある。

「タコツボ型」、「ササラ型」という有名になる比喩を提示した一九五七年の「思想のあり方について」（丸山 一九五七a（一九九六）、一五一頁以下）では、市民社会に属する意味における知識層のコミユニケーションの社会的なあり方を問い、その閉鎖性を批判する。これは戦後社会を直接にターゲットとしている。一九五九年の「近代日本の思想と文学」(丸山 一九五九b(一九九六)、一一一頁以下)は、丸山の最も本格的な仕事の一つであり、戦前のマルクス主義文学をめぐる論争を扱うものであるが、明治末からの市民社会の成立とその質を問い、政治からの独立を文学の成立要件としつつ、しかし政治から切れるのではなくして政治と分節的関係を保つことをも要請する。マルクス主義による過剰な政治化ないし「科学」化、これに対する反発が別の政治(戦時体制)への組み込みに切り替わること、が鮮やかな歴史学的分析により浮き彫りにされる。同年の「「である」ことと「する」こと」(丸山 一九五九a(一九九六)、二三頁以下)は、徂徠学分析以来の視角、つまりパラディグマティクな分節としての「作為」の意義、を強調しつつ、それを政治参加ないし積極的な政治意識へと展開している。以上にはもちろん、「日本の思想」において丸山が「私的領域の自律」ないし「(村落)共同体」の問題を提起している(という既に述べた)ことを付け加えることができる。非常に多くの座談や短文で同じ趣旨のことが繰り返し述べられている。

丸山は同時代をストレートに実践の場と見た。前提となった認識は、基底的要因の所在地である社会そのものに、まさにその基底的要因が残っていることを当然のこととして、しかし可能性が生まれた、だから、これが基底的要因を克服して離陸するよう、これに働きかけるべきである、というものであったに違いない。戦時期の精神構造を論ずる際の全趣旨からして丸山が政治の成立を意識していないはずがない(「思想と文学」では文学者たちの「政治」無理解を批判した)。彼があらためて立つことに成功した原クリティックⅢという出発点も政治の成立に対応している。しかし彼は、単に政治を成立させる社会構造を分析しましょう、というのではなく、戦略的に、或いは原理的に、少なくともまずは、或いはそもそも、市民社会の構築、つまりレシプロシテ（「共同体」その他として描かれるもの）に支配された前市民社会状態から透明な市民社会を立ち上げること、に関心を集中させているのである。

傍証となるのは、一九五六年の「政治学」（丸山 一九五六（一九九五）、一六七頁以下。『社会科学入門』の中の政治学を受け持った際に書いた対話篇）における多元主義政治学の扱いである。当時のことでイーストンを代表格と見なしつつ、ベントリー以降の社会学的政治学の動向を、パレート的背景やラスキ的系統をにらんで、突き放して見せる優れたスケッチではあるが、しかし市民社会に期待する際のパセティックなトーンはそこにはないのである。実際、彼の「実践」はあくまで緊急事態に対応して市民社会から知識層が一回的に政治へと関わる、というものである。彼の説くところもそうである。政治を市民社会という「外」からチェックするという局面を強調する。だからそれは憲法のために動くという動機に非常に近い。一九六〇年のあの事件の後に発せられた一連の談話、「この事態の政治学的問題点」（丸山 一九六〇a（一九九六）、二八三頁以下）、「現代における態度決定」（丸山 一九六〇b（一九九六）、三〇一頁以下）、「安保闘争の教訓と今後の大衆闘争」（丸山 一九六〇c（一九九六）、三二五頁以下）、「復初の説」（丸山 一九六〇d（一九九六）、三五一頁以下）、「八・一五と五・一九」（丸山 一九六〇e（一九九六）、三五九頁以下）などにこの動機は濃厚に現われている。

私は、この戦略的判断[4]はおそるべきほど的確であったと考える。そもそも、古典の世界ではない、まして古典的伝統もない、ところでは、（近代を定義する王道であるとはいえ）仮に政治システムを立ち上げておいて急いで市民社会を熟させ、これを基礎に本格的な政治を建て直す、以外にない。かつ実際には、つまりデモクラシーや市民社会が未到達でも、一筋の糸によって辛うじて生き延びた自律した知的社会において分析を遂行していかなければならず、これをつっかえ棒にして、つまり知のみを頼りに、やはりまずは市民社会構築へアプローチするしかないのである。理論的には（まだない、しかしありうると信じた）デモクラシーの存立条件を深く地下に探るということになる。具体的には歴史学的な分析方法を用いるということである。

裏から言えば、その方法を構築できるかどうかに全てが懸かる。しかしまさにここで大きな問題が立ち塞がる。まず、ようやく原クリティックⅢの原点に立ったばかりであるのに、クリティックそのもののそのまた最先端の有効性が尽きた地点でゼロから新しいクリティックを創出しなければならなかったのである。このことを丸山は全生涯を通じて意識し追究したと思われる。だからこそ、丸山は、戦時体制のみならず明治以降から戦後まで貫通する基底的な層を問題とし、そこでまさに、もっと貫通的な（ずっと遡る）層なのではないかという難問に生涯苦しんだ。彼の分析の時間的限定（歴史学の初歩であるクロノロジー）がしばしば曖昧になり批判を浴びるのは、彼の問題ではなく彼が選んだ問題の問題なのである。

それにしても、丸山ももう少しクリティックに注意を払ってもよかった。突破口を探しえたかもしれないチャンスを全く逃さなかったとは言えない。まず、「徂徠学」において折角日本の古学に着目し、剰え古学内部の層位を識別しながら、そして「思惟方法」を分析するとしながら、クリティックへの着目は斥けられた。徂徠にとって古文辞学は一種のプリーテクストで、実質的影響はなかった、とまで断定するのである（丸山 一九四〇（一九九六）、二一二頁、註1）。そうだとするとそれはそれで重要な（クリティック無関心という）徴表であるのに、如何なる社会像を理想としたかという内容面の分析のみがなされる。もちろん（完璧に同世代の）モミッリャーノの論文が現われるのは一〇年後の一九五〇年のことである。

もっと大きな読者の戸惑いは、例えば、「政治目的のためには道理にはずれてもいい」という徂徠の思想を抽出した後に、マキャヴェッリを引用する箇所であろう。この後にもこの通俗マキャヴェッリ像を丸山が持ち続けたということ自体不思議であるが、ここでは特に、マキャヴェッリのヴィルトゥと（儒学の？）道理をパラレルとするミスを犯している（独訳からの引用であり、イタリア語を読んでいないし、研究史も参照していない）。安易なアナロジーを論拠に採ることによって折角の直感を台無しにするという丸山に一貫してみられる傾向が既に出ている。もっとも、これは実証主義批判、ないし実証主義の射程外のことを認識しようとする場合、一般に見られる現象であり、モンテスキュー以来の比較学が何故かくもお粗末なのか、という問題に繋がる。

この点はしかし彼の歴史学的認識自体を害したと考えられる。丸山は徂徠の中にあるアンティクアリアニズムを経学との分岐において「公私の分岐」という理想社会像における「私」の側に位置付ける（同書、二二二頁以下）。弟子たちはこの二つの系統に分裂するとも言われる（同書、二六〇頁）。元禄期における市民社会の萌芽をも丸山は言う（近松門左衛門も引かれる）から、徂徠のアンティクアリアニズムはそこへ繋がるかと思いきや、どうも同時代（ないし日本では少し後）の考証学にさえ至りそうもない。丸山自身において中国の古学ないし「訓詁学」も「考証学」も低く評価されている。後の丸山が得意とする対抗関係欠如の認識はこの場合なされないのか？　考証学は伝統的経学と命がけの対決をした。徂徠のアンティクアリアニズムにそれに匹敵するクリティックが含まれていたのかどうか、曖昧に同居していたのではないか、せめて検討くらいしてもよかったであろう。そうでなければ、実質的に中国との比較はなされずに終わったと言われても仕方がない。そして何よりもアンティクアリアニズムのクリティックは立て籠もって梃子でも動かないもので、市民社会の或る種の萌芽と関係している。しかし徂徠は（私は全くの専門外ながら丸山自身の分析を読む限り）どう考えても反対側に陣取っている。否、朱子学に対して古学を標榜するならば、原市民社会の萌芽を背景にしていてよい。にもかかわらず徂徠の一撃がミスショットに終わった、とすれば、これが最も重大な歴史学的分析対象であろう。当然、萌芽自体が内包する複雑な対抗関係と脆弱性が関心の的となるはずである。

桑原朝子の研究（桑原 二〇一三）を私流に再解釈すれば、近松は原クリティックⅡを突き詰めてそこからM2へ近道しえたのであり、その際、井原西鶴との間に秘かな緊張関係を覚えたのであった。上方に限られるのかも知れないが、事態の底には一筋縄ではいかないものがあり、徂徠やその弟子たちも遠くにこれを反射しているはずである。徂徠においては孝の余地をも残すのがもっぱら忠の下支えのためであったとすると、朱子学との対抗は、まさに丸山テーゼに合致して、全て虚偽なのではないか。少なくともパラデイクマ（ポスト近松の演劇など）の上で、親が忠義のために泣く泣く子を犠牲に供する、ということを徂徠が果たしてどのように考えたか、を分析するまでは何とも言えないのではないか。これこそ「抑圧の移譲」の原型なのだから。

「徂徠学」の基本テーゼはこれと一対を成す「近世日本政治思想における「自然」と「作為」」（一九四一年）（丸山 一九四一（一九九六）、三頁以下）でその理論的含意が展開される。ここでは一層図式的に朱子学＝自然、徂徠学＝作為という対比がなされるが、「ゲマインシャフト」と「ゲゼルシャフト」の対比とパラレルだ、といきなりされると、図式に自分で引き摺られたとしか言えなくなる。そもそもこのカテゴリーの有効性・精度・射程を吟味することがない。最低限の決め事として、このような図式を使う場合にはそれを批判的に学説史的に位置付けることが不可欠であると訓練されているのではなかったのか？　ましてこれをさらにヨーロッパの中世対近代と重ねるとなると、徂徠学から（聖人の制度構築のことである）「作為」を抽出した後に、この「作為」という言葉に引き摺られて、違う事柄をそこへ集めてしまった、という可能性を排除しきれない。

もちろん、それでも徂徠ないし徂徠誤認にインスパイアされて丸山は原クリティックⅢつまり全事象をトータルに突き放す視点に至ったのかもしれない。単なる原クリティックという次元において同じだけの対現実緊張感を林家が持たなかったという差違がヒントになったのであろう。しかし羅山は羅山なりの緊張感を持っていたのではないか？　その場合には、緊張感の差違とテクスト操作の差違を厳密に比較し、そしてこの差違が生じた理由を外のデータで跡付けにかかる、という手続が不可欠であった。要するに、朱子学と古学、古学内部の徂徠学、を見事なヴァージョン対抗識別で分析して見せたとすれば、どこにでもヴァージョン対抗を見出して極大化するという思考の鮮やかな実践であるが、必要なクリティックのレヴェルを欠くため、誇大な事柄に対応するものとしてしまったのである。骨格を成す対抗の梁を渡すならば、近松（の他のテクストないし事件資料を読む関係）ないし少し後の考証学者たち（の資料に対する態度）との間においてこそだったのではないか。

クリティックの適合的な方法を持たないということは、結局、レシプロシテの何らかの組織化形態から市民社会を離陸させる、その方法に困難を感ずるということである。とりわけ前者をどうやって認識するかである。「日本の思想」の段階に至ってなお「（村落）共同体」などの概念がディアクロニクな変形を特定されないまま使われている点が気になる。ただし、（先に紹介したマシーン先端分子の潜り込みに対応して）構造的な「上昇下降」のメカニズムが戦後も「民」ないし「私」に言わば散開して存続したという興味深い認識が見られる（丸山 一九六〇e（一九九六）、三七二頁）。ここから大規模な研究に赴いて欲しかったという思いは捨てがたい（事実或る意味で藤田省三が受け継いだ）。

他方、市民社会は何と言っても民法によって成り立つのであるから、「「である」ことと「する」こと」冒頭で時効に関する末弘厳太郎のイェーリングまがいを鵜呑みにしたことが惜しまれる。「超国家主義」における代助の登場場面がテクストの文芸的性質の吟味を欠くという瑕疵を帯びたのと同じく、ここでも末弘説の信憑性を疑うという手続を欠いた。一見するより重大であるのは、権利ないし正義実現のためには闘争つまり実力行使も辞さずというナツィスの綱領を頂点とする反占有にして反市民社会である原理に「権利の上に眠る者は」というこの時効理解が繋がっている、からである（市民社会はもっとずっとエレガントでウィットに富む）。講演末尾の参加型デモクラシーの呼びかけと著しい不協和音を奏でる。[6] 末弘が東大法学部のあの大教室の民法の授業の卑俗な雰囲気の中で怪しい時効理論で学生に媚びたところを本当にそうかチェックもせずに使う仕方は、クリティックに対してどこか無感覚な部分があることを図らずも露呈させるのではないか、という疑問を拭いがたい。少なくとも市民社会について考えながら民法について真剣に考ええなかったことを示している。学生時代の丸山はあれほど的確に我妻栄を批判しえたのに。[7]

要するに、丸山は渡河地点まで辿り着いた稀な知性であったが、クリティックの具体的な方法を持たず、かつおそらく、ブレイク・スルーのために何かが必要だと思いつつも、それが新しいクリティックの必要であるという見通しには到達しえなかったのである。

4　市民社会の構築

以上のようにして戦後期には、「広田先生」は強い橋頭堡を築きえたのであった。鷗外や漱石、吉野や美濃部、もまた一種の橋頭堡を築きかけたが、鷗外や漱石などは理解されなかったし、今でも理解されていない。これに比して、丸山眞男にはなかなかのフォロワー群ないし並行走者が続いたのである。何よりも、「里見」は確かに健在であったが多元化し、これに媚びる「原口」はひとまず目立たず、与次郎は多元間調整の場面で暗躍していたが、これはひとまず知的世界の外の話であった。丸山のフォロワーたちは、丸山の示唆を忠実に受け取り、市民社会を目標とした。橋頭堡自体仮想の市民社会のただ中に築かれていたのであり、彼らはその市民社会の真正性を問わざるをえなかった。同じく問題だらけの政治システムを直接狙ってもこの市民社会を把握しない限り無意味であることを彼らは知っていた。現在の目からしても、利益集団多元主義の末端に闇が広がっていたのであるから、この戦略的判断は正しかったことになる。事実、一九六〇年に彼らはなけなしの市民社会に拠って立って軍事弾頭復活を阻止し多元システムを守った。もっとも、彼らはまさにそのシステムの末端に問題があるとしてきたのであったから、皮肉なことではあったが、しかし他方で、市民社会の構築には成功していなかった（そのように認識してもいた）[8]から、空手形で支払いえたその技芸には感服するしかない。かなり広い層が市民社会構築を希求していたということをも意味するであろう。かつ手形で支払いえたにすぎないということを、丸山をはじめとして皆、認識していた。つまり手形の期限までには資金繰りを何とかしなければならなかった。

丸山のフォロワーたちが市民社会構築という課題に誠実に立ち向かったということは今日認めなければならない。極めて稀なことである。しかし同時に、結果において失敗したのは課題の重さに鑑みて仕方がないとして、有効な学問的装備を持たず、またこれを得るための体系的な積み上げをなしえなかった、ということも認めざるをえない。ただしこのことをも彼らは痛切に自覚していた。そして渇望してもいた。[9]

戦後の知的状況を見晴らすための最高の史料は、一九五九年の久野収（一九一〇年生）・鶴見俊輔（一九二二年生）・藤田省三（一九二七年生）による『戦後日本の思想』である。「思想の科学」の活動から生まれたこの報告と討論は、戦時期の経験を批判的に省察することから生まれる様々の異なる知的傾向が相互に対立する様を同時代的に眺望するものである。三人は確固たる自覚に基づいてその対抗を極大化して明らかにしようとしている。これはもちろん、丸山眞男と同じく、或いはその問題意識を引き継いで、対抗が消失していったメカニズムに破滅の根底的な原因を見るからである。かつ彼らは、自分たちの立場をも鮮明に他の立場に対抗させる。その立場とは、対抗するどのブロックにも思考を埋没させないという立場である。

この点が最もよく現われるのは、「近代文学」の同人たちを分析する部分においてである。丸山の「思想と文学」と同時に、彼が戦前期について問題としたことを戦争直後の時期について問題としたことになる。「近代文学」の周りに展開された（丸山も当事者とする）「主体性論争」は、マルクス主義の（階級の）立場を通じてでなければ真の現実に根ざした真の文学に到達できないのか、それともそれを離れて（プチブルと呼ばれようとも）個人の立場からしか文学に至らないのか、という問題をめぐるものである。三人ははっきりと後者つまり「近代文学」派を支持する。戦前期に関する丸山の論文や（この間の）中野重治（一九〇二年生）の立場が例解するように、特に戦後期において問題が単純でないのは、基幹のブロック間対抗があって初めて個人の自由に余地が生まれるという立場がありえたからである。多元ブロック自体がやっとこさ生まれたばかりなのである。三人はもちろんこの点を押さえ、例えば藤田は、「方法的なプルーラリズムが生れる前に、一度方法的な一元論〔マルクス主義〕にいかれて」いることが重要だと言い、久野は、「壁に頭をぶっつけ、それから引きかえす」ところが「近代文学」同人のメリットであるとする（久野・鶴見・藤田 一九五九（一九六六）、一六頁）。藤田はまた、「のっけからのベッタリ・プルーラリズム、不偏不党主義、是々非々主義」でない点を強調している（同書、二三頁）。彼らは市民社会の基底的条件の一つを明確に言い当てていることになる。彼らがマルクス主義のあり方、「民科」体制に非常に批判的であるのもこれに基づく（同書、三六頁以下）。（和辻哲郎などの）「心」のグループについても、その人々が与次郎世代の中の教養主義グループが今や大家となった姿であるということを彼らははっきり突き止めており（同書、八八頁）、さらには、この人々の古典主義がそこに全ての対抗を曖昧に呑み込む「共同体的考え方」であることをも見抜いている（同書、一〇三頁）。そこからは市民社会は生まれないということである。藤田は一九六二年に「新しい政治的主体の出現」（藤田 一九六二（一九九八）、三三〇頁以下）という短文を書いている。そこで彼は「二心者」たるを勧め、先に見た、二重構造から市民社会が骨格を現わすという認識、をわれわれに確認させる。

藤田省三に関する限りは、以上のような見通しに重要な研究が伴っている。一九五九年から六二年にかけて発表された論文を集めた『転向の思想史的研究』（藤田 一九七五（一九九七））は、戦前のいわゆる転向問題を、単なる変節の問題ではない、と見なし、「昭和十五年」の第二波を重視しながら、他方で大正末期以来の「協調」主義立法や大正教養主義の翼賛的和合先取りを追跡する。だから翼賛の机の下では蹴り合い、足の引っ張り合い、が熾烈に展開される。藤田は丸山眞男の主題を鮮やかに生かした。これが市民社会の反転像なのである。

ところが『戦後日本の思想』は、他ならぬ丸山の位置付けに関して立ち往生してしまう（久野・鶴見・藤田 一九五九（一九六六）、一五〇頁以下）。そもそも丸山眞男を大塚久雄や川島武宜と並べる始末であるし、藤田の報告自体丸山の思考のポイントを捉えていない。討論も、丸山等が「大学の社会科学」としての限界を抱える、というところに行ってしまう。このことは、このグループが、他の人々共々、クリティックの問題を意識しえなかったということと密接に関わる。藤田の「天皇制国家の支配原理」（一九五六年）および「天皇制とファシズム」（一九五七年）という二本の論文（少しテクストの異同があるようであるが、藤田一九五六（一九九八）、一九五七（一九九八）による）は、丸山が提示した課題に挑戦した論考として最高峰の一つであり、その分、限界およびその要因について最も鮮明に照らし出す。この論考は、丸山の「国体」テーゼを史料上に跡づけるものであり、明治初年以来、国家と村落「共同態」を合一させてそこに儒教的倫理を置く構想が堅固に構築されていく有様を論証している。構想側のテクスト分析は精緻であるが、問題はこれを村落側で裏付ける段階で生ずる。「村落」なるものの近世以来の変化とそこにおける名望家層や「前期商業資本」や「高利貸資本」の動向にも目は配られるが、精度は高くなく、特に、「村落」は寄生地主制に置き換えられ、日本近代の資本主義が奇形的にこの寄生地主に依存していたから、右の合一構想が生まれた、とする部分には素晴らしい独創性とともに短絡がある。もっとも、戦時期に村落体制から浮出する分子を戻す運動ないし体制が発達する様の分析は鋭い。しかしここも、大正期以来の（田澤義鋪らの）農本主義運動の理念をそのまま現実に投影して批判する傾向を帯びる。だから、折角見事な史料引照によって農村における信用危機に逢着しながら、（資本主義を前にした？）「共同態」の危機と捉えてしまうのである。体制構想のテクストは現実の反映であるという前提の上で、これを総体として（何らかの価値判断から）批判する。しかし、そのようなテクストが現実の写像であるわけがなく、それらは自ら写像と思い込んでいるだけであり、しかもなおもちろん何らか現実と関係を持っている、ないしそれ自身現実なのであるから、すると、神話分析のように、そうしたディスコース内在的な対抗関係を分析し、その屈折を与える現実の構造を仮説として設定していく以外にない。丸山も確かにここへ至らなかった。しかし、単純な現実の反映ではないと直感して、その前でたじろいだ。藤田には、この、手をこまねく姿がないのである。

何故そうなのか？　クリティック問題の感知はもちろん先端的なことであるし、未だに解決を見ないのであるから、仕方がない、とも言える。しかし年代からすると既に構造主義とその批判が始まっている。モミッリャーノの論文も現われている。そうした中で藤田のように論じられた、ということには理由があったに違いない。

まず注目されるのは藤田が実証主義の論証手続を採用しているという点である。丸山テーゼを伊藤博文の言説に読み込み、ここからモデルを作り、そこへ他のデータを包摂していく。モデル作りのところで対象との一体化があるという点は今さておくと、データ包摂のところに大きな恣意性があり、ただし戦時期にはよく妥当する、ということを指摘しうる。戦時期の農村には「儒教的な「共同態」解体対策」が実際に運動としてあったのであろう。しかしこの「共同態」はマルクス主義がクリティックを阻止される、ないし阻止する、そして彼らの敵の側に気づかずにずれ込む、最も危険な水域である。あったと思っても、それはイデオロギーである、幻影である。だから戦時期にしかない。これを解体するのが市民社会か、否、これの回復が市民社会ないしユートピアか。否、どちらも見当はずれである。現に打ち損じた手がかりをたくさん抱えているではないか。いずれも戦時期にかかるが、信用問題、浮出問題。右翼の跳ね上がり防止とマルクス主義者出現の防止の両方を対策が兼ねていた、という貴重な指摘さえある。そこを掘っていって（丸山をもなお制約した）「（村落）共同体」をばらして捉える、つまりレシプロシテの具体層を綿密に分析する、チャンスではなかったか？　それを戦後社会の分析に適用すべきではなかったか？　本気で市民社会の出現条件を探るならば。

藤田が『戦後日本の思想』で、立体的に描かれたメンタリティー（「二心者」）が一九六〇年の後に現われた、と言ったとき、何を根拠としたのだろうか、本当に確かな基盤を持った意識だとどうして言えたのだろうか。まして、不完全な市民社会さえまだ全然ない場合、問題は一層複雑になる。藤田にしてこの自覚を欠いた。ここが丸山と大きく異なる点である。戦時期の分析のみ部分的に上手くいくのは、そこからのひとまずの解放によって多元性が得られたという確かな手応えがあったからであろう。しかし市民社会のそのまた地下部分となると、まだ先は遠いのである。しかも扱っている事象は丸山が認識したようにそういう射程のものである。

丸山以後の最も鋭敏な知性を代表する藤田省三がクリティックの問題を十分には意識しえなかったという事実は一個の徴表として大きい。まず何よりも、一九六〇年前後の段階で既に、丸山がどのレヴェルで格闘したかということが伝わっていないのである。丸山は、原クリティックⅢの欠如に突き当たり、その理由を問う高次のクリティックを築くという課題を得た。確かにこれは近道をして市民社会を築くという課題とパラレルであった。しかしおそらくこの最後の部分のみが受け継がれた。第二に、右の事実は、一九六〇年前後において市民社会形成の芽は全くなかったということを物語る。市民社会がまだないのであるからクリティックが構築できないのは仕方がない。しかし市民社会の可能性があるのならば、クリティック構築の知的営為が先陣を切ってこれを準備するはずである。しかし（失敗に終わるものにせよ）およそクリティック方面での胎動は見られなかった。なるほど、必要とされたのは何もないところで全く新しいクリティックを築くという前代未聞のものであったろう。しかし丸山のテクストは無謀でもこれにチャレンジしたいという衝動を与えるはずである。ところがこれがなかった。辛うじて、『戦後日本の思想』は今西錦司たちの人類学的研究への期待を表明しているし、柳田國男への評価も高い。しかしこれも漠然たる意識にとどまった。その証拠に、結果としてそれらの評価を誤ったたし、そもそも吟味の姿勢がないのである。むしろ今日から見れば、何故こんなものに引っかかったか、訝しいのである。

クリティックが結局欠ける理由であるが、気になるのは、特に最も鋭敏な藤田が随所でちらりとルサンチマンに共感を寄せるということである。「心」のグループの大家たちの化けの皮を剥がすときに太宰治や坂口安吾を引くのは実に的確である。現実との全く個人的な格闘および絶望を経過することなしに市民社会を築きうるはずがないというのである。もっとも、大家たちとて若い頃は藤村操を経験している。一旦与次郎になり収容され、収容する側に回ったのであった。藤田はこの収容の胡散臭さに敏感であるが、それを感じ取るときにどこまで与次郎自身に批判的か？　それともどこまで与次郎の反発にとどまっているか？　藤田は問題の所在を突き止めながら、これに（手に取るようにわかるだけに）巻き込まれていないか？　つまり裾野の闇に生き残っている与次郎に感化されてはいまいか？　だからクリティックが効かなくなるのではないか？

藤田でさえこうであるから、丸山や藤田と並行して走る路線はどれも、クリティックに関する限り丸山からは全く遠いものであった。チャレンジし切れなかったというより、戦後期において、多元システムの政治があり、その下には闇が広がっている、という「国家と市民社会」の状況の単なる反射になってしまったのである。国家からの介入さえなければ市民社会は育つ？　藤田の（実証のための中間）モデルのかわりに、陳腐な教科書的市民社会像がそのまま実践目標としてモデルとされたとしても不思議はなかった。

丸山の門下においてさえ、松下圭一（一九二九年生）の『市民政治理論の形成』（一九五九年）は実際そのようなものである。一九六〇年代後半において松下は当時の「革新自治体」ないしそれを支える運動に深く関わる。その制度的成果は現在でも遺っているから、彼の実践面での功績を決して低く見積もることはできない。特に、市民自治を左翼組織の割拠から守るために、しかも政治的にはそうした左翼組織にも頼らざるをえないのであるから、必死に社会主義の理論とも摺り合わせようとする、涙ぐましいテクストのその姿勢も理解しうる。にもかかわらず、「革新自治体」をブレーンとして支える際の知的営為の厚みの無さにも啞然とするのである（以下、松下 一九七一に収められた一群の一九六〇年代後半の論文を論ずる）。結局そこには「工業化」と「都市化」と「余暇の拡大」しかない。都市の概念を持っていないため、「都市化」に伴う問題を意識はしても、それが産業化による都市破壊であるという点に気付かない。都市はもちろん市民社会の基盤である。都市計画が生命線である。しかし基本を知らないから、住民参加以外に都市計画をリードする理念を提示できない。「革新自治体」を実現した主力基盤を精緻に分析すべきであったろう。とりわけ経済構造との関係を。比較的安定的な雇用に守られた層が財政的果実を求めたとして、しかしそれが独立専門職層の発展や独立の芸術家層の成長に引き継がれていくプロセスがあったか？　これを助長する都市ないし財政の構造はどうか？　それらの基本を獲得するためには『市民政治理論の形成』とは全然違う西ヨーロッパ史の知見が不可欠であったろう。

大塚久雄（一九〇七年生）は藤田の「共同態」を体系的に概念化したと言える。彼の問題意識は明確である。「わが国においては農村の民主化をなおしばらく課題としつづけねばならない以上」（大塚一九五六（一九六九）、二一〇頁）と述べる。「経済の民主的再建」のためには「人間的主体の民衆的基盤が広汎にどうしても成立していなければならない」（大塚一九四八（一九六九）、一六九頁）。そうしないと経済的民主化を遂行する政治主体も出てこない、という。政治システムは一応多元的になったけれども、経済社会は旧態依然なので、こちらを先に、その後に政治を、作り替える、という大まかに丸山と同じ構想の存在が認められる。しかも丸山や藤田と異なりストレートに「共同体」を問題とする。一九五五年の『共同体の基礎理論』（大塚一九五五（一九六九）、三頁以下）は巨大な影響力を誇った。いよいよ肝腎なところにメスが入るか？ところが読者はそこで、マルクスのテクストから抽出されたという「アジア的共同体↓古典古代的共同体↓ゲルマン的共同体↓資本主義」という何とも筋悪くこねくり回された図式しか与えられないのである。壮大な歴史的ないし歴史主義的図式である（大塚は「悠久な」という「大東亜」譲りの形容詞を多用する）が、歴史的事実はいちいちマルクス（それに次いでマックス・ウェーバー）のテクストを典拠として示される（?!）。ぼた餅を魚屋に注文するようなものである（ちなみに初期マルクスがローマについてニーブーアを典拠としたことなど、当時でも分析は進んでいたはずである）。「ゲルマン」を見れば「また来たか」としか言いようがないが、内容が薄っぺらになるのは、これら「共同体」が要するに資本主義でないということしか言わないからである。「経済外的強制」や「緊縛」が残っていたのだが、これを商品生産が少しずつ「弛緩」、「分解」させ、ついに資本主義に至る、という恐るべき単純さがテクストを支配している。マルクスがこうした図式を掲げた時の問題設定とそこに潜んだ弱点は全然意識されていない。マルクスにとっては、

「共同体」は、確かに資本主義がそこから人々を解放したはずのそのものでもあるが、その資本主義が実は新しい抑圧をもたらした、と切り返す際に帰るところを秘かに指示してもいた、のである。ヨリ高次の「共同体（Gemeinde）」を構想したとさえ言いうるのである。この切り返しは面白いが、この切り返し自体をヘーゲル風に装飾して失敗した点をおくとしても、ロマン主義的な曖昧さと混乱の堰を切ったということも意味し、マルクス主義が禍根を遺すことに大いに貢献したのである。大塚はこうした点を一切顧慮しない。否、こうした点をおくとしても、彼が典拠吟味の手続を欠いて議論を組み立てたことは明白である。だからこそ大塚は、ロマン主義の始原理想化に発しマイセンを経由してマックス・ウェーバーに流れ込む農業共同体イメージで「ゲルマン的」の部分を覆い、（ウェーバーには固有の動機があり、博士論文『ローマ農業史』で実証主義批判の梃子にマイセンを使ってテオドール・モムゼンを激怒させたほどであったが、そうしたことも無視して）ウェーバーの問題設定も汲まず、ただその限りでマルクスをも裏切る。この二人を混ぜ合わせる、或いは凡そ混ざり合わないものを混ぜ合わせて吐き気を催す食品を創作する、その手本と大塚はなったのである。クリティックを犠牲にして提出されるのは、とにかく伝統社会から脱出しなさいという命法のみである。内容のないスローガンである。そこに問題があるのならば、そこを念入りに分析しなければならない。しかし与えられたのは看板のような「共同体」の画像であった。

　実は大塚の処方箋にはもう一つの柱があった。「共同体論」は資本主義による解放の手放しの謳歌という側面がある。しかしそれより前の『近代化の人間的基礎』（一九四八年）で、大塚は真の資本主義を説いていた。今度はウェーバーの「エートス」が全面的に採用される。「ルネッサンス的自由」

と「ピューリタン的自由」を対比し、思い切ったことに、前者を「前期資本」、「商業資本」に対応させ、後者を真の資本主義、産業資本、に対応させる。そのあまり、一七世紀オランダに乗り込み、寛容派を（したがって論理的にはスピノザも？）旧体制に妥協的な曖昧資本の立場とし、原理主義的カルヴァン派を推奨する。かくして、われわれは大塚から倫理的厳格主義を説教されることとなる。ロビンソンを見習い、偉人伝なかんずく『フランクリン自伝』を読まなければならない。校長先生の朝礼の訓示ほどありがたいものはない。しかし、「真の資本主義」を説きたければ経済学的タームで述べるべきであろう。なるほど、アダム・スミス以来、経済社会はモラル・フィロソフィーで持つ。しかしそのモラル・フィロソフィーは単純な人格主義ではありえない。大塚は明らかに既に戦後経済社会の曖昧な利益調整と歩調を合わせている。それはまた与次郎を吸収した「協調体」の後継でもあった。藤田省三が与次郎残存に切り込んで少しだけ返り血を浴びたとすれば、大塚久雄は与次郎吸収の側にどっぷり浸かったのである。だから、藤田が惜しいところでクリティックを欠いたとすれば、大塚は初めから全く欠いていた。

再確認すれば、クリティックは市民社会ないしそれをリードする知的階層に不可欠であった。市民社会とはクリティックを備えた人々が構成する社会であると定義できる。また、市民社会が地下から衝き上げてくるものに対して脆弱である点を考慮すれば、これをも省察しうるクリティックが求められた。まして、市民社会がないところにこれを構築するという場合には一層クリティックに敏感たらざるをえない。しかし、市民社会を説く当の大塚自身に、全くクリティックおよびこれを希求する姿勢が見られないのである。

5　実証主義の動向

一九世紀以降の標準クリティックは実証主義のそれであるから、二〇世紀の日本においてこれがどのような健康状態にあるか確かめることは知的状況を判定するために不可欠である。戦後期に関する史料として示唆的であるのは坂本太郎『日本の修史と史学』（一九五八年）である。坂本（一九〇一年生）は、皇国史観に被災した日本の歴史学を再建する任務を負っていた。その彼が日本の史学史を振り返るのである。大部分は近世以前に当てられる。長い前史の後、近世において初めて学問的な歴史叙述が現われた。明治以降、ランケのドイツ史学が入るが、しかし「アカデミズムの史学」は「国体」から受難を被る。そして「筆禍を恐れて、瑣事の考証に沈潜し」た[10]（坂本 一九五八、二五七頁）。他方、却って福沢諭吉や田口卯吉の「文明史体」とこれを受け継ぐ「ジャーナリズム史学」（さしずめ「フィロソフィック・ヒストリー」）が盛んになった。その後はマルクス主義史学が席巻し、さらに皇国史観が圧倒した。戦後はマルクス主義史学一辺倒となり、そこで坂本は「史学が経済学に従属しているような醜体は、そろそろやめなければなるまい」、「史学はその学問的独立をかちとることに骨折ってきた」と発言する（同書、二六二頁）。新井白石や国学者たち（特に伴信友）そして考証学を用いた者たちを評価しつつ、なお史料批判が不十分とする、或いは彼らのクリティックがどうしてもフィロロジカルないしアンティクアリアンになるという批判も行う、から、この「独立」は実証主義の確立を意味している。この観点からする限り明治以降はネガティヴで、近世以前の遺産に根を下ろしたかったのであろう。裏を返せば、この証言を信頼する限り、戦前期以前には実証主義は本当には存在しなかったのである、健康状態を問う以前に。

反射的に、戦後の意義の一つは、実証主義史学に初めて門が開かれた、ということである。もちろん、実証主義は歴史学と法学を柱とする。法学部の側には細々ながら実証主義の水脈が絶えなかったということをわれわれは前節で示唆した。そして法学部の側にも政治史や法制史として歴史学はあったのである。ただ、歴史学プロパー、(それはどうしても日本史学になるが、その)日本史学、において実証主義がようやく到来したということの意義は大きい。確かに、坂本には井上光貞(一九一七年生)ら一群の歴史学者が続いた。彼らは実証主義という水準に到達したであろうか? クリティックの問題は古代史において鮮烈に現われるから、引き続き井上光貞を最良の例として分析することがよいであろう。一九五六年の「帝紀からみた葛城氏」(井上光貞 一九五六(一九八五)、二九頁以下)を見てみよう。

確かにここには「記紀批判」という形における史料批判がある。帝紀と旧辞という「史料の史料」の分析がある。ジェネアロジーである帝紀を(儀礼に密接であるため)相対的に信頼できるとし、「帝紀部分」の「倭の五王」関連で皇統の外戚たる位置をコンスタントに占める葛城氏は実在した、と結論付ける。物部・大伴といった軍事系直属氏族(皇統内婚)によって取って替わられる前の同盟関係豪族であった、というのである。金石文との間の定型表現の一貫、大陸側の記事との一致、など「外側の」史料によって五世紀の「倭の五王」実在を論証する、その延長に葛城氏の実在を置くのである。われわれは実証主義をほぼ見ていると言える。ただし、それにしてはおかしな点がある。確かに史料の史料が想定されるが、史料と「史料の史料」の間の性質の差ないし由来の経過ないし落差が極小化されているため、実質一個のテクストを扱っているに等しい。また、金石文を扱っても、これに対する独自の史料批判がなく、考古史料が性質を異にするという落差も利用されていない。文言を一列にフィロロジカルに扱うのみである。大陸側の史料は流石に国際関係の緊張の中において扱われるが、しかし論文は、「史料の言説が事実を記述している」という単一平面を暗黙裏に設定する。記紀の伝承批判も単一平面言説を特定するためになされるのみである。いちいちそれぞれが何をソースとしたのかという考察は行わない。そもそも、現存史料の外ないし地下に広大な空間を留保する、という面が薄い。実証主義はその広大な空間をいきなり考察するのではなく、そこに未知の史料Xを置いて操作していくのであった。だからこそ、出来事の平面とは異なる規範的な要素、構造的な要素、に関心を集中させる。ここから現存史料の解釈においても緊張が生ずる。

畢竟、井上論文に見出されるのは、大いに健全な実証的な研究ではあるが、そのクリティックは総体的にアンティクアリアンな性質のものであり、しかも実証主義におけるのと異なって、アンティクアリアニズムを突き詰めて使うということはない。金石文を史料とする場合に、いきなりテクストを扱い、モルフォロジーなどアンティクアリアニズム固有のクリティックを前提することがない。クリティックは全体として単一平面へと単純化されているのである。以上の傾向は、緩やかに市民社会が浮上しながらも、しかし政治システムとの鋭い緊張の上に立つという自律性はなお脆弱であった、ということに対応しているように思われる。

法学部の歴史学の方に話は飛ぶが、原田慶吉（一九〇三年生）は緻密な実証主義者であった。戦前は、（ゲルマン法礼賛の）ナツィスがローマ法を「資本主義的」「ユダヤ的」（!?）とした（カーザーやヴィーアッカーはローマ法が如何にゲルマン法以上にゲルマン的かを論証する論文を書いた）中で苦しみ、戦後は（同じく「資本主義的」故に攻撃する）マルクス主義の前で考え込んだ。[11] 戦後（例えば仁井田陞（一九〇四年生）や福島正夫（一九〇六年生）が君臨する中国法制史という分野の）同じ状況を若い滋賀秀三（一九二一年生）は苦しんだと思われる。[12] つまり実証主義の側は強い学問的な意義をあらためて発見しなければならない状況に置かれていたのである。実際、一九世紀末から実証主義の意義は世紀半ばにおけるそれとは異なるものになっていた。テオドール・モムゼンを念頭に置けばすぐにわかる。丸山眞男は横田喜三郎を評して、頑固な実証主義も前提的政治的価値判断の問題を括弧に括っているのだから、そこに脆さがある、と予言した。しかし偽の政治性に一切棹ささないという高度な政治性をその孤高が支える、という側面もあるのである。モムゼンはドイツでは直ちに不評であったが、フランスでは今でも非常に尊重される（『ローマ国法』の仏訳は独立の意義を有する）。同じことはケルゼンについても言うことができる。そうした独立ないし自律の哲学的意味をもケルゼンは探究した。こうした独立は、しかし、モデルつまり概念の側をどれだけ研ぎ澄ましうるか、他方史料をどこまで厳密かつ網羅的に操作しうるか、そしてこの二つの平面を如何に混ぜないか、そうした判断の緊張感、に懸かっている。こういう訓練は法律家が受けるものであり、したがってモデルの位置に法学的概念を置くときに切れ味が出やすい。その際、洗練された法学的訓練を受けていることが条件になる。もちろん、歴史学プロパーはこれ以外の観点をも総合しなければならないから、ハードルは一層高い。

がしかし、このハードルをクリアしなければ、実証主義の意義は存在しない。

天真爛漫に見えて石井良助（一九〇七年生）は市民社会の自律性を意図的にねらい、そして実証主義を体得した、と言うことができる。石井は既に一九三八年の『中世武家不動産訴訟法の研究』によってその方法を確立していたが、一九五二年の『日本不動産占有論』を通じてわれわれは彼の問題設定を明確に知りうる。これは鎌倉時代の「知行」概念＝制度の分析であるが、まず、「由緒あり」と主張すれば、そうであろうとなかろうと、判決まではその「知行」は効力を有する、点に石井は着目する。他方、そうした「知行」でも「所務」（経営・果実収取の実態）が欠ければ無効となる。鎌倉幕府の裁判制度においてこのような「知行」の要件と効果が意識されていたということを史料上の言葉遣いの中に確認できる以上は、この「知行」は占有である、と石井は判定する。これに対して、南北朝期から室町時代にかけて次第に「知行」は実力支配に合わせて「簡単に整理」（石井良助 一九五二、一八五頁）されるようになる。「所務」ないし（同義の）「職」を「知行」するのではなく、田畑を端的に「知行」するなどと言われるようになる。石井は、その認証に「政治的な考慮をも含めていたのは疑いない」（同頁）と述べ、奇跡的に（或いは思わず滑って）自身の関心を明かす。つまり根底に丸山眞男と同じ問題設定がある。成り行きが正当化し、これが次の成り行きを押しつける、という事象を批判的に見て、まずは事実と正統性が峻別される契機を発見しようとする。かつ、正統性が権威主義的に与えられるのでもいけないから、事実の中に自律的な評価の基準があり、これが正統性の基礎となる、というのでなければならない、という。これが占有という判断次元の独立である。このような媒介項が市民社会の自立を支えるという稀な洞察を石井の実証主義は伴っているのである。石井はちょうどモムゼンのように実証主義の史料学的基礎そのものを築いたと言われる。

石井が縦横無尽に史料を引く秘訣を知りたく思った片岡輝夫は、一体どのようなカードで史料を整理しているのか、と尋ねた。石井はこの質問に驚き、「そんなことを言ったって、そういう史料ならあそこにあると思って見ると、必ずあるんだね」と答えたそうである。[13] 記憶というものはアンティクアリアンのものではない。目録ないし物的手段を使うのがアンティクアリアンなのである。これに対して、石井が記憶するのは、記憶ならば脈絡の評価も込めうるからである。

だから、支配の封建的重畳に占有概念を見ただけではないか、という単純な批判は妥当しない。実際、石井は権原と占有の峻別が不完全であり、したがってローマの possessio には達せず、多分にゲルマン法の Gewere に近いが、しかし Gewere よりもヨリ一層二つの次元を区別できている、とする。もっとも、平安時代末にはまだ占有訴訟が独立せずに「知行」は原告被告の役割を割り振るのみである、という観察を不完全の論拠とするのは誤解であり、また、「由緒あり」の主張を許す点も、不徹底の証左であるというより、possessio civilis の iusta causa ヴァージョンである、と説明することも可能である。特に、占有回収の訴えに至らなかった点をローマの possessio に劣る点とするが、占有回収の訴えはなかなかに厄介な代物で、占有概念にとって異物とも見うる。つまり個々の判断の精度について疑問を呈することはできる。

しかし全体として（原田慶吉ないし片岡輝夫の意見に従ったか）Jörs-Kunkel-Wenger にローマ法理解を負ったことは画像精度を上げることに繋がっているし、「船田享二『羅馬法』第二巻は、二七四頁においては、公有地保護説によられているが、二七七頁では、占有保持の訴について、本権訴訟の準備的意義を有するものとして、発生したものとされている」（同書、二五二頁、註45）などと（船田の特徴をよく捉える）さりげない（石井が口頭ではしばしば見せた、子供の天真爛漫が不透明をあっさり切るような）皮肉を洩らす場面もある。要するにクリティックは確かなのである。これを崩すには、社会構造全体を大きく脈絡として採るだけでなく、その観点からして石井が摘出した区別はなお精度が低いということと、にもかかわらず何故この時期だけに区別の影が現われたのか、それは何か可能性のあるものであったのかなかったのか、等々を明らかにしなければならない。そのためには、実証主義を超えるクリティックの装備を準備する必要がある。

実証主義のもう一つの柱たる法律学そのものにおいて実証主義はどうであったか？　美濃部や横田がとにもかくにも命脈を繋いできていた。しかし中枢は（クリティックの直接の苗床が市民社会だから）民法学でなければならず、それはまた（この歴史的脈絡の場合）一九世紀ドイツのそれでなければならず、すると自動的にローマ法学を基盤にすることになり、一八世紀以前の分厚い蓄積をもマスターしていなければならないこととなる。しかしこうした基盤は全く存在せず、戦前期には肝腎の民法学で実証主義が立ち上がらなかった、ということを既に述べた。仕方がないことであったとは全く言えない。梅謙次郎がリヨンでものにしたテーズは今でもローマ法学内で引用される水準を有するから、立派な反証になる。さて、戦後期にはようやく実証主義的クリティックが日の目を見たか？

川島武宜（一九〇九年生）はしばしば戦後期を代表する法学者のように言われるが、彼が説いた「近代」も「市民社会」も著しく内実を欠いていた。「観念的絶対的」な「近代的所有権」を掲げた『所有権法の理論』（一九四九年）は戦後期に大変に読まれた。川島自身が申告するように、平野義太郎の影響を受けて（川島 一九八七、「解題」三一六頁）戦時中に行った特別講義が元となっているのであるが、なるほど、まさに平野流に、極めて粗雑な図式の提示に終わっている。マルクス主義の思考に形ばかり依拠して「近代的所有権」を資本の形態などに関連付けるが、川島は複雑な成層を持った所有権概念を扱うために必要なローマ法学の素養を全く持たず、したがって市民社会と所有権との間の微妙な関係に説き及ぶべくもない。日本民法典からマルクスのテクストまで雑多なものを典拠に引くが、もうそれだけで途方もない混乱が保証されるに等しい。

川島は、「法社会学」を基礎付けたとも言われるが、『著作集』から判断する限り、本格的なフィールド・ワークはしていないと思われる。二次文献を繋いで図式を作るものが多い。例えば一九五四年の「農村の身分階層制」（川島 一九五四（一九八二）、二五二頁以下）にしても、若干の調査を素材として「講座派」的イメージの地主小作関係を素朴な社会人類学概念で色づけしたようなものになっている。またしても平野義太郎（ただし彼の戦後の調査）に大きく依拠している。だから農地改革後の地主＝農村有力者の権力基盤を（農地は分配されたから）山林に見たりする。ここでも、農地改革の効果はどうか、ということが関心であるが、実は川島の助手論文以来の手法は非常に単純な機能主義であり、社会統制（経済統制）からマルクス主義を経て晩年の行動理論に至るまで外被は変化するものの、この機能主義はコンスタントであった。つまり法による社会統制の実効性が彼の関心だったのである（彼にとって「近代」は紀律化のことである）。最終的機能が同じならば訴権を複数組み上げる必要などない、というような（プロセスこそが市民社会を紡ぐのにこれを無視する）身も蓋もない議論を得意とした。この点では戦後一世を風靡した三ケ月章の「国家による紛争の一回的解決」ないし「紛争解決理論」も軌を一にするところである。例えば商的ロジックを明快に貫き実務や学説傾向を鋭く刺す鈴木竹雄の戦前の作品、例えば問屋に関する研究、などと比較すればはっきりわかるが、川島らの方法は実証主義ながらその緊張を失った性質のものであった。

戦後の日本の民法学は、むしろ戦時体制に起源を有する川島の方向とは反対に動く。来栖三郎の問題提起に発し、「法解釈論争」を経て、法の解釈は価値判断に基づく実践的な行為であるとされるに至る。川島はむしろこの「発見」を「科学性」の観点からする解釈学批判へ持っていくが、有力な方向は、「価値判断」を「利益衡量」に置き換えた上で、解釈の選択肢がそれぞれどのような利益を保護することになるのか明らかにすること、そして結論においてそれらの利益を「調節し」、「調和」させること（星野 一九六八（一九七〇）、二五頁）、を目指すようになる。この立場が戦後の法律学全体を大きく決定付けた。つまり利益団体多元主義デモクラシーの調整役を法律学はそのレゾン・デトルとしたのである。後期イェーリング以来利益思考は実証主義の別名であるし、利益調整は政治的リベラリズムの生命であった。市民社会ないし自律的な経済社会が尽きたところで政治的調整の出番となったのであった。例えば個別的な立法。それでも、民法のような自律性の基盤を担う制度群は政治過程から完全に切り離された観念体系によって社会を媒介しなければならない。ところがそうした基底部に利益調整が入り込んで来てしまったのである。

確かに「概念法学」批判には一理あった。一九世紀ドイツのローマ法学の装備がどこまで妥当するかという問題があった（そもそもフランス流の民法典と合っていなかった）。かつ日本ではこれをよく理解せずに輸入するということがあった。しかしだからと言って精緻な法律構成がなくてよいということとにはならない。規範を社会的現実と鋭く対峙させ、なおかつその現実をぎりぎり枠付けるのである。例えば、人権は何が何でも保障しなければならない、しかし被害者の仮面をかぶった抑圧者の自由を保障してはならない、というディレンマ。調整している場合ではない。瞬時に自動的に識別しうる基準を精密な言語で用意しなければならない。ところが利益衡量論は（アプリオリな緊急性を意味する）人権を司る憲法にさえ及んだ。多元主義システムは出来上がったが、（人権の住む）裾野の市民社会は手つかずのままという、戦後の状況に相応しく、司法と法律学は、（個人の敵である）団体にこそ（個人には冷たいくせに、個人に固有のものである）人権を認めたりなどしたのである（集団のメカニズム跋扈が市民社会形成を阻害しているというのに）。利益衡量論も一種の実証主義であることを私は疑わない。まずは解釈のその選択肢が如何なる利益に奉仕することになるのか認識するというのは一個の前提的吟味である。「概念法学」の蒙昧に対して、或いは川島流の機能主義についてさえ、或る種のクリティックを復元した、と言える。しかし規範を現実に合わせるようでは、例えば取引の実態（という利益）に合わせて民法の強行規定を故意に無視する（それで調和を達成する）が如きは、横田喜三郎が「どういう理由を持ち出そうと満州事変は国際法違反である」と言ったときの実証主義の実質、つまりそのクリティック、は失われるのである。

それは諸々の利益の中で絶対のものを措定することだろう、と言う人があるかもしれない。しかし、利益というタームで思考した途端、団体と団体の駆け引きに巻き込まれる。しかるに市民社会は個人の自由を（どんなに複雑でも、否、複雑に積み上がった、しかし）一義的で明快なクライティアリアによって保障するところのものなのである。この保障は、市民社会と法の場合には、前段のクリティックが後段（調整）に進ませないというアプリオリによって実効化される。戦後の法律学は多元主義システムを支えるべく一定の役割を一定のクリティックによって果たしたが、二段階の厳密な手続的区分を構築できずに見当はずれなクリティックをしてしまったことになる。このことはわれわれが想定する戦後日本の社会構造に鮮やかに対応する。

6　戦後日本のマルクス主義とクリティック不全の間の関係

戦後の知的世界をマルクス主義に代表させるのは明白な誤りであり、マルクス主義は特定の（閉鎖的な）知的社会圏で覇権を有したにすぎない。しかし他方、それへの反発や、そこからスタートして後に転向した場合を含めれば、或いは、丸山眞男が凡そ社会科学的思考を日本にもたらしたとするような間接的な影響を含めれば、これを無視することはできない。しかも以下に述べるように、戦後日本のマルクス主義はクリティック不全の一つの大きな要因を成し、その余波は今でも残る。

そもそもカール・マルクスはクリティックに関する限り独自の功績を遺さなかった。ただし、イギリスの労働者に関するデータをもとに実証主義的分析を行ったり、『ルイ・ボナパルトのブリュメール一八日』などで実証主義的な社会構造分析を展開したり、することはできた。そのうえ、社会的現実の総体を突き放して捉えるという思考そのもの、そしてまたそのための梃子、を提示して大きな刺激を与えたことは重要な功績である。原クリティックの原点を共有しているのである。他方、パンフレット類では（運動のためのものであるから、当たり前だが）著しくクリティックに欠け、（私はどちらかと言えばノート・草稿の類いが多いと思うが）ヘーゲルの何とも奇っ怪なロジックや図式的な歴史主義を反映した部分では反クリティックでさえあった。マルクスが政治・デモクラシー・法に関する西ヨーロッパの伝統に立っていないとは私は思わない。しかし、しばしば指摘されるように、この方面についての理論を全く持たないのである。

マルクス個人と「マルクス主義」を区別したとして、後者に属するテクストはなお一層クリティックに欠ける、のも仕方がないかもしれない。なお一層結局は運動のためのものであり、そしてその運動は政治・デモクラシー・市民社会を解体することを目的とした。いずれにせよクリティックはデモクラシー・市民社会のコロラリーであるから、マルクス主義は、市民社会の弱点を鋭く直感したとしても、概して、市民社会の基礎を真剣に考えるべくクリティックの問題を厳密に意識したり新しいクリティックを模索したりということはなかった。もっとも、西ヨーロッパのマルクス主義者はこの限りでなかった、ということは付け加えておく必要がある。初期の経済学・経済史研究の他、理論家としてグラムシ、歴史家としてモーゼス・フィンリー、などを簡単に挙げることができる。しかし他方、西ヨーロッパ的知的伝統が弱い地域にマルクス主義が入った場合、クリティック不全を極限にまでもたらす潜在的可能性が現われたことも疑いない。

さて、戦後日本のマルクス主義の知的資質はどうであったか？『講座歴史』第一巻「国民と歴史」（一九五六年）は少なくとも一つのアスペクトを見通すために貴重な史料である。特にそこに収められた石母田正「歴史科学と唯物論」（石母田 一九五六、一頁以下）は、もちろん『中世的世界の形成』の石母田（一九一二年生）が決して凡庸な歴史家でないだけに、その彼にこのような文章を書かせる環境というものを衝撃的に映し出している。書物自体、当初の構想を土壇場で大きく変更せざるをえなかった混乱を至るところで弁解している。石母田によると、一九五五年の「六全協の決議」が「まだ切迫した革命的情勢のないことを確認し」たという（同書、一五頁）。一個の政治組織が方針を変更するのは普通のことである。状況の認識を誤ったということを認めるのもそうである。しかし異常であるのは、歴史学者たちがその結果刊行間近の書物のテクスト内容をどたばたと変更しなければならず、一人一人それまでの自分の仕事に「自己批判」を加えなければならなかった、という事実である。地域や職場に入って地域史や自分史を書く運動にたずさわった人々がその自分たちの活動を猛批判する。石母田もこれとパラレルに『歴史と民族の発見』および『続 歴史と民族の発見』（一九五二—五三年）を発表していた。

これらの論文集において最も注目すべきは一九五〇年の「歴史学の方法についての感想」（石母田一九五〇（一九八九）、五七頁以下）であろう。マルクス主義史学は実証的でない、という批判に反論するもので、「史学概論」で説かれるプロトコルに従っていれば科学的で客観的だなどとは言えないとし、むしろマルクス主義こそが真の実証作業を実践してきたとする。実証主義は「民衆の生活意識、その複雑な連関と表現」（同書、六四頁）に入っていけないではないか、というのである。注目すべきことに、石母田は、「福本イズム」をも挙げながら、「現実の豊富な事実の分析からでなく、概念や範疇や定式のなかにそれを化骨させるような思弁的思考方法を克服することができず、……転化し運動する現実を範疇の組合せ」（同書、六九頁）に還元する場合があったことを認める。それどころか、この文章は、実証主義批判ではなく、マルクス主義内部の観念的傾向を批判することを主要目的とするのではないかとさえ思える。「死せる教義への堕落」の批判こそが「民衆の生活意識」を掲げる趣旨なのである。

もちろん、立論は非常にナイッフである。しかし生き生きとしている。石母田はまさにこれを一九五六年に自己批判したのである。一応実証的客観的のつもりだったが、史的唯物論の意味の客観性には到達していなかった、と反省し、ただの（ブルジョア的意味の？）客観性と「科学」的客観性の間の違いをマルクス・エンゲルス・レーニンを引いて盛んに説明する。もちろん、論拠となるといきなり彼らのテクストを引いて済ます、という呆れる没知性は凡そ歴史学者に似つかわしくない。もっとも、藤間生大の論文などは、ここにスターリンのテクストとソ連共産党「国定歴史教科書」を置くので、それに比べると学問的内容の最低限を失ってはいない。それでも、未来永劫消すことができないこのようなテクストを遺すことに躊躇を覚えなかったのか？　いずれにせよ、一九六三年の「古代の身分秩序」（石母田 一九六三（一九八九）、三五頁以下）は既に、確かに史料操作に欠けはしないものの、図式がヒットする史料のみを取り出して平板な像を提出する、という結果に終わっている。マルクスの断片から（同書、七三頁）、首長と人員が直結的従属関係に立つ「共同体の形態」を抽出し、「生産様式」に由来する「階級性」が（首長制が「二次的に」成長し）身分制になっている（具体的には「カバネ」の制度を発展させた）のが日本の「古代国家」であるというのである。『中世的世界の形成』のあの包括的な史料批判・史料分析はどこへ行ってしまったのか？　古代は奴隷制でなければならず、「アジア的生産様式」は「王土王民」でなければならない、というので「良人＝王民共同体」という摩訶不思議なものをつまみ食い式史料操作によって基礎付けた。石母田は大まじめであり、以後社会人類学まで参照しながら首長制論に依拠しつつ古代史を書いていった、ことは周知の事実である。

この一件は偶発的なものではない。とりわけ歴史学においては、まるでオデュッセウスがスケリアを去る時にそのスケリアが厚い壁に閉ざされたように、議論をしても権威的な最終論拠というものが現われればそれで万事休すとなる、そうした状況が以後持続したのである。この権威主義的論拠付けは人的組織のハイアーラーキーとパラレルであった。彼らは非常にしばしば（歴史学者であるのに）文字通り集団で仕事をした。集団は（彼らの党組織よろしく）エージ・グループを伴っていた。つまりモアティエ軍事化形態（部族が戦闘のために通過儀礼を介して取る半族編成）である。それが全国学会に持ち込まれた（スポーツの育成組織ではあるまいし、学問は年齢に関係ない！　と思うのに、すぐに「若手何々」とかと言いだし、それで論文集を編んだりする）。次いで、大学の中に一定のコーポラティスティックな単位を築いた。つまり立場によっては、若い研究者がこの通路によってしか集団的な出版企画に参加しえず、また大学のポストを得られなくなる、事態が生じうるのである。

社会の中の極めて狭いニッチにおいてではあるが、このような現実が存在した、ということの意味を探らなければならない。まず、歴史学者の議論においてさえ、論拠を付すところまではむしろ要求するが、その論拠を問うたり吟味したりすることは許さない、つまりはそこに特権的な権威を持つ論拠を据えるという公準が規律するようになった、ということである。次に、この体制は一九五五年を境にして確立された可能性がある、ということである。石母田の「自己批判」はこのことを示唆する。なるほど、戦前のマルクス主義もそうした思考様式と無縁ではなかったが、歴史学者は荒削りではあっても激しく論争をしていた。没クリティックであったとしても、論争することを妨げられてはいなかった。しかし戦後期には徐々にクリティックを意識的に、しかし暗黙の内に、排除する言語空間を歴史学者たちが形成するようになる。そして、クリティックの一つの中心的な担い手である歴史学全体を相対的にリードしたのである。

したがってこの場合も、(この人々が) クリティック不全 (に貢献したそ) の理由は、(この人々が構成した) 多元主義単位ブロック内部の暗闇 (この場合は紀律) であった。戦前ないし一九五五年以前のマルクス主義は、丸山眞男が自分の同時代史のこととして振り返るように、ひどく一様で包括的な日本社会の価値観から離脱しようとするときに最も普遍的に見える対抗的価値体系を提供するものであった。個人が自己の属する社会に対するこの種の緊張関係に立つときにマルクス主義が梃子になった、ことがよかったかどうか、わからない (西ヨーロッパの主軸の知的伝統であればよかったのに、と私は思う) が、産業化が急激に進む中で他の選択肢はなかったであろう。知識層が一九二〇年代にこぞってマルクス主義に傾倒したことにはもちろん理由があった。戦後もしばらくはそうであったかもしれない。しかし一九五五年以降は違うのである。マルクス主義を掲げる組織が多元ブロックの一つに収まった。逆説的ながら、だから「対抗的に一元的」ではなくなった。内部に対してのみ一元的で、かつ内部に「レシプロシテを抱えない」(ことを標榜する、しかし実はレシプロシテの一つのヴァージョンである) 極を代弁することになる。論拠を真剣に批判するということを遮って組織が成り立つ以上、その内部ではクリティックが成長しないばかりか衰弱する。こうやってわれわれはここでも、クリティック不全の原因が様々であり、しかし個々的にそれを特定できる、という見通しを再確認しうるのである。

7　戦後「アジア主義」の両義性

与次郎は論理を飛躍させるときに「日本」を持ち出した。与次郎は大陸に渡り、そこから逆襲するときに「アジア」を掲げた。例の信用の一元マシーンに投機的に挑みかかるとき、その一元マシーンを「西洋」が占めているように見えた。実際には一元マシーン自体「西洋」に殴り込みをかけるという意識によって成り立っていたから、「日本」は或る意味で初めから装備されていたが、あらためて「日本」を楯にとって恫喝することはそのマシーンに食い込むために有効であったし、与次郎が二次的に、一旦「日本」を含んで出来上がったマシーンに落とし前を付けさせようとするときには、当然（大陸を侵略しながらなお、「日本」と対立せずこれと連続的な）さらに外の「アジア」がポラリテの極として効果的であった。そして、「日本」＝「アジア」の和合は、与次郎が最初にマシーンの果実享受体に収まったとき（和辻など）に既に始まっていた。戦時中は与次郎がマシーン中枢を占めるから、「日本」も「アジア」も挑戦の符号ではなく、中枢自体のナンバープレートであった。

このようなわけで、「アジア」も「日本」もそこでクリティックが消え去る論拠空間を指し示す符号、つまり直ちに作用を呼び出す（指示プロセスに分節がなく、また分節的コードも持たない）タイプの記号、であった。仮想の地理的概念であるが、単純なポラリテで成り立ち、これを切る両極（西洋／東洋ないし日本）は、切り出されるや否や、しかし他の対抗に立たず、いきなり右の作用に流用されるのである。われわれは与次郎が跳ねるときにクリティックが吹き飛ぶ、という仮説の上に叙述をしつつある。与次郎（複数形）の言説においてこの符号は論理的関係なしにいきなり現われ、そして推論と反論の可能性を断ち切る。

一元マシーンが首ハネされた戦後には、しかし、この符号に如何なる余地も残されていないのではないか？　ところが実際には、生き延びたのである。すると問題は、どこに何故生き延びたか、である。これを調査する作業ももちろん本書の手に余る。しかし幸い、この場合も一点で多くのことを見通しうる絶好の観測点がある。戦後の「アジア主義」を代表すると同時に（以下に見るように）例外的でもあった竹内好（一九一〇年生）のテクストがそれである。

自らの伝記的事実をパラボレーに加工して、竹内は中国に関心を持つに至るきっかけを以下のように描く（竹内 一九六〇（一九八一）、九二頁）。初めて大陸を訪れた際、北京に行ったとたんに「潜在していた自分の夢にぶつかった気がした」、「そこにいる人間が自分と非常に近い感じがした」、「自分と同じような考えをもっているらしい人間がいるということに感動した」のである。欧米に行けば「自分たちより優れた人間がいるという感じをもつのじゃないかと思う」とも書いている。[14] 竹内の言うことははっきりしており、要するに、日本社会は「欧米」を目標にして内部でどちらが優れているかとギスギス世知辛くイガミ合っている。当時（一九三〇年代初頭？）の北京でこの文脈から完全に解放された感じがしたのである。いずれにせよ、「欧米」に繋がる「日本」と「アジア」ないし中国は切断された。

もちろん、日本もその「アジア」に属するべきであるという主張は彼自身によって繰り返しなされていくし、また「アジアの複数の近代化モデル」などということも言われるから、近代化さえ拒否されていない。かくして切断の真の内容は、人々の生活空間とあの例のマシーンの引きはがしである。つまり例の首ハネの別の表現として、「欧米」に繋がる「日本」が切り落とされ、反射的に「アジア」が浮上したのである。かつ切り落としの帰結は、彼にとっては、マシーンに取って替わった多元主義システムではなく、その下に広がる生活空間でなければならなかった。竹内の明晰さは全てこの見事な切り分けに由来する。

そこから彼は、「アジア主義」の系譜を辿り（竹内 一九六三（一九八〇）、九四頁以下）、明治初期には真正の「アジアとの連帯」という動機も混ざっていたが、やがて日本の大陸征服の推進力となっていく、という経過を的確に分析した。この識別はもちろん「アジア」＝「日本」切断から来る。とりわけ、平野義太郎については一項目を設けてまで名指しで批判する。テクストの意図的な誤読に対して「史料の偽造」という語を用い、「堕落」を言い、立場の「再転、三転」を言い、「そして、かつての大アジア主義は、平和主義とＡＡ連帯に塗りかえられた」と言うことも忘れない。第一に、「アジア主義」と「日本主義」の間で意識を混濁させることを痛烈に攻撃し、そして第二に、それがぬるぬると戦後の「アジア主義」に化け、平気な顔をしている、ことを糾弾しているのである。戦後の平野は再びマルクス主義のブロックにちゃっかり位置を占めている。裏を返せば、例のクリティック停止サインの生息地の一つはマルクス主義ブロックであった。竹内はこれを見逃さないのである。

竹内好は極めて例外的にクリティックを欠かさない知性の持ち主である。例えば一九六六年の「学者の責任について」（竹内 一九六六（一九八〇）、二四五頁以下）にそのことがよく表われている。マルクス主義のブロックに属する歴史家が、党派性はよいとして（まさに「責任」）、党派性のために正しくない仕方でテクストを操作することを厳しく批判する。同様のことを「実証主義」の側の歴史家もする、と付け加えて公平を期す徹底ぶりである。そのクリティックは基本的に書誌学ないし「文献考証」のそれである（同書、二六六頁）。竹内が「歴史家は文献の読み方が甘い」、「歴史家の間では、史料の価値順位が他律的に決められているらしい」（同書、二七一頁）、などと言うとき、日本の実証主義が（「歴史学の眼目である「事実」の確定さえできぬではないか」）必要なアンティクアリアニズムの基礎を欠いていることを指摘していると解される。このような認識に到達しえたのは、右に述べた切断の功績である。

ただし、歴史学も実証主義も対岸に見ているにすぎない。自らこれに従事するつもりはない。彼のクリティックは、彼が論争を楽しむ際に、その論争のプロトコルとして遵守すべきテクストの扱いがある、というレヴェルのものである。つまり論議の単一の審級における手続に関わるのである。その意味で、少し特殊であるが、アンティクアリアニズムに属する。これは、彼が求心的な焦点を切り落としてもっぱら遠心的に生活空間に付着することと関係している。その姿勢が本物である分、クリティックが冴え、どこか収集家風の日本の考証学にはない水準に至っているのである。

だから、竹内は日本の社会の現実にも中国社会のそれにも、決して肉薄しない。それは明らかに、多元主義システム裾野に拠って立つという彼の動機と、この動機をドライヴする中国社会への視点の移動、の間の距離と関係している。北京に降り立ったときの親近感がクリティックを欠いていたことも関係する。多元割拠の極たるマルクス主義陣営に対する批判が鋭い反面、民族主義一般にも中国の新しい体制にも同じだけの鋭利な視線が向けられるということはないのである。「アジア」自体依然全く茫漠としている。そこに日本が入るかどうかという的外れな問題を考えている。何よりも、「大東亜戦争」には「反帝国主義戦争」としての意義もあったという解釈[15]（竹内 一九五九（一九八〇）、三三頁）がどこから出てくるのか、呆れる以外にない。日米戦争開戦時に全ての知識人が覚えたという爽快感を、根拠のないものとしながらなお、「欧米」の帝国主義による抑圧に対してついに立ち上がった際の当然の陶酔として理解する。自分で創り出した一元マシーンの桎梏と行き詰まりに自分で苦しみ自暴自棄になった、その解放感にすぎないのではないか？　自分が大陸で蛮行を繰り返したのも欧米のせいだ、というのは全く通らない（反抗期の五歳児のような）理屈である。このことを十分に承知しながらなお、その時の気持ちはそのように解しうる（「当事者の気持ちになって考えろ」）、というのは歴史学的認識としては虚偽である。実際首尾一貫しない一時的な心理状態にすぎなかったと思われるから、そうした社会現象として分析されなければならない。「欧米」とも「帝国主義」とも「アジア」とも関係ない。

竹内のクリティックのこうした脆弱性は、戦後日本の多元主義システムが抱える欠陥と深く関係している。つまり市民社会ないし経済社会（竹内の言う「生活」の側）がきっちり分節的に形成されないために、クリティックが離陸しない。まして竹内は、丸山眞男と同じように、この「離陸しない」を解析する最新鋭のクリティックを考案しなければならなかった。丸山はこれに挑戦したが、竹内は

(原クリティックのレヴェルの視点のダイナミズムから無意識的に接近してはいるが)少なくとも自覚的には追究しなかった。

かくして、竹内と関係するわけではないが、しかし彼の立つ位置から観測できる、にもかかわらず彼はメスを入れようとしなかった、点として、以下の二点を付け加えることができる。まず第一に、利益調整システムにおいて最終的な和合を達成するためのミスティックな(神話化されたものが再現実化されて君臨する)存在を指示する符号として(アジア主義はともかく)日本主義の方は生き残っていた。具体的な調整はもちろん最初政治家、結局は官僚、が行う。しかし調整が付かないときに、力において優位に立つ者に和する(その中身は問わない)ことへと誘う多分に謎の存在が必要とされた。ここへ戦時体制の和合の遺産が滑り込んだのである。「心」のグループなどは多くここへ流れ込んだが、しかし隠然たる影響力を持つ影の存在も多数知られる。クリティックとは何の関係もないが、しかし竹内好が保田について「巫」と呼んだ、「お告げ」をもたらす役割であった。内容は何でもよかった。利益集団多元主義は、信用面での経済社会の自律を前提として、政治レヴェルでインフラ問題につき調整をするのである。ところが、既に述べたように、戦後日本の場合、信用供給自体を調整する。この未分節がこうした存在、そしてその周辺の「文化人」によるクッション、の必要をもたらしたのである。竹内は対岸にこれを発見してターゲットとすることができたはずである。

次に、竹内の「生活」の側に目を移すと、竹内がそこに潜む与次郎をどこまで見抜きえていたか? そこでの信用問題が頭を抱えざるをえない不透明、その帰結としての貧困、をもたらしていたはずである。しかし多元システムはこれについて一顧だにしない。これは当然不満や憤懣を生んでいた。マルクス主義の例のブロックやその他の「生活」運動もこれを基盤とした。後者について『戦後日本の思想』は的確に分析している。マルクス主義の基幹ブロックが後者を切り捨てる瞬間にはわれわれ自身立ち会った。竹内も石母田を評するに際して「六全協」前の彼に好感を示している。実際、多元主義の取り残した、或いは多元主義が犠牲にした、部分が突き動かして社会の基底部の透明性を促進し、市民社会形成の最有力推進力になっていった、としても不思議はなかった。しかし実際には徐々に、この不発の推進力は逆転ポトラッチの力に変身し、却って暗闘と不透明を増幅してしまう。その結果、知的には与次郎の温床となる。

そしておそらく多元主義システムが固まる頃、マルクス主義の基幹ブロックが一多元主義構成体に変身する中で、そして「生活」運動を切り捨てる段階で、これに反発する分子が学生運動をリードし始める。この新しい学生運動そのものを歴史学的に分析する仕事にはまだ誰も成功していない。しかし、あくまで本書の視角からする限り、それは与次郎伏在ないし与次郎再浮上の一経路であった。高校時代以来周囲にあった彼らについて持った私の感触は、純朴だが夢想的で全然当てにならないというものであった。それでいてしばしばぎらぎらした野心だけは光っていた。思考が雑で、深く考えることはなかった。すぐに行動に走り、乱暴であった。彼らの中の「理論家」が書く論説は読むに堪えない代物であった。その後知ることになるのは、彼らが無節操で簡単に豹変するということであった。リーダーたちはあからさまに立場を変えて権力にすり寄った。つまり、この学生運動に参加した若者は大いに与次郎であったことになる。中でも土着主義のウィングが彼らに似合った。現に皮相な「アジア主義者」（当時の中国における状況への共感者）もいた。彼らは何かそわそわ駆り立てられ、一暴れして目立ちたい、という雰囲気に満ちていた。極めていい加減な「思想家」を礼賛し、知的破壊を誇った。空疎で勇ましいスローガンを好んだ。彼らの知的破壊はしばしば物的破壊にさえなった。彼らは知的要素に対する憎悪に満ちていた。個人を尊重するどころか犠牲にして憚らなかった。与次郎たるに追い込まれて中枢に挑みかかる、というのではなく、与次郎したくともできないではないか、与次郎させろ、とわめくのである。だから与次郎を駆除した戦後知識層を標的とする。クリティックからこれほど遠い人々もなかなかお目にかかれない。

彼らのリーダーたちが早い時期から権力にすり寄ったというよく知られる事実は、明らかに、与次郎と「大陸浪人」を結ぶ線を先に延ばした地点に位置した。畢竟彼らは、裾野に広がる広大なニッチの闇(を問題とすべきであったにもかかわらず、その意識さえなく、そ)の中からそのまま抜け出してきたにすぎなかった。だからしばしば、文字通りその闇の中に棲息する分子と大いに意気投合した。この者たちは、これは少し後になるが、(妄想の中でそれぞれの分派に向かって暴力的ポトラッチをしかけ続ける以外に)権力中枢に形成されてくる利益調整の進化した形態の隊列に加わる。非常に面白いのは、ポスト戦後期において、これらの人々こそが知的空間を我が物顔でのし歩く、という事実である。権力中枢で活躍する他、実証主義批判の様々な試みに(これをクリティック否定と解して)何でも理解抜きに飛びつくのである。そして知的世界を商業主義に染める。PPWにおける知的崩壊を準備する役割は結局彼らに割り当てられる。

第Ⅳ章

ポスト戦後期Ⅰ（一九七〇―九五年）

はじめに

日本の経済が一九七三年に決定的な転換点を迎える、という点について大まかなコンセンサスがある。日本の社会そのものが一九七〇年代前半に節目を見出す、という点についても緩やかな一致が見られる。知的状況に関してもほぼそのように言えると思われる。もちろん、知的方面に関する限り一九七〇年代後半に新しい動向がはっきりするということがあり、他方、それならば既に一九六〇年代にその萌芽が見られる、ということもある。こうした複合的なクロノロジーを視野に入れつつ、一九七〇年をとりあえず始まりの目途として叙述する。

他方、終期であるが、一九九〇年代前半に経済の崩壊が明るみに出た。そして以下に述べるように、私は、一九七〇年代半ば以降から一九八〇年代一杯を崩壊ないし破壊過程として捉え、一九九〇年代に明るみに出たのはそれであると考える。対応するかのように、一九九五年を知的状況の転機とする論者が多少存在する。私は、こちらの方はそれほど明確でないと考えるが、一九九〇年代半ばをひとまずの緩やかな区切りとして二〇〇〇年代以降と一九八〇年代以前の間にははっきりと存在する対比を叙述したいと考えるので、一九九五年を大まかな区切りとして叙述する。

一九七〇—九五年のポスト戦後期Ⅰ（ＰＰＷ－Ⅰ）における知的状況は通常「戦後」に対する反発ないし「戦後体制」への攻撃によって定義される。思想の内容的な面における限りこうした把握は近似的に妥当するが、この「内容」を分析してもそれ以上認識の精度は上がらない。捉えられたと称する「戦後」は不明確で、また論者によりまちまちである。他方、攻撃の内容は混乱していて、中身があるのか疑わしい。つまり非常に空疎なのである。知的状況の解明という限り、むしろこの空疎を説明しなければならない。さらに言えば、これらの「戦後」攻撃は人々を動かしたから、空疎であるのに何故人々を動かしたか、が真の問題であることになる。

他方、知的状況に関する限り、何か知的創造があったというより、なかったことが特徴である、ということに対応して、戦後期以来の知的状況は、次第に片隅に追いやられていくとはいえ、残存し続けた。知的状況のメインストリームは、いつまでも「戦後」攻撃でなければならず、この限りでついに「戦後」は一向に終わらないのである。

1　PPWにおける信用の状況

信頼できる概説（『岩波講座　日本経済の歴史』第六巻（深尾京司他執筆））は、TFP上昇率の低下をPPW期全般における主要因と考え、かつ、これは二段階であった、とする。つまり一九七三年と一九九一年。一九七〇年代前半において既に、TFP上昇率低下（つまりTFP停滞）、資本収益率低下、民間投資減少、貯蓄過剰、需要不足、の悪循環が始まる。デフレやバランスシート毀損など短期的な投資阻害要因は克服されていったから、深尾は、構造的要因の存在を推測する。もちろん、それがＴＦＰ上昇率の低下なのであるが、しかしこの低下が何によるのかは明らかにされていない。

注目すべきは、直接の引き金が為替の変動相場制移行と第一次石油ショックであったことである。いずれも国際信用秩序から発せられた動因である。既に一九六〇年代半ばから資本市場を日本は徐々に開放しつつあったが、一九七〇年代前半に一気に国際信用秩序の荒波に投げ込まれることになった。この結果多元主義的な調整、その極としての「信用割当」、の手法が無効になった。深尾は一九七〇年代の財政金融政策の失敗を指摘する。多元主義的な調整が一定程度自律的である限り信用秩序を保障しえた。しかしこのメカニズムが損なわれれば、労働生産性の中の（技術革新や協業改善を差し引いた）投資環境分を織り込みうる係数であるＴＦＰの上昇が見られなくなるのは当然である。むろん、独特の多元主義的調整でない、真の経済社会による、信用規律が生まれればよかった。それが長年の課題であったけれども、そのインフラを築く（主として法律家の）タスクは意識さえされていなかった。とりわけ、草の根レヴェルの信用秩序が劣悪であるだけに、天井裏の調整が瓦解すれば、悪質な信用が跋扈する怖れがあり、射倖的な精神以外、つまり本来安全を求める通常の投資者、は二の足を踏まざるをえなくなる（一九七三年の転機直前の「列島改造」期に既に調整メカニズムは破綻していた可能性がある）。

なお、少し知的状況の説明を先取りすることとなるが、戦後期におけるＴＦＰ上昇率維持に貢献した「日本型雇用」や「日本的取引慣行」[1]に「日本的」なるものが寄与した、とＰＰＷを通じて考えられるようになっていく。しかし私はそのようには考えない。貢献したのは、曖昧ながら多元性だけは保つ、間違っても潰さない、というシステムであった。このシステムが戦前期の軍事的一元マシーンの首ハネによって成り立ったということをわれわれは想定した。首ハネの定着は専ら憲法の功績に懸かっていた。しかし他方、憲法を本当に徹底させえたならば、多元的集団の存続ではなく、個人の存立が保障されたであろう。このとき初めて市民社会が生まれ、真の連帯が出来上がり、同時に透明で自律的な真の経済社会（お望みならば「市場」と言ってもよいもの）が芽を出したであろう。現に、少し見たように一九六〇年代末から一九七〇年代初めには（一九六〇年の経験を受けて）市民運動が多少は顔を出した。多元主義的調整は若干の国際的偶発的インパクトがなくとも持続するはずのないものであった。そもそも移行期の臨時的なものであった。早々にそこから脱却して真の経済社会へ移行するはずであった。しかし社会全体としては、多元主義的調整の行き詰まりを戦後体制の行き詰まりと捉え、しかも戦後体制＝市民社会とすり替え、驚くべきことに不透明な調整の方には却って固執する、という方向へ行った。

この時彼らは、個人の保障に至らなかった事実を、（彼らが攻撃する）戦後期（しかしそ）の成功（！）の秘訣と考える転倒ぶりを発揮する。個人の保障を徹底させたところがいけなかったから、不透明な調整の方を多少修正して受け継ごう、というわけである。さらに、修正は多元主義的調整のその多元性の方の否定に向かった。一元的調整、つまり一個の徒党と化して仲間の一人をリンチするような体制、へと方向付けられた。[2] 一九七〇年代においては「日本的雇用」はその醜悪な面を含めてまだ残っていたが、「とにかく潰さない」という（TFPに貢献する）契機はやはり戦後システムのコロラリーであっただけあって、影が薄くなり、集団のためならば犠牲を払うという契機のみが石油ショックの克服に寄与する。結局のところ、戦後体制が撃ち洩らした下地のメカニズムが頭をもたげることなるのである。かくして、一九七〇年代は、「調整がはずれた」の一行で片付く。無策が支配した。

一九八〇年代後半の「バブル経済」をもたらしたものが何か、という問題に関しては、個々の金融政策の失敗等を挙げる説が概ね否定される傾向にある。その中で、貞廣彰は、生産性が停滞し取り残された部門の残存による「重層型産業構造」が主因ではないか、と考える（貞廣 二〇〇五）。取り残された方に慮って低金利政策が長期化するが、停滞部門に限って「投資期待期間」は長期化し（無利子で短期に融通するのと反対に高い利率で長期に、つまり一山当てる形で、回収しようとする傾向が増大し）、銀行貸出は二極化する。そのうえ基幹部門は資金を自給できたため、中小企業と土地に貸出が集中豪雨となって注いだ。だから資産バブルではあってもインフレには決してならなかったのである。

この最後の点は以下のように解しうるであろう。元々いわゆる日本型「間接金融システム」が多元主義的調整に適したとすれば、消極的には今この調整がはずれ、積極的には、長期資金を自律的資本市場に、決済手段をこれと分節的なプラットフォームに、委ねる体制が展望された（ただし、この分節を前提として今大胆に両者を融合させるアメリカの新トレンドに流されて失敗する——アメリカでも後に失敗に至る）。しかし従来型の丸抱え金融は残存し、取り残された部門に向かった。こうなるとここはただ単に多元主義的調整（＝規制）がはずれただけの闇になる。貞廣引用に戻れば、要するに彼は、比較優位製造業部門と比較劣位のそれとのギャップ、製造業と非製造業の間のギャップ、つまりこれらの労働生産性における落差、が、まるでオフサイド・トラップのギャップが命取りであるように、「バブル経済」という致命傷に繋がった、と考えるのである。深尾と共通の視角（生産性）が読み取れる。かつ跛行性モデルによってヴァリエーションを付けるという点は大いに示唆的である。このようなギャップはかつてならば多元主義的な調整の格好の目標であったろう、しかしとうの昔にその辺りは野放しになっていたであろう、と素人が付け加えることさえできる。

ただし、ギャップは戦後一貫した特徴であり、多元主義的調整がはずれるのも一九七〇年代前半である。しかるに、「バブル」は一九八〇年代半ば以降の現象である。それに、単にギャップに向かって異常な資金の流れが発生したからと言って、それだけではあの「バブル」は発生しない。単なるブームではないからである。不動産市場の熱狂と言うのでも足りない。剝ぎ取って更地にし、これを転がし、最後に「開発」し、売り抜く、という博打である。その異常な過熱である。取り残された分野を投資によって蘇らせるというのとは正反対で、（しばしば本当の闇の暴力が跋扈する）暴力的な解体プロセスに向かって投機するのである。草の根でくすぶっていた信用の形態の大爆発であった。単に調整がはずれたという以上の、点火し強烈に鞴を吹く人為があったのではないか、という疑惑が生じる。つまり、確かにギャップが高い位置エネルギーを蓄積させたと思われ、低い方に向かって投機ないし略奪への誘因が発生していたに違いないが、しかし引き金を誰かが引かねばならなかったはずである。

多くの人為を代表する一つのランドマークとなったのは、一九八一年スタートの「臨調」（第二次臨時行政調査会、「土光臨調」）ではなかったかと私は考える。[3]「民営化」は幾つかの公共部門のスクラップ・アンド・ビルドであり、そしてこのスクラップ・アンド・ビルドこそが時代の合い言葉になったのである。臨調は（主として財政方面に向けて）節約・質実を説いたので、土地投機の果実をさらに奢侈品投機へ流し込んだ享楽的な雰囲気とは相容れないように一見思われる。しかし「身を削る」合理化は犠牲を強いるところにポイントがあり、全てを犠牲に供しての賭けと同じことである。特定の公共部門のスクラップ・アンド・ビルドが直ちにバブルを招いたことはなかったとしても、信用のメンタリティーにおいて、取り残された部門のむしり合いへとドライヴをかけた可能性がある。もちろん、公共部門解体に当たっては利権が発生するのであるから、これをめぐって激しい権力闘争が生まれたとしても不思議はない。相似形で、小さな不動産開発にも、必ず闇の勢力は介在したのである。

引き金がさらに長い波長の巨大な力を呼び覚ましたということも付け加えなければならない。元々、戦後期の保障は不安定均衡にすぎなかった。調整が外れてスクラップ・アンド・ビルドへ向かうと、人々の境遇は不安定になる。流動化と投機がもちろんねらいであった。しかし、不安定へと追い込まれた人々は安定を要求するようになるのではなく、残った安定的境遇の人々を嫉妬に駆られて引きずり下ろそうとする。公共部門の解体のためにこの心理的ドライヴが使われた。この、（フレイザーが描いて有名になった古代ローマの）ネーミの杜の奴隷王制のような、メカニズムは、ＰＰＷ－Ⅱ、それもその後期になればなるほど、幾何級数的にクレッシェンドする。後に見る非正規化が却って非正規化を促進するという乗数効果の芽は、まさに一九八〇年代の特定の人為に遡る。言うならば、占有保障のない経済社会の信用状況が、占有保障を決して実現させない明治以降のあの負の連鎖が、爆発的に蘇ったのである。もう一つ、この最底辺の嫉妬は、一暴れしたい輩の野望と組み合わさって相乗効果を持つに至る。これもＰＰＷ全体の基調を決定付けた。

以上の仮説が幾分でも成り立つとすると、なるほど、かつてのように大陸への軍事進出が弾頭を構成するのではないが、公共部門の略奪とこれに連動した土地の上の軍事化に膨大な資金を賭ける、そうした機会を意味する少なくとも一連のマシーン、ひょっとすると一元的なマシーン、が再び現れた、と言うことができる。雌伏を強いられていた与次郎が久しぶりに色めき立ったとしても不思議はない。否、彼らは敏感であるから、一九七〇年代から、ああ、ここにチャンスが生まれているなあ、と嗅ぎつけつつあったに違いない。一九六〇年代の与次郎が疎外された者特有のノスタルジーを抱いただけであったにすぎないことを考えれば、雌伏二五年の後のブレイクであった。

それはともかく、以上のプロセスの結末は、誰もが知るとおり、信用システムの不可逆的な崩壊であった。バブルは所詮マージナルな分野に局限された現象であった。ところが、信用のファイアウォールは整備されていなかった。基幹の信用が巻き込まれていた。そうなると比較優位の部門もまたスクラップ・アンド・ビルドを余儀なくされる。比較優位部門といえども生産性の停滞は顕著であったから、良質の新規投資は不可欠であった。ところが、そこへ向かうはずの資金が投機によって闇と消えた。結果、優れた部門のゴーイング・コンサーンを犠牲にするばかりか、良質の新規投資を断念せざるをえなくなった。こうなると、こうした部門も立ち直ることができなくなる。投資環境ばかりか技術革新まで損なうに至る。結局、全体として見れば、日本経済は新たな利益追求のフロンティアを見出すことができず、内側を解体してそこに賭場を築くという方向に活路を見出した。これは自らを崩壊させていく路線であった。「臨調」の有名なイデオロギーは「内部切り詰め」を強烈に示唆してくる。代助の父親以来の伝統でもある。それは、皮肉なことに、そこに賭場を立てて一か八かの一勝負せよという指令なのであった。

2　大学の状況

ＰＰＷにおいては大学の制度的状況について特筆せざるをえない。そもそも近代日本では、市民社会が未発達で大学以外の空間における知的階層の発展可能性が乏しい。もちろん、資産家層が直ちに知的であるという保証はない。しかし資産家層は必ず非知性的であるということもなく、自律的な資産が自律的な知的活動を（必然にはしないが）可能にするというのは自明の事柄である。大学とその自律性はもちろん資産に替わる機能を担っている。だから大学は自律的つまり公的でなければならない。公的かどうかは国立ないし官立かどうかとは別のことである。法人概念には公益性と自律性が内蔵されている。

大学は一九八〇年代末と二〇〇〇年代初めの二回、決定的な制度改革に見舞われた。これらの「改革」が現在（二〇二〇年）における大学の悲惨の根源である、という認識は広く共有されている。しかし、「改革」が何であったか、それが現在の悲惨とどう繋がっているのか、という問題になると、人々は大きく幻惑されたままである、と言わざるをえない。

誰もが一九八〇年代の「臨教審」を挙げる。おそらく間違ってはいない。その答申をきっかけに大学に経営の観点が持ち込まれたと見ることも大まかには妥当する。そもそも、一連の事態を「自由化」と見て「新自由主義」批判を展開する議論が見られるが、見当外れである。経済社会の動向が背後にあったことは疑いないが、こちらの方面でそもそも「新自由主義」は目潰しのためのスローガンであった。

まず、一九八六年四月の「臨教審」第二次答申の「大綱化」、「大学院重点化」を取り上げよう。これも、文字通りに受け取ってはならない。一部大学を大学院大学化して高等教育を効率的に充実させよう、という考えはどこにもなかった、と言えば誤りになるであろう。しかしそれは現実の動きと無関係であった。大学院大学化するためには、組織を改編する必要があるだろう。しかるに、この目的を取り去ればどうか？　要するに組織を改編するのだ、ということだけが残るであろう。一九八八年初めの時点で、一部理系部局において（実情に近いこともあり）大学院大学化の願望はあった。しかし組織改編のコストを前になお逡巡があった。まして多くの大学は事柄自体と疎遠な関係にあった。

ところが、或る頂点の大学のリーディングな学部が当局との「アイ・コンタクト」によって抜け駆けした。[4] 概算要求がなされた。予算上の利益が生まれることがＰＲされると、全国津々浦々まで、申請狂騒曲が奏でられ、申請事務担当者は忙殺され、過労による死者さえ出した（「改組カワイソ」という文句が生まれた）。申請内容は、過激になっていった。エスカレートさせなければ、それこそ裸踊りでもして見せなければ、並のお座敷芸では当局が納得しなかったのである。「もっと工夫できないんですか？　向こうはここまでやってますよ」と言われ、折角東京に出て来たのに、また地方に戻って書類を書き直さなければならない。中身はもうどうでもよかった。ありえないシュールな学科名などができ始めたのはこの時である。賢い部局は研究室の看板さえ書き換えずに完璧な（書類上の）員数合わせをして見せたけれども。要するに、丸山眞男がかねて指摘していた、一旦流れが出来上がるともう誰にも止められず、誰も責任を負わない、というあの現象が発生したのである。[5]

水鳥の如く、一羽飛び立った以上多くの大学ではいやも応もなかった、と言われる。最初の一羽においては、しかし一応の論戦が戦わされた。[6] もとより、大学院大学化は争点ではなかった。いわゆる「大講座制」による流動化が争点であった。学問分野のスクラップ・アンド・ビルドを効率的にできるようにするかどうか。しかし学問の継承はどうなるのか？ 長い伝統を必要とする学問分野は、時々刻々変化する状況を超越して受け継いで初めて成り立つのではないか？[7] 「講座制」が教授の対従属人員支配をもたらすのではないかという（当時既に少し古い）論点は問題にならなかった。元々当該組織が完全に水平的個人主義的に出来上がっていたということもある（研究室制度が存在しない）。結局、流動化に適した制度を採る方向が選ばれた。[8] 確かに、内規によって従来にも増して厳格に「講座」を運営していくこととし、学問の継承に意を用いるべしという付帯決議さえなされた。しかし、多くの大学ではこういうことはなされず、したがってこれらの措置は大勢に影響を与えないであろう、ということは予測されていた。そもそも、当該組織以外の多くの大学では、堅固なディスシプリンに基づいて厳密に講座を運営する、という実態自体がなかったのである。つまり初めから大きな弱点を大学制度が抱えていた。

実際には、以後三〇年、大学院大学化などは影も形もなく、個々の研究者の境遇がプリケアリアスないしプレケールになっていく、ことのみが現実であった。若い研究者の任用からやがて正教授の地位へとプレカリテが「上昇」していった。「業績」審査が教授のＱＣになるというのは嘘八百で、流動化のおかげで、厳密な学問的審査によるのでなく、人気取りのために、否、人気取りでさえなく、資金源組織に媚びを売るために、官庁・企業退職者にポストを提供するようなことさえするようになっていったから、学者でない教授が増え始める。やがて誰も学者ではなくなるであろう、と正しくも思われた。その正教授の仕事も、こればかりは不思議なことに、あの「改組」事件以来、申請書類を書くということに変わった。常に何か企画し、つまり新しい「山」＝投機目標を設定し、その収支を報告しなければならない。企画が「改組」であればそれに越したことはないが、そうでなくとも、それに類した営みを申告しなければ認証されないのである。つまり資金を得られない。文字通りの投機なのである。「当たる」と金が降ってくる。もちろん、誰もこれが実体経済であるとは考えていない。競馬でさえ馬が現実に走るが、この場合、何も走らない。空虚で無駄な作文のみがカウントされる。いい加減であればあるほど「当たる」確率は高い。しかし、これは疲労をもたらし、そして何よりも精神をむしばむ。学問活動の中身を侵食する。特にこれが生存を左右する若い研究者にとっては。しかし、誰もこのメカニズムを止められない。何よりも、大学発のメカニズムだからである。強いられたのではなく、大学側がこちらへと舵を切った。少なくとも抵抗しなかった。

二〇〇〇年代初めの第二の「改革」（「法人化」）については次章で述べるとして、一九八〇年代末の「改革」に関して言えば、それは完璧に信用面の崩壊とパラレルであった、と言える。人為的な着火があり、投機が引き起こされ、破壊の結果プレカリテが支配するようになってしまったのである。何しろ大学であるから、たくさんの与次郎が舞い出ることであろうこと、火を見るより明らかである。こうして、生まれたのは廃墟であり、完璧なクリティック不全であるが、経済から発したものが大学を経て知的状況を規定した、とは言えない。繰り返すように、点火行為があったのであり、それは逆に知的状況の産物であった。

3 潜在的エネルギーの蓄積

戦後期について簡単に振り返れば、戦前期の日本社会に対する丸山眞男の深い原クリティックを頂点として、クリティックへ向かう潮流が初めて一定のヘゲモニーを握ったのであった。これが(極めて不完全ながら)利益団体多元主義デモクラシーを曲がりなりにも成り立たせた。にもかかわらず、戦後期日本の知的世界はクリティックそのものの構築には成功しなかった。デモクラシー段階ないし市民社会の未成熟の現われであったが、前提条件を欠く空間で必要不可欠な「実証主義批判に基づく新しいクリティック」の確立が世界のどこでも発見されていなかったことのコロラリーでもあった。他方、これとパラレルに、そもそも利益団体多元主義デモクラシー自体の欠陥に加えて、その多元主義自体日本では不完全であったため、多元主義政治システムの裾野ないし草の根には不透明な部分が不気味に残っていた。そこには、ポトラッチ的挑戦自体へのノスタルジーも沈殿していた。

この草の根空間においては元々クリティックへの方向は全く見えない。この空間におけるパラデイクマの生態は、日常的なそれと文学的なそれの区別、後者の中のクリティック対応ジャンル(歴史学や哲学)とその他(叙情詩や悲劇)の区別、を知らないそれになる。その典型は、例えば過去の出来事の記憶の神話化である。一九二〇年代以降、産業化の進展に伴う新しい商業主義言説（ないし想像力）空間が一定の発達を見せていた。戦後期もこの空間は当然生命を保つ。しかるに、ＰＰＷの特徴はこの分化した言説空間（商業主義言説）が分化解消的に全言説空間を支配するというものになる。結果、クリティックに特化した分節的言説空間は消失してしまう。

このことがあるため、本書の方法的限定を離れ、ここだけであるが、言わば（「知的階層」と対比された）「民衆」レヴェルのテクストを扱わざるをえない。もちろん、これをも含めて扱わなければ歴史学としては完結しない。本書が歴史学には至らないとしてきた理由の一つである。とはいえ、まずは知的階層のクリティックに絞るというのも、作業のエコノミーからして正当化された。であるのに、ここでだけこの原則をはずれるのは遺憾であるが、仕方ない。

この言説空間を特徴付けるものとして独特の「大衆小説」というジャンルが存在した。文学としての意義は標榜されない。人々が読んで、そこに表現されている日常的なパラデイクマを参照するのである。これを拒否する文学の苛烈さに辟易する層にとって慰めになる。過去の出来事が好んで取り上げられる。これはクリティックへの抵抗を暗に含意している。この両面で知的階層への反発を秘かに表現している。知的階層は決して文学も歴史学も本格的には装備していなかったが、それは関係ない。こうしたジャンルの分析は言うまでもなく極めて重要である。しかし特殊なコードに精通しているのでない限り、そこに認められるパラデイクマのヴァージョン対抗関係を検知しえない。これは私にはできない作業である。そこでここでは、司馬遼太郎に関する成田龍一の優れた分析（成田 二〇〇九）を借りることとする。

司馬遼太郎（一九二三年生）は、「一九五〇年代から」（実際にはその後半から）一九六〇年代初めにかけて一連の「サラリーマン小説」を書いていたという。そこでは、小さな安定と、局所的努力が報われること、が語られる。野心や挑戦には敵意が向けられる。成田は、ただそこでの安定が何に基づいているのか問おうとはしない、点を指摘する。例えばその「サラリーマン」の地位は労働契約に基づいているであろう。その労働契約の性質、法的保障、はどうなっているだろうか？　一九六二―六六年の『竜馬がゆく』では、一転「公」ないし「国家」の問題が扱われる。明治維新は、商業に基づく民主主義国家が平和革命によって樹立された過程とされる。軍事的要素は嫌われる。坂本竜馬は、徹頭徹尾調停に挑戦するヒーローとなる。ただその限りで、「青雲の志を抱いて」何かに賭ける「男」なのである。一九六八―七二年の『坂の上の雲』では日露戦争が美化される。ただしそれは防衛のための合理的な戦争であり、愚かな日中戦争・日米戦争の対極に置かれる。一九七〇年代に入って連載が続く『街道をゆく』は、成田による紹介を私が解する限り、柳田國男の線上に乗る。

以上要するに、司馬は完璧に戦後体制に同化した思考内容を有していた。しかし同時にその不安を代弁してもいる。特に戦後体制の隅々に蔓延（はびこ）る食うか食われるかの闘争に拒否反応を示す、が故にこそ、それを克服して安定を与えてくれるヒーローを求める。つまり戦後体制を維持するための、しかし戦後体制が否定するタイプの和合推進リーダー、さらにはその和合を必然的にもたらす防衛戦争さえ、をも希求するのである。成田は、司馬が史料をよく読む点を指摘している。にもかかわらず明らかに一面的な日露戦争像が出てくるのは、もちろん、史料批判がないためで、史料批判がないのは当たり前で、そもそも歴史学が目的ではないからである。つまり、そのまま従うパラデイクマの導出、神話化、が彼のテクスト紡ぎ出しの目的である。だからこそこれは歴史学はおろか文学をも通り越して「裸一貫」で出発する「創業経営者」のための訓示になる。

一九六〇年代、これは知的動向と何の関係もないありふれた言説であったが、一九七〇年代以降、次第にこの言説の形態が知的世界においてもモデルとなっていく。つまり、クリティック不全を結果するプロセスの明確に特定しうる筋道がここに存在する。おそらく、パラデイクマの内容はどうでもよかった。少なくともそれ以上に、これはクリティック解消自体をパラデイクマとして提示した点に意義を有した。そこに拍手が来た。

われわれにとって重要であるのは、司馬の作品が成田の分析どおりであるとすると、一九七〇年代以降の信用の状況を反映して復活してくるわれらが与次郎たちは、ポトラッチ目標をついに再発見したとしても、ポトラッチを押さえ込んだ戦後体制を維持するためにするしかなかった、つまり何とももどかしい屈折を抱え込んだ、と予測される点である。不安の冒険主義的一挙解決もクリティックを吹き飛ばすであろう。しかし実際には、ネガティヴに、多元主義体制の欠陥を詰めて認識しようとはしないことがクリティック不全を帰結する。

司馬の不安を解決するのは自律的な市民社会ないし経済社会であったろう。丸山以下の人々が必死にそれを探った。しかし、まさにクリティック再構築不首尾がネックになって、成功しなかった。そういうことを知る由もなく、司馬は最短の表見的解決を求めた。穿り返さなければ、クリティックなどしなければ、不安は解消される。それが証拠に、クリティック抜きの歴史叙述によってこんなにも安心立命が得られるではないか？　かくして司馬は図らずも「国民的歴史家」にさえなっていくのである。司馬を鋭く批判する歴史学者がないわけではなかったが、何せ、プロの歴史学者たちが、話を紡ぐ点ないしその紡ぎ方の点で司馬に追随していく。（最小限のクリティックを要する）多元主義体制はやはりストレスであった。それがストレスであるというより、その機能不全がストレスである方が大きかったが、ならばもっとクリティックを高度化しなければならず、もっとプレッシャーである。問題はクリティックというよりはクリティック不全であったが、鬱陶しいのはクリティックと感じられた。

4　クリティック解消の快感

一九七〇年代には、このクリティック解消の快感が次第に満開となっていく。多元主義的調整の解消とパラレルであった。なおかつ既存のクリティックへの批判は目標とさえされず、サッと水に流すところがポイントであった。しんどい調整より、「細かいことは言わずに、ま、一つパッとやろう、めでたいめでたい」である。どこで手を打ったのかさえ問わない。丸山が指摘した事象の再現である。

知的世界におけるその源流は多く、かつ大合流の趣があるが、まず第一は、社会人類学である。梅棹忠夫（一九二〇年生）は、フィールド・ワークをしていた人類学者であったが、一九六七年の彼の著作『文明の生態史観』は大変に歓迎された。主論文「文明の生態史観」（原題は「文明の生態史観序説」）は一九五七年に発表されていたが、一九六七年にそれが初めて広く読まれたということになる。

梅棹は「文化の機能論的デザイン」、「共同体の生活様式」、によって文明を分類するという。その結果、ユーラシア大陸らしき楕円の両端たるヨーロッパと日本（第一地域）および中間の広大な部分（第二地域）に世界ないし世界史は分かれる。西洋東洋という系譜論的整理は妥当せず、両端は並行して発展したから、ヨーロッパ化も基準ではない。両端に共通であるのはサバンナ住民からの侵食を免れた点、封建制を発達させた点、であるから、近代化とも関係ない。「第一地域での東西の決戦は、しかし、第二次大戦までもちこされてしまった。やった結果は、両方ともが痛烈な打撃をうけて、方針の変更をせまられただけであったが」（梅棹　一九六七、九〇頁）。つまり、これは戦時中のあの忌まわしい「世界史」という符牒が戦後も残存していたことを示すテクストにすぎなかったであろう。ところが、戦前期の社会に対する極大化された緊張を原動力として成り立つ戦後期の体制の、その緊張を呆気なく解いて見せていたので、この緊張から解放されたいという欲求が高まる年代に突如ブームをもたらすことになったのである。多元主義システムのストレスから逃れたい人々の意識の中で、問題がすり替わり、西洋に対するコンプレックスになる。丸山眞男に叱られたと人々は思っていた。日本の方が優れていると言っても人々は信用しない。しかしヨーロッパと同じだ、見ろ、冷蔵庫だってテレビだって自動車だってあるぞ、と言われれば、皆、ほっとする。梅棹はサーヴィス精神旺盛で、普遍的なのは「よりよいくらし」の理念であり、「第二地域」の人々も努力すればこれにありつける、と述べる（同書、九七頁以下）。日本が万が一まだ「第二地域」にとどまっていたとしても、大丈夫！　人々のストレスの原因は多元主義デモクラシーの機能不全、とりわけ市民社会の未成立

（不透明の残存）、であったから、着ているものを修繕しなければならないのであるが、しかし人々はお仕着せだと感じていたから、脱ぎたくて仕方なかった。だから梅棹のこの議論に飢えていた。

しかしストレスからの解放は虚偽であった。その分、梅棹はあらゆる知的緊張を解いて見せた。そもそも、機能論は嘘で、高々（内容を問わずに型だけ見るという点で）形態論であろう。しかしその緻密さはないので、意味不明な「生態論」に逃げるが、「生態」など全く論じられない。現在では手の込んだ日本特別視としてしか読みえない。石原莞爾風の最終決戦さえ曖昧な痛み分けに終わっている。ということは、この書物は、もっぱらクリティックの解消ということをパラデイクマとして示すところに存在意義を有した、と言わざるをえない。事実、知的レヴェルはエンターテインメントを旨とする司馬遼太郎に劣るのである。これが知的世界内部における丸山眞男に対する対抗ヴァージョンであるとすると、まずそもそも対抗が成り立っていないと言わざるをえず、さらに、対抗を成り立たせないようにするという明確な方向が出て来たと言わなければならない。

梅棹は、一九六九年の『知的生産の技術』によって前作を上回るブームを巻き起こす。中核は、情報の時代になったのであるから、整理はテクストでなくカードがよい、という単純なものである。しかしここでも驚くのは、分類が目的ではない、と言ったりするからである（梅棹 一九六九、五七頁）。厳密な分類と体系的整理を生命とするアンティクアリアニズム特有のプロトコルを提案するのではないのか？　実際そうでないことに、どういうジャンルの知的活動を脈絡として提案しているのか、全く明らかでない。クリティックの一方の極を代表する本物のアンティクアリアンは怒るであろう。極めて些末で表面的な「生活の知恵」風伝授があるのみである。人々がこれに熱狂したとすれば、クリティック（この場合アンティクアリアンの針で刺すようなクリティック）を暢気な素人趣味に解消した、その気分がよかったからであろう。

社会人類学は本来ならばクリティック再建の中軸分野であるはずである。実証主義批判の主要な旗手であった。事実戦後期において、例えば鶴見俊輔などによって大いに期待された。丸山眞男の問題提起に答えるのがこの分野であることも明らかであった。中根千枝（一九二六年生）を引くまでもない。しかしそれにしては、戦後、構造主義はなかなか到来しないのである。一七―一八世紀風の人類学祖型に類するものか、二〇世紀の機能主義的フィールドワークのみであった。

ところが一九七〇年代の初め、山口昌男（一九三一年生）は、人類学という分野から飛び出して新たな独特の文献ジャンルを開拓することとなる。一九五〇年代後半以降、彼はアフリカをフィールドとする傍ら人類学の独自の方法を模索する堅実な人類学者であった（山口昌男 一九七一に所収の諸論文・書評を参照）。むしろ、マルクス主義を意識するなど戦後の知的空間の中にあった。ところが一九七〇年代の一連の書物は異なる波長を持つものとなる。便宜上『歴史・祝祭・神話』（一九七四年）、『文化と両義性』（一九七五年）を取り上げることとすると、われわれはそこに奇妙なテクストを見出す。次から次へと脈絡なしに「誰それがこう言っている」という紹介が続くのである。読者はランダムなスクラップ・ブックを見せられているような気になる。対象は記号論を使って神話や儀礼や文学を扱う研究である。しかしそこには現象学も構造主義も含まれる。自分の論文において他人の研究を引用する場合、通常は論拠を挙げて批判するのが普通であり、次いで、論証の若干の部分をそれにより補うこともある。いずれの場合も、引用対象の学説史的、そしてできればもっと大きな歴史的、背景を特定的に把握していることが求められる。これは研究者としての初歩的訓練の中で叩き込まれるプロトコルである。フランスの文献など、これを明示せずに読者の知識を試してくる場合もある。イタリアのように徹底的に明示することが求められる場合もある。しかし事柄は変わらない。山口のテクストはこうした脈絡を完璧に無視してあちらに飛びこちらに飛ぶので、切り抜き以上ではない。さらに、もっと驚くのは、そうした脈絡の中で激しく対立しているものが「大同団結」させられ、誰それがこう言っているのも同じだ、こっちも同じだ、とされる点である。対立どころか差違も無視され、自分が鋭く批判するということもない。そうした緊張は何かを論証しようという姿勢から生まれるのであるが、山口の論文には論証対象がない。したがって論証手続がない。とりとめもないおしゃべりなのである。またしても基本訓練を受けていないのかと錯覚するが、一九六〇年代までの山口はこうではなかった。

何故こういう独特のジャンルが生まれたか？　とんでもない誤解であるが、記号論が彼には反クリティックに見えた（ひょっとすると意図的にそのように見せた）。この点は明らかである。しかしさらに、この反クリティックは独特である。この断片性は、仲間でだけ通じ合うマニアの世界のものである。海外旅行クラブの仲間どうし、あそこのレストランの何々は食べた者にしかわからない味がある、など。旅行して歩いたはずの社会はそれぞれ頑丈な社会構造を厳然と聳えさせているはずである。それが現実というものである。しかしそこから切れるから断片的になる。それだけではない。マニアは独自の儀礼空間を持っている。そのコードを共有している。儀礼は神話の再現実化形態である。区切られた現実である。テーマパークである。山口が選んだジャンルは、したがって、一石二鳥であった。マニアを論ずるという種目のマニアを公募したのである。成功の秘訣であった。

さらにまだある。こうしたジャンルは産業化がもたらした余暇の過ごし方であった。しかし同時に産業化空間（日本でならば利益団体多元主義空間）からの解放の手段であった。その極限として信用構造にも関わるジャンルたるカジノがある。そこで大博打を打つと、それはそれはスカッとするだろう。誰しも一度はすってんてんになってみたいものなのである。もちろん、長い間押さえ込まれていた与次郎のために呼び鈴が鳴っているのである。山口はこれも見逃さなかった。彼は数ある人類学的主題の中で「犠牲式」を好んで取り上げる。王殺し、王の交替、等々で例解しうる一群の儀礼である。ポトラッチを特徴とする。軍事化の符牒でもあるから、この方面の神話学は暗い歴史を持つ。しかし山口はお構いなく、暢気に、カジノへの招待券を送ってくる。人生は祝祭だ、一つパアーッと行こうぜ。クリティックからも解放される。現象学と構造主義が深刻に対立したりすると辛気くさくてかなわない。それらのテクストと真剣に取り組んだりすれば、気分は台無しになる。さわりだけで十分なのである。「ヒット・メドレー」がよい。

さて問題は、この様式が学問世界で一定の空間に爆発的に広がり、次にゆっくりとあらゆる分野を覆っていった、ということである。

ここで簡単に、日本における構造主義輸入の問題に言及しておこう。まず確定的な公知の事実は、輸入から派生したその膨大な言説が意味をなさない混沌たるものにとどまったということと、知識層の思考に全然浸透せず、学生の会話にさえ痕跡を認めえない、ということである。ソシュールの言語学やレヴィ＝ストロースの人類学について、良質の紹介は早くから幾らもあったと思われるが、孤立しており、知的状況の前に無視しうるものであった。以上のことにとって示唆的であるのは、大量流入現象が二〇年遅れたということ、一九七〇年代になって突如流入したというクロノロジー、である。だから何もかもゴチャ混ぜに引っ張り込んだ。デュメジルやバンヴェニストのような擬似構造主義と構造主義を区別せず、ソシュールとレヴィ＝ストロースの間の対立にも鈍感なまま丸吞みし、ロラン・バルト等の通俗記号論的評論も批判しなかった。それどころか、一九六〇年代には出揃う構造主義批判もまた「込みで」輸入された。実際には「ポスト構造主義」と称しうる多くの「理論」が理解ぬきに宣伝された。早い話が、構造主義登場の大きな歴史的脈絡を押さえるということが全然なかった。構造主義が何を問題にしているのかも問わなかったのである。何に使うのかも問わずにとにかく買い漁っていくバイアーのようなものである。最新の機械であっても（であればこそ）床の間に飾っておくのだろう。パリで買い付けました、と言って。誰も何も理解せず、そのイムパクトは何も変えない性質のものであった、のは当然である。

なお一層不幸なのは、二〇〇〇年代以降において、（「言語論的転回」などという浅薄なレッテルを貼られた、構造主義と正反対の）後期ヴィトゲンシュタインおよび言語行為論、構成主義やらカルチュラル・スタディーズやら、と以下の点においてないまぜにされていったことである。想像の世界もまた現実である、或いは想像の世界こそ現実である、というそれ自身的確な認識に、構造主義の（コードから即社会構造を言う）短絡が寄与したことを否定するつもりはない。しかし日本に輸入されると、現実は（所詮？）想像の世界である、というように逆様になる。つまり、厳密な現実などというものはなく、全ては夢幻であるから、いい加減に扱ってよい、というように変わってしまう。というように、たくさんのことが全く理解されずにただ囃し立てられたが、その目的はひたすらクリティック解消ということだった。

クリティック解消のもう一つの源流はマルクス主義ブロック内部の反対派であった。この反対派がポトラッチ復興を熱望したことについて先に（第Ⅲ章で）少し示唆した。その含意の中に、もちろん多元主義デモクラシー攻撃がある。その際に、多元主義システムが取り残した不透明な部分に養分を求める傾向があった。そうした不透明な部分にはクリティックに対する憎悪に近い反発感情が蓄積されていたという推測をわれわれは提示した。この反対派は、マルクス主義ブロック全体と同様に極めて没クリティックであり、実質学生運動であったにもかかわらず、極端に反知性主義的であった。文化と知識人を敵視し、「代助の父親」の如きメンタリティーを『それから』という作品の解釈として礼賛し、また（彼らの愛する）「大衆」の歓心を買うためにそれを礼賛してみせたりする（「働かないでブラブラしている代助は本当に駄目な奴だ！」と）。一九六八年には欧米の「一九六八年」のパラレルたることが標榜されたが、欧米のこの学生運動は、（直接行動をしたものの）過剰なまでに理論的で知的であった。ところが日本のこの反対派は、言語も論理も放り出し、書物を破壊しさえしたのである。イデオローグたちの言説は支離滅裂であった。多元主義体制からの解放は、何故かクリティック一般からの解放にすり替えられていた。そしてまさに一九七〇年代以降、ニッチとはいえ有力な擬似知的潮流を彼らが担っていくのである。極めて商業主義的であるのが特徴である。

大澤真幸と成田龍一は、同時代人として雑誌『現代思想』の創刊[9]（一九七三年）につき、「とにかくどんどん、新たな思想家たちを取り入れていく……次から次へと目まぐるしく移っていく……絶えず次から次へと相対化していく……絶えず移ろいゆく……一体どこに止まるのだろうか、止まることは果たしてあるのだろうか」と回想している（大澤・成田 二〇一四、五一頁以下）。彼らはこの一九七三年を「戦後からポスト戦後への」画期とする。この点に私は同意することができる。彼らによると、それは（丸山眞男を代表とする）マルクス主義・近代主義から構造主義・ポスト構造主義への転換であったという。「リアル」から「言語」への転換でもあったという。この点には同意できない。「戦後」の把握自体が誤っている。丸山眞男はマルクス主義の影響は受けているが、これと鋭く対峙した。そもそも構造主義も構造主義批判も「戦後」のものであってよかった性質のものである。他方PPWにおいても、構造主義を掲げる論者で構造主義を理解している例を私は知らない。結局、PPWになると全てが未消化に使い捨てられたという部分のみが彼らの証言の中で信憑性を有している。実際、人々はクリティックを解消して見せたかったのである。うきうきとスペキュレーションに乗り出してみたかった。基礎も何もなかった。ハイデッガーなどとこねくり合わせて売られている商品もパリでは売られていた（ただし一九六〇年代だからオールディーズに属する）から、クリティック解体にちょうどよいとでも錯覚したのであろう。ただ、マルクス主義が占めていたニッチに置き換わった、という大澤たちの指摘は鋭いかもしれない。知的世界の全体の話ではないからである。もっとも、正確には、マルクス主義ブロック内部の反対派へと置き換わった、であろう。そうした「マルクス主義」ならばこの雑誌においてプレゼンスを維持したから、強い連続性はあることになる。

以上のような喧噪は、多元主義的調整放棄の方向とは直接の関係を有しなかった。ギャラリーが後ろでお囃子を奏でているだけである。しかし、「調整放棄」は実際にはハイパー調整を意味したから、そういう一種の和合、およびターゲットを絞った冷酷なスクラップ化、の邪魔にクリティックがなる限りで、お囃子がクリティックを予め麻痺させておいてくれるのは、この悪質なハイパー調整実行者たちには好都合であったろう。

5　実証主義批判の萌芽とその混乱

一九七三年の石井進（一九三一年生）による「古文書学と歴史学とのあいだ」（石井進　一九七三（二〇〇五）、三頁以下）は本書にとって重要な論文である。石井は、アンティクアリアンの古文書学と実証主義のそれ（つまり史料批判のためのそれ）をはっきり区別する。佐藤進一（一九一六年生）による後者が戦後の到達点であることをわれわれは確認しうる。しかるに石井はさらにその先へ進もうとする。実証主義的古文書学は、その分類に典型的に現われるように、実証主義的体系（最もよいのは「法学的」体系）に依拠する。逆に言えば、史料批判と歴史学的推論が堂々巡りになってしまう危険を孕む。石井はこの点に着目し、史料批判操作からストレートに歴史学的推論にショートカットする道を展望する。そして網野善彦（一九二八年生）の研究をこの観点から高く評価する（網野への言及は、同書、一七頁以下）。網野は、偽文書の偽造改竄行為自体を史料として使う研究を発表していた。

一九七八年の網野善彦『無縁・公界・楽』はセンセーショナルに迎えられた著書である。網野は、「自由」と「平和」を「西欧の近代以降」のそれと同一視しないでほしい、と言う。逆に後者さえそれを「基盤としてのみ」成り立っている或るものがある。それは「原始以来」のものであり、「時代とともに衰弱し」、「真の意味で自覚された自由と平和と平等の思想を自らの胎内から生み落すとともに滅びていく……」(網野 一九七八、五頁)。後者もまた西欧近代とは関係ない。諸々の権力が入り込む状況から切れてこれらから解放された場が主として中世に発達する。ヨーロッパ中世の「アジール」などであるが、網野は、日本の中世においてもそのような「場」とそこで活躍する人々があった、ということを述べていく。この書物自体は史料操作を展開するものではなく、自己の従来の個別研究を引用する形で叙述が進むが、(脇田晴子によって)既になされていた批判へ答える部分に網野の史料操作の特徴がよく出ている。

「無縁所」たるを守護が認定する文書が引かれるのに対して、なるほど他の権力からの離脱を意味しうるものの、それはただ守護の権力が打ち込んだ橋頭堡たるにすぎないのではないか、という批判があった。実際、事柄は借財等を巡る争い、つまり債権者どうしの闘争、ではなかったかと思える。しかし網野は、「にも拘らず、下人や科人が、たとえ幻想であれ、解放を求めて「無縁所」に走入ったという重い意味をもつ事実は、決して消えない」(同書、四九頁)と反論する。要するに、勝手に想定された気持ちが論拠として使われているのである。もちろん、「解放」と全く無関係であるというのではない。債権者の多元性は債務者の自由と深く関わる。しかし、守護の認証文書がこの観点からどうなのか、は周到な分析に値する。そして「下人」の気持ちを想像する場合にもこの状況の把握は不可欠なのである。網野はこの手続を拒否した。とはいえ、これは実証主義批判の一翼を担う現象学と深く関わる史料解釈方法である。ここで言われている気持ちは解釈者が恣意的に想像したものであるが、しかしもし本当に誰かがそういう気持ちを持ったとすれば、それは立派な現実なのである。むろん、現象学はこうした気持ち理解が恣意的にならないためにあれほど努力をした。網野はその理論装備を全然意識しない。否、現象学のつもりさえないであろう。しかし現象学に対しては、恣意的にならない保障に結局は到達しえなかった、という批判が根強く存在するのである。

それにしても、網野は何故このように性急な史料解釈をしたのか？　彼もまたクリティック解消の大きなうねりの中にあったということは疑いない。実証主義は戦後体制と等価であると映り、戦後日本の多元主義の曖昧さが我慢できないものになりつつある分、実証主義を批判する意を強くしていたに違いない。網野の場合、マルクス主義との複雑な関係も指摘する必要があるだろうが、本書には分析の余裕がない。かわりに、網野の短絡・混乱が、多元主義デモクラシーが取り残した不透明な部分の信用状況、その苛烈な「私闘」、から逃れたい、という切羽詰まった（それこそ）気持ちから生まれているのではないか、という推測に本書は傾く。

裏から言えば、現実に対する緊張感は確かに存在する。しかし、執拗に現実を捉えようとする部分を欠き、早々にロマンティックな画像に逃げ込む。したがって原クリティックⅡにさえ達しない。それでも、ＰＰＷ特有の破壊に無邪気に加わるものではなかった、ということは指摘しておくべきであろう。その上でしかし、まず第一に網野の（クリティックに対する）姿勢は知的状況が新しくなったことを雄弁に物語り、第二にこれと関係して、網野は（右の引用に既に見える）反西欧・日本称賛ということを通じてＰＰＷの主旋律に再回収されていくのである。

以上のような網野の史料操作を高く評価した石井進は基本的に網野を盟友としてその歴史学を築い

ていったと言える。一九七四年の『中世武士団』は石井の鮮やかなブレイク・スルーと見なされている。実際、そこでの史料操作には網野のそれに見られる特徴と同一のものが検出される。かつ、網野が結局ロマン主義に流れるのに対し、石井は立論を精緻に組み立てる。『曽我物語』は荒唐無稽とされていたが、その古いヴァージョンに着目し、これが「史実」に存外沿っている、ことを確認し、かつ、民俗学を借りて伝承のヴィークルを特定し、こうして、出来事の近傍からオリジナルに流れ出たものであるとの結論に達する。そして、そこに認められる考え方・感じ方は当事者自身のものである、と推論する。その考え方・感じ方は、仇討ちを正当化するということになるが、上位の権力の禁圧に抗して実行するのであるから、「父子相伝」の関係を上位の権力に優る至上の価値とするものである。つまり、「イエ」の自律性こそが武士という新しい階層の生命だったのである。この「イエ」の自律性が石井の論証目標なのである。結局この史料操作は、一個の史料の真正なバイアスの奥底に実体的核心を見出す、というものであり、バイアスを利用する限り実証主義批判を含意する。しかしながら、バイアスを発生させた要因から歴史学的推論を(段階を区別して)遂行するのとは正反対に、バイアス自体に真実が籠もると考えてしまう。だからこそ、伝承の起源には純正な真実があるはずである、という実証主義特有の伝承批判が混入してしまう。

石井は、網野と並んで、盛んにアンティクアリアンな史料を使う。考古学的史料、碑文史料、トポグラフィーなどであり、地方史家の研究を大いに利用する。アンティクアリアニズムのクリティックに一定の理解をも示す。実証主義のための「補助科学」として扱うことを拒否する姿勢は掛け値のないものである。ただしそのあまり、(文献史料と考古学的史料の間の落差を利用するという点に欠けると後者を使う意味が大いに減殺されるといったことを措くとしても）屋敷の遺構は「イエ」の中核として物理的に自律性を表現しているとされるし、また、仏教上の意義を帯びた特殊な板碑に献呈者の思いを深く読み込み、またしてもその思いは「イエ」の系譜に対する強いこだわりを現わすものとされ、そこからいきなり「だから、「イエ」は実在した」と結論づけられる。系図を史料とする場合も、系図作成者の意図つまりバイアスを認識しようとするのはよいが、「イエ」の継承への思いは系図に乗り移って、系図の信憑性をかなりの部分回復してしまったりもする。ジェネアロジー分析の基本、つまりこの場合であればコグナティックな錯綜をどうしているのかというようなタイプの検討、はなされない。思いから実体へ飛躍するから、ジェネアロジーに混線をもたらしているものと、これを必死に整序しようとする方向のヴェクトル、を複合的に捉えることができないのである。あらゆる史料操作において、内部の亀裂や矛盾を積極的に活用できない、という限界は明白である。

これらのことは結局、「イエ」の自律性というテーゼ自体の脆弱性に帰結してしまう。仇討ちはどう考えても「自律性」には遠い。喧嘩両成敗法の不貫徹を実証主義に抗して主張しても、「自律性」とは関係のない論点であろう。鎌倉時代の「刑事裁判」における「訴えなければ裁判なし」を当事者主義や弾劾主義とするに至っては、これらの言葉についての単純な不勉強以外でない。中田薫を引用しようと、ゲルマニスト・バイアスが荒れ狂った時代の乱暴でエキセントリックな議論を一九七〇年代になって鵜呑みにすることは正当化されないのである。もっとも、石井進自身、優れた歴史家として、この『中世武士団』という書物自体において、既にこの弱点を自覚していたふしがある。石井良助や佐藤進一を批判しきれない面をエピローグなどで申告している。

それでも、次節で見るように、この「イエ」はPPWの知的状況を構築する主軸の破壊作業の中で大いに使われるのである。もちろん、このことは石井進の「イエ」への固執が時代の状況の中で大きな意味を有していたということも示す。古い家族制度へのノスタルジーなどでは毛頭ない。まずは同じ史料操作法を共有する網野善彦との対比によって、石井の「イエ」の意義を明らかにする、ことが認識手続上要請される。

何度も繰り返すように、本書は「パラデイクマのヴァージョン対抗」を追跡する本来の歴史学に達しないが、クリティックの表面だけを撫でていても、そうした「ヴァージョン対抗」が露頭を成しているのに自然と遭遇するのである。これは網野と石井の功績であろう。石井は、残忍さと裏切りと卑劣さしか私には見せない大変に好戦的な実力集団を美化して「イエ」の自律性という旗を立てた。網野はそうした凄絶な私闘から解放される空間を必死に見出そうとした。石井が美化した背景にも実は克服欲求がほのかに見える。多元主義的調整に対する漠然たる不信によるのか、これを実力によってでも切り捨てうる基盤に憧れている。『中世武士団』は大佛次郎の小説から書き起こす。全編その主題が鳴り響いている。エピローグでこのことに対する微かな後悔を石井は表明しているから、史料のバイアスに耽溺するという手法が教訓導出の大衆小説風へと滑ってしまったことに気付いているのであろう。しかし、多元主義空間克服の怪しげな方向へと司馬遼太郎風に加担した事実は遺ってしまった。

同じことは網野についても言える。多元主義的闘争空間から避難する道を探った。そこで犠牲にされていった個人を考えれば、網野が広く共感を集めたのは当然である。かつ処方箋は石井のそれと正反対である。珍しく両ヴァージョンは対抗関係を結んでいるようでもある。しかし、屈折の態様がこういう風に現われる、ということは、実際には真の公共性も真の自律性もなく、しかもそのことが捉えられず、しかし誤ったそれらへ向かって突進する混線が発生しつつある、ということを物語る。確かに政治システムはドロドロの利益争奪戦に覆われている。しかしそれを攻撃するのに土地の上で利益を求めて蠢く連中の暴力沙汰に拠って立っても無駄である。これが当のそれの中身だからである。他方、そのような連中から逃れるための超越的な安心立命の空間が天から降って湧くということもない。この「克服」のどちらも偽りのものである。網野と石井の画像の対抗関係は真の焦点を結んでいない。同じ画像の表と裏になってしまっている。真の焦点を結ばせるためのクリティック（相互間学問的論争）が欠けている。この二人の歴史家の営為をクリティック解消祭りの中に完全に吸収させるわけにはいかないけれども、回り回って片棒を担いでしまったことも否定されないのである。

6　解体の主要な一撃

ＰＰＷ－Ⅰを代表する作品を一点挙げろと言われれば私は躊躇なく村上泰亮・公文俊平・佐藤誠三郎『文明としてのイエ社会』（一九七九年）を挙げる。立論は極めて単純であり、日本が何故成功したかを問い、そしてその理由を「イエ社会」に見出しうる、というのである。大冊になるのは、「文明の生態史観」風に古今東西の文明を比較し、そしてとりわけ日本史を古代、否、先史時代から説き起こす、故である。これが全て二次文献の引用により叙述される。つまり梅棹忠夫の半ば冗談の大法螺と、石井進の思い詰めた史料解釈、を合成したのである。

まず成功であるが、これは「欧米的近代化の相対性」とともに語られる。これが個人主義と能力主義であるのに対し、日本は「集団」によって近代化を成し遂げた、というのである。その「集団」が「イエ」なのである。具体的には「平安末」以来の「武士団」であり、超血縁性と系譜性と機能的階統性と自立性を特徴としている。戦後、「イエ型原則は、最も典型的には、企業体のレベルで維持され機能的に純化された」。「歴史貫通的に」存在した日本独特のこの「イエ」は、家族集団ではなく一個の経営体であったとされる。それは「間柄主義」にもとづく「集団」であった。これが成功の秘訣とされる。梅棹が「日本は追いついた」と考えたとすれば、村上らは、「欧米の失敗を尻目に日本だけが成功した」と思っているのである。

大満足なのであるから現実との鋭い対峙は生まれない。クリティックのさらにその前提のところが欠けるのは当然である。しかし問題はここにはない。大成功であるくせに、否、大成功であるが故に、不安になる。彼らは最後に「これからの日本社会の進んでいく方向を考える」。「達成された成果の持続・発展がめざされるだろう。そのさいの力点は、いっそうの発展というよりは、達成した成果の安全・確実な維持の方に置かれるだろう」。つまり持続を考えれば問題は横たわっていると判断されるのである。この問題を解決しなければならない限りで、このままではいけない、のである。変えなければならない。事ほどさように、彼らは冒頭で「専門学者」を批判する。「歴史学者の重んじる文献批判にまでわれわれの力は及ばなかった」としつつ、「専門学者」に対して「総合の試みにもう一歩積極的であることを望みたい」と言う。専門的実証主義者は知的スペキュレーションに欠ける、と言っている。現在はよいが将来が不安である分、クリティックはご苦労様だったが、これからはクリティックを吹っ飛ばせ、というのである。

多元主義政治システムが一攫千金の軍事的投機を抑圧したように、実証主義が彼らのもやもやの種であるようである。ひょっとすると不安は言って見せているだけかもしれない。与次郎風スペキュレーションが目的であるのかもしれない。少なくとも、「不安だからスペキュレーション」というのは、心理的な連鎖ではあっても論理的には破綻である。ただし、彼らも投機マシーンの軍事的弾頭を復興しようとは考えない。何しろ成功を維持するのである。しかし、それでいて、このままではいけない、のであるとすると、一体どこに新たな「満州」を求める気なのか？

実は不安に根拠がないわけではない。それは「新中間層」がもたらす。「個別化・即自化」した連中、「サイケデリック」で「ロックンロール以降の音楽」を愛好したりする連中が出て来た。「新中間層」は、「かつての市民のように有形の財産をもってはいない」が、「制度化された無形の権益」を有している。だから中間層なのであるが、明らかに、「個別化・即自化」によって「無形の権益」が脅かされているのであるから、不安は実質「新中間層が」自分たち自身に対して抱くのである。村上らは、これを憂えるというより、これ自身の不安を代弁しているのである。いずれにせよ彼らは、「新中間層現象の不可逆性を強調し、従来の集団主義からの離脱の方向を重視する観点に立つ場合に、結果として実現するかあるいは目標として選び取られる確率が高いと思われる選択肢」を「シナリオI」、「シナリオII」として定式化する。「新中間層」も家族は大事にするから、「ニュー・ファミリー」、「小さいイエ」は残るだろう。このことを前提に、保護を撤廃して自由に任せるか、「新中間層」が回帰するところを提供するためにイエ企業を拡充するか、であるという。戦後、イエ集団が経済を担っているのに、法体制が個人主義的で、法人が十分な権利を与えられなかったと嘆く。実際は真っ逆さまであったから事実誤認であるが、これは憲法学批判のつもりである（憲法学がそのように批判されるものであったならばどれだけよかったか）。

事実誤認を惹起した強迫観念は「イエを拡充したい」つまり多元性を保ったままそれをフリーズしたい、というものである。企業が終身雇用で抱えきれなくなった人員を何とかする受け皿を作れ、というのでも、談合をそろそろ認めてはくれまいか、というのでもある。事実、シナリオⅠが「二大政党制」を経由して「大転換」する（「政権交代」と「改革」ないし新自由主義の）方向であるとすると、シナリオⅡは「大連合」方式であり、「再集権化」である、とされる。今日われわれはこの書物が予言していた、ないし著者たちが権力の内部に入って画策した、ことの大きさに驚く。時代の主要な流れを代弁していたのである。もっとも、実際には「シナリオⅠ」と「シナリオⅡ」がごちゃ混ぜになったものが出来上がっていった。そして両者に実は有意差がないこと、現実のポイントはそこにはないこと、が明らかになっていった。

どちらのシナリオでも、何かが、或いは誰かが、犠牲に供される。シナリオⅠが「イエ」の維持とどう繋がるのか、わかりにくいが、どうやら、無数の「小さいイエ」が群れて一体化するようである。新自由主義的弱肉強食が（日本の場合？）これを意味するとは卓見である。自由な戦いというよりり集団リンチのやり放題か、ぶら下がりの群れの中の蹴落とし合いになる。シナリオⅡは（まさに石井の研究から採った）「惣領制」の「間柄主義」によって緩やかに結託する関係の拡張版であるが、結託である以上ゆっくりと何かを犠牲にするであろう。そもそも「イエ」をアプリオリに設定する時点で、その「イエ」の維持のために犠牲になって貫います、という動機を深く織り込んでいる。私闘自体それぞれの内部を犠牲にし合ってなされる軍事化の応酬であるし、仇討ちは、リソースの全てをぶつけて相手を倒すということが（敵の卑怯なやり方のため）できなかった父のために子（リソース）が今事後的に捨て身で実現するのである。

そして、「イエ」設定によるこの犠牲機会の創出こそが、かつて軍事的弾頭が担った投機機会提供の役割を引き受けるのである。犠牲に供する余地が生まれれば、その獲物をどうするか、賭場は大いに立つ。殺し合うのもよし、カードで決するのもよい。戦国時代風に敗者の所領を分け与える権力が発生すれば、立派な満州が成り立つ。村上らはむろんこの最後のステップまでは書いていない。しかしその直前のステップまでおそろしく具体的に書くことに成功しており、そして何より、全てをすっ飛ばすクリティック蔑視の知的態度によって、或いはその暗いルサンチマンの色彩によって、一九八〇年代後半以降に生じていったことを予言しているのである。梅棹の無邪気な荒唐無稽とは根本的に性質を異にする。

7　実証主義派生流の迷い込み

実証主義は一九世紀前半に生まれ、以後クリティックの堅固なスタンダードを成してきた。二〇世紀に入ると、一個の太い流れがそこから分岐する。さしあたり実証主義的社会学として把握できる性質のものである。実証主義は政治的法的な枠組に社会的事実の全体を統合する。これに対して、（政治的法的な枠組の妥当を批判する趣旨で）社会的事実を（政治的法的な枠組から切り離して）閉鎖的に実証主義的に再構成し、政治的法的枠組を解体する方向でこれにそれを突きつけるのである。われわれの分野（ローマ史）で言えばプロソポグラフィー中心の研究（一人一人の人物毎にデータを集め、人的ネットワークを再構成する研究）であり、少し遅れてアメリカの各種「リアリズム」となる。対抗的な分、実証主義の成分の中でアンティクアリアンなものを突出ないし「分離独立」させる（プロソポグラフィーは元来アンティクアリアニズムの一分野であった）。ただしアンティクアリアニズムとは異なり、部分完結した実証主義的モデルを使う。

さて、以上を実証主義Ⅱ[10]とした場合、その内部の一個のコアとして、市場に関する理論、市場の成否や市場内行動に関する理論的探究、があった。さらにそこから、今や市場を出て、予測可能性や不確実性の中で互いに利益計算を働かせて動く関係を一元的な数学的モデルで解くものが現われる。ゲームの理論は戦間期末に現われると言われる。金融工学的ファイナンス理論などもその段階で発達したとされる。自律性を意味した市場のないところで同水準の自律性を求めるのであるが、その自律性は、完璧に演繹的な思考、つまり数学的モデルを使った思考、に委ねられる。モデルに合致するジャンルのデータを集めてきて、モデルの妥当性が論証される。このトートロジーは、研究が良心的であればあるほど、維持される。市場の外へというこの理論動向の出現は、戦間期における市場の危機に対応するものであったとひとまず考えておくのがさしあたりの便宜に適うように見える。やがてそこから二次的派生流が出て行くこととなるロナルド・コースの先駆的論文（一九三七年）には、特にはっきりと市場忌避傾向が認められる。

以上を実証主義Ⅱ－２と名付けると、これは、パレートを先駆とするだけあって、[11] 戦後アメリカの利益団体多元主義状況の中で支配的な思考を提供することになる。ブロック間の利益調整のためのモデルとして、実証主義Ⅱ－２は極めて適合的であった。政治システム自体、複数ブロック間の利益最大化ゲームであると見なされる。ただし、マクロ経済学、そしていわゆる主流の金融財政政策、「新古典派総合」の「ポリシー・ミックス」は、この実証主義Ⅱ－２の影響を免れ、実証主義Ⅱ本体を維持していた。自律的な経済空間は想定されていた。

しかし一九六〇年代末以降、特に一九七〇年代が進むにつれ、アメリカでは、実証主義Ⅱ－２内部のロナルド・コースのヴァージョンが前面に躍り出てくる。[12] 垂直型組織、"firm"が鍵概念になる。一九三七年から一九七〇年代に飛ぶというこのタイム・ラグは、この動向を歴史学的に位置付けるために重要である。利益団体多元主義と金融財政政策の棲み分けが行き詰まり、経済の実質が大きな垂直型組織とそれらの間の原レシプロシテ取引に重心を移すのである。[13] 別の言い方をすれば、政治的には多元主義＝リベラルが行き詰まり、経済的には市場が破綻し、企業組織内部に自律性を託し、そこに実証主義Ⅱ－２を適用するしかない。こうして企業組織強調の理論クラスター、取引費用、外部性、エイジェンシー、情報の非対称性、モニタリングなどの学説が発達し、ミクロ経済学を塗り替え、一九八〇年代以降、徐々に全ての（アメリカ独特の言い方である）「社会科学」の主流にさえなる。現在では新制度論[14]となって世界的なヘゲモニーを獲得している。以上の動向を実証主義II－2－2と呼ぶこととしよう。

一九七〇年代に入るとミクロ経済学がマクロ経済学を解体してこれを支配してしまう、と言われる。ケインジアンないしいわゆる「新古典派総合」が有力な経済政策基盤を提供していたのに、その生命たるフィリップス曲線、つまりインフレと雇用の相関関係、がスタグフレーションとともに妥当しなくなった。そこでまず合理的期待形成理論なるものが、理論的に、確立された経済政策のプロトコルから論拠を奪った。市場と政策的介入の二元的システムは、政策的介入を織り込む計算によって政策的介入自体が無効化されるため、そもそも成り立たない、というのである。利益集団多元主義ないし「新古典派総合」の破綻はこのヴァージョンにおいて一九八〇年前後に日本に到達した。同時に、多元主義的調整を非市場的組織内調整に転位させる考えであるとも言える実証主義II－2－2もまた到達するのである。

一九八一年の村上泰亮・浜田宏一編『経済学の新しい流れ』は重要な史料である。ちょうどこの時点で実証主義II－2－2が日本の経済政策と経済学にイムパクトをもたらしたということがよく示されている。浜田によれば、それまで（「とりわけ」）日本の経済学は（「一九六〇年代」において）「マクロのケインズ経済学」の「威風堂々」とした姿に覆われていた（浜田 一九八一、一九四頁以下）。ところがその脆弱性が露わになり、大きな転機を迎えた、というのである。浜田はイムパクト源のうち主として合理的期待形成理論を論じていく。とはいえ、われわれはアメリカにおけるのと同じ脈絡が日本にもあったとは想定できない。

経済学はナポリとスコットランドの啓蒙主義から生まれた。当然、モラル・フィロソフィーおよびフィロソフィック・ヒストリーと一体のものであった。実証主義において様々な数学的モデルが使用されたとしてもケインズまでは包括性が失われなかった。日本の経済学も、早い時期の左右田喜一郎、そして内田義彦や森嶋通夫のように、この包括的なレヴェルを受け継いだ。ケインジアンの知見も戦時期の高橋財政における金融当局者には十分に知られていたことであろう。戦後復興を主導したのはむしろマルクス主義によって自己形成を行った経済学者であり、彼らが戦時期の経験を土台としつつ徐々にケインジアンを接ぎ木しながら経済政策を導いた。浜田が正確に「一九六〇年代」と言うように、戦後期後半には主流派金融財政政策が入ってきた。以上に対して、実証主義Ⅱ－2（のミクロ経済学）は、多元主義体制とともにピークを迎える（主流派ポリシー・ミックスと対を成す）はずであるのに、一部で辛うじて知られるのみであった。この事情は明らかに多元主義にどこか不全があることを示唆している。だからこそ、アメリカで多元主義の行き詰まりとともに実証主義Ⅱ－2－2からの主流派攻撃が行われても、日本では一〇年遅れなければ（一九七〇年ではなく一九八〇年にならなければ）そのイムパクトが及ばなかったのである。そしてこのズレは、イムパクトの歴史的意味が日本においてはアメリカにおけるのと異なっていたのではないか、と疑わせる。

右の書物においては、経済審議会・経済企画庁周辺の「計画理論研究会」を基礎としているためもあるが、村上や青木昌彦の論文に顕著であるように、政策というものの役割を（政策的介入批判＝多元主義的調整不信であった合理的期待形成理論とは反対にケインジアン風に）擁護しようとする姿勢が濃厚である。ただし、政策の基礎となる理論としてはケインジアンを放棄し、新たな可能性を探る、というのである。市場はおろか市場前にさえ引き下がり政策的介入を峻拒するというアメリカの実証主義Ⅱ-2-2とは非常に異なる波長の存在が認められる。これは、多元主義的調整放棄が決して介入拒絶を意味しないためではないか？　むしろ一元的な垂訓による集団行動（調整に換えて各アクターが内的な犠牲強要により合わせること）を意味したためではないか？　だとすれば、日本のポスト戦後期のライトモティーフに符合する。

むろん、この書物に収められた論文には優れたデータ分析を示して新動向に必ずしも同調しないものが多く、符合は発注者側が置かれた状況と利用のされ方によるものであろう。しかし、イムパクトと状況（浜田の問題提起と各研究）がこのようにすれ違うということを認識する、そしてそれは何故かと、さらにその先を問う、姿勢は必ずしも濃厚ではない。イムパクトの源の吟味、これとすれ違う日本の状況の問題点の正確な把握、一九六〇年代に既にズレていることやその歴史的背景の認識、などからはどの論考も遠いのである。

青木昌彦のグループによる『経済システムの比較制度分析』はその後一九八〇年代に遂行された研究の成果であると思われる。実証主義Ⅱ-2-2の一個の核としての「新制度論」に基づく。実証主義Ⅱ-2-2は取引費用に着目する。そこから流れ出た若干の人々は、取引費用減殺に関わる「自生的」メカニズムがあると仮定し、（後にはフランス社会学のレシプロシテまで優良な資源として取り込み）この「自生的」メカニズムを「ゲームの理論」の発展型に組み込む。すると、市場経済以外の経済、そして経済以外の社会的事象（例えば市民革命の政治過程）、に「ゲームの理論」を応用できる。鍵は「制度」ないし「制度」形成である。取引費用の問題を解決する様々な「制度」ないし「制度」間連関を論じうる、というのである。取引費用ないし市場阻害の一つのジャンルとして情報の非対称性がある。これを解決するのがエイジェンシーであると捉えられる。エイジェンシーは代表的な「制度」である。

青木らは、戦後日本の経済が新古典派的前提（市場の十全な機能）を持たないにもかかわらず成功し（それを典型的に持つ）アメリカ経済を凌いだのは何故か、と問う。ポイントは労働と経営をどうコントロールするかであるとし、エイジェンシー理論の基幹概念たるモニタリング概念を適用した。「長期雇用」の故に「退出」戦略を排除されている中で、どのように労働を監視するか。そしてもっと重要なことに、金融市場が実質的に存在しない中で事業会社のガヴァナンスをどのようにするか。青木らは関係の固定的包括性故にこそ最適モニタリングが達成される（あの不透明とあの癒着の中でどうやって?）と論じた。とりわけ、メイン・バンク制度が日本経済の秘訣であった、というのである。議論の内容面で村上泰亮らの「イエ」と強い親和性を示している。特に日本経済礼賛ないし戦勝気分においてそうである。かつ論陣は一見完璧であるように見えた。

にもかかわらず、この議論も日本経済の壊滅によってアッと言う間に説得力を失う。一〇年後には人々はもう、何故アメリカのシステムが「日本型」システムに優ったか、と論じ始めていた。自説を曲げなかった青木らよりも、これらの人々の方が（既に一九八〇年代に批判していたのでない場合）恥ずべき存在であるが、青木らのフィグラッチオも消し去ることはできない。そもそも、「日本的」が不透明というので「改革」をしたのではなかったのか？ それらの「改革」が「日本的」を礼賛したから恐るべき混乱ないし癒着であったが、極大点達成の一九八〇年代に「実証主義Ⅱ‐2‐2からもそう言えます」と「国際的な」手柄を立てて見せたのであろうか？ 少なくとも、実証主義Ⅱ‐2‐2につきものの致命的な論理的飛躍にたたられた。ちょうど、株屋が株式市場の外に出てもまだ中にいるが如くに発想するように、そういう喜劇におけるように、市場から抽出したものを外に適用して有効であると錯覚してしまった。そういう色眼鏡を掛けているからそう思われるだけの話なので、トートロジーである。

社会学的理性にはアンティクアリアニズムの負の遺産を引き摺って常にこの危険がある。さらに、「適用できる」は「合理的である」そして「成功している」という価値判断へと論理的に飛躍してしまっている。こうなると病は重い。何故ならば問題を発見できなくなってしまうからである。問題を隠蔽してしまう。経済の大成功が言われている時期にさえ流石に労働関係には大きな問題があると言われ続けていた。生産性もしかりである。そもそも、実証主義Ⅱ‐2‐2はデータの取り方の部分に致命的な弱点を抱えている。実証主義Ⅱ‐1つまり統計学などに比してもそうである。まして本格的な史料批判を要する場合になるとお手上げである。

経済学の次に実証主義Ⅱ‐2‐2が浸透していくジャンルとして政治学がある。アメリカの多元主義政治学ないし政治社会学（Ⅱ‐2）は早くから知られていたが、政治学が戦後期日本の多元主義に批判的な分、どちらも主流にはならなかった。しかし一九七〇年代になってレヴィジオニスムが優勢になると、実証主義Ⅱ‐2は（アメリカではまさにこれが批判され始めたのだから、ここでも遅れて）政治学の教科書をも影響下に置くようになる。そして、（これも遅れて）一九八〇年代初頭から実証主義Ⅱ－2－2が試みられる。

一つの指標となるのが、一九八三年の猪口孝『現代日本政治経済の構図』である。今述べたように、利益団体多元主義下でよく機能するアメリカの政治社会学が優勢となることがなかったのは日本の政治システムが別の問題を抱えていたからであろう。そうした政治社会学は、投票行動を（とりわけ消費者の）市場行動モデルで説明する実証主義Ⅱ－2－2であったが、言わば、選挙を市場であるかのように分析するものである。これに対して、実証主義Ⅱ－2－2は、市場の外に出る結果、選挙も市場も第三の合理的メカニズムによって説明する。猪口はこれを日本に適用する。するとおかしなことが起こる。アメリカで（市場外であっても）経済的に合理的な選択に政治が還元される、つまり（実は市場由来の、しかしそれにしてはだいぶ希釈された）自律性が極限まで追求される、とすれば、猪口の分析においては、政治と経済（市場）の癒着ないし相互溶け込みが称揚される。実証主義Ⅱ－2－2の多元主義批判は、ここでも、本来の多元主義を日本型調整へ歪める作用をする。多元主義時代の選挙は、「官僚的包括型多元主義」つまり「（一党支配の）与党」が経済政策によって成功したために選挙で勝つ、というストーリーによって彩られる。実証主義Ⅱ－2－2を標榜しながら、多元主義時代を彷彿とさせることに、市場ないし経済によって政治を説明する方法が採られる。しかも両者を同じモデルで並行させるのではなく、実体として一つだと描く。それでいて、否、だから当然に、市場や経済それ自体に関する分析はほとんどなく、政党の公約と景気循環の相関を見るばかりなので、経済と言っても、景気対策の奏功を証明するというトリヴィアルなものになっている。多元主義の行き詰まりを見て新しい方向を探るという「新自由主義」的主張すらない。なにしろ多元主義時代も今も、うまく行っている、と言うのであるから。そもそも問題を見ていない。経済学者たちのクリティックの精度もない。

そもそも実証主義II-2は、クリティックの精度に或る意味で欠けない（少なくとも推論は精密である）。しかし先立つ原クリティック、つまり現実と対峙しそこに問題を発見するという姿勢、に欠ける。つまり原クリティックを欠いたままクリティックを発達させるというパラドックスを抱える。猪口の場合には、しかし、クリティック自体どこかへ飛んでしまっている。まさにそれによって、ポスト多元主義の曖昧さに極めて適合的なのである。かつての多元主義空間は亀裂と闘争に満ちていた。これを猪口は、実証主義II-2というヴェールを空虚に借りて、完全予定調和の世界として描く。戦後像の絵がそのままPPWになっている。多元主義もポスト多元主義も同じことだ、と言わんばかりに。一九八〇年代の「改革」の精神を見事に表現している。あっけらかんとしたクリティック放棄によって。

一九八一年の村松岐夫『戦後日本の官僚制』は一九八〇年代以降の日本社会の方向付けにもっとはっきり加担している。これもクリティックを全く欠くというのではない。或る意味で手堅い実証研究である。中央官庁の官僚たちに大規模なアンケートを実施する。上層は政治に反応し、下層は利益団体に反応し、中間（審議官など）に若干官僚らしいイニシャティヴが見られる、とする。近代国家の合理性を一手に担うという古典的（マックス・ウェーバー的？）官僚制像も「官僚支配」論も妥当せず、利益団体多元主義を正常に機能させる歯車になっている、というのである。これもまたひとまず

「成功」の指摘である。ところが、最後の部分で頻りに、状況が変わったので日本の官僚制は変わらなければならない、ということが仄めかされる。ただ、状況の内容も変わる方向も明らかにされない。この点の曖昧さは実はこの研究の致命的な弱点と関係する。

アンケートは実証主義Ⅱの典型的な手法である。しかしこの場合は、官僚たちの自己意識がそこに現われるのみである。にもかかわらず官僚制の役割それ自体の認識をそこから導いた。彼らの意識とその外の現実との間に横たわるギャップや亀裂を分析していないのである。「成功」という像が出てくるのは当然である。恰もまだ一九六〇年代が続いているように見えてしまう。要するに石井進の史料読解と同じ問題がある。問題が見えてこない。まして、近年その問題がどう変化したか、が。だから、何か変わらなければ、という漠然たる意識を持っても論理の橋はそこへと架からない。

村松は一九九四年になり『日本の行政』において状況の変化と官僚制の将来について述べている。新しい状況とは「規制緩和」と「市場のロジック」と「分権化」である。処方箋は「最大動員」である。これは、「行政に利用できるリソースに関してできるだけ能率的に使用すること」を意味する。「規則を犠牲にしても」、「個人責任を明らかにすることを犠牲にしても」、「目標の達成を第一と」しなければならない。多元主義ないし利益の観点は決して修正しないという。日本型組織礼賛も欠けはしない。その上で、元々リソースは少なかった、ことがたくさん論じられる。ならば今更何が？　いきなりの転調が見られ、驚くべき率直さで、変化の中核は臨調である、と語られる（村松　一九九四、一四二頁）。臨調によってリソースが一層減らされたのである。予算、人員、業務、の削減である。ではは何故臨調がそうしたのか？　それは正しいのか？　そのまま通っていったのか？　それは何故か？　等々は問われない。状況の説明でも何でもない。知的破綻である。しかし組織は生き延びなければならない。そのためにはトップに機能を集約し、業務としては評価・選別といったところに絞らなければならない、等々。他は切り捨てる以上、内部に犠牲を求めることを意味する。にもかかわらず組織とトップは生き延びるというのが至上命令で、ここに「合理化」は及ばないから、合理的なシステムに替えるという話ではない。多元主義政治システムの中で行政はうまく行っていたが、ただ今度は少々高度に適応する必要がある、というのである。つまり利益団体多元主義をハイパーな水準で維持したいというのであり、これを解体したいというのではなかった。それにしても、一九九四年ならば既に経済は破綻している。そのことの衝撃はここには全然見られない。確かに、二〇〇〇年代初めまで同じ調性の「改革」ないし規制緩和は続けられた。犯人とも知らずに招き続けていた。

8　歯止めの不在

以上に述べたのはＰＰＷ‐Ｉにおける新動向であるが、全ての分野において、この新動向が戦後期に始まった知的学問的営為に取って替わった、ということではない。多くの場合、新動向は全体へ浸透せず、周辺的な流れにとどまった。つまり大きく言って（やや不完全な）実証主義が知的世界の主流を成したのである。例えば『年報政治学』を追ってみても、実証主義Ⅱ‐２‐２は意外なほど顔を現わさない。先に示唆した「遅れてヘゲモニーを握った実証主義Ⅱ‐２」ないし多元主義ないしリベラル・デモクラシー標準型の政治分析や比較政治が全面を覆っている。しかしこの一般的学問状況は、学問界自体が状況から取り残され、知的に停滞する、ということをも意味した。風をキャッチしなかったことを非難するのではない。それを批判しえなかったことを批判するのである。その批判のためには、本格的なクリティックを構築し直す必要があったろう。しかし政治学はこれをなしえなかった。戦後期の遺産がありながら、なおできなかった。遺産が抱える限界を突破するチャンスであったのに、遺産をただ食いつぶすか、批判対象たる多元主義標準政治学に今更乗り換えるだけであった。

継続性を示す最たるは法律学であり、前章で述べた利益衡量論はこの時期を通じて標準の法解釈方法であり続ける。多元主義は産業化と並行であったから、その弊害が出始めた一九七〇年代にこそむしろ必死の利益調整を要したのである。公害問題が不法行為法に与えたインパクトはその典型である。担保物権などの実務的性格の強い分野でも、実務を微調整することに余念がなかった。裾野の信用システムこそが最も弱く不透明なのであったが、ならばこそ、職人的パッチワークが要請されたのである。

ただし、法律学の場合、前章で述べたように、市民社会・経済社会の骨格を維持する最後の砦でなければならない使命を帯びている。頑固なアプリオリを少なくとも実証主義的に貫かなければならない。日本の法律学はこの面に大いに欠けた。譲れない原則というものは、その原則についてよほどよく理解できていなければ、貫徹できない。しかし日本の法律学は輸入した道具を使用法と効能に関して半信半疑のまま使い続けていたのである。利益衡量をするうちに、目先の便益のために既に幾らでもアプリオリを犠牲にしてきていた。したがって、ポスト多元主義における全般的な崩壊状況において、まさにここにおいてこそ出番であるのに、この最後の砦はついに舞台の上に現われなかったのである。丸山眞男があれだけ鋭く突きつけたあの袋小路、つまり状況の勢いに棹さして破滅するというあの道、を進んで行ってしまった。[15] 確信を持って主導したのでは毛頭なかった。しかし流される法律学など、水汲み用のザルのようなものである。そして、確かに一九八〇年代初頭にスタートを切ったのではなかったが、一九八〇年代末には、法律学者主体の或る学部が大学の制度「改革」において最後に現われ、逆転でテープを切ったのである。

第V章

ポスト戦後期II（一九九五—二〇二〇年）

はじめに

一九九〇年代以降、知的世界は大停滞期に突入する。一九九五年が一つの画期であると感じる人々があるが、間違っていないと思う。私の見方からすれば、そのコアの部分にクリティックの全面的な崩落があるが、クリティックや知的世界を破壊する知的営為を含めて、およそ思考停止が始まってしまった、ということもあると考えられる。

戦時期と状況が似ているという観察もなされるが、これを一概に否定できないと同時に、やはり相違点も大きいと考える。何より、戦時期の状況は軍事的破綻によって短期で解消された。しかるに今回は全く出口が見えない。戦時期の破綻に与次郎が大いに関わったことも事実であるが、知的世界の動向と無関係に突っ走る実体が先にあり、知的世界はこのスロット・マシーンに全財産をつぎ込んでしまった、という側面も大きい。

ところがPPWにおいては、肝心の所で知的世界が主導してしまったのである。前章で敢えて大学の状況に触れた。それ自身、知的世界が引き金に関わって始まった経過の終着点の一つであった。しかし今これが跳ね返って経済という大状況のネックになるのである。それがさらに跳ね返り返して知的世界のおそらく不可逆的な崩壊をもたらした。知的世界、特に学問、の生息条件は実に微妙である。一旦破壊すると再生させることは非常に困難である。一九八〇年代末の大学解体時に、このようなことをするとこれまで（「明治以来」）積み上げてきたものを全部崩すことになり、なかなか立ち直れなくなるが、それでもよいか、という声がわずかにあった。[1]しかし今日ではこの声も既に聞かれなくなった。秋の虫たちも鳴きやむ厳寒期になったのである。

1　信用の状況

深尾京司は、一九九一年以降を「長期停滞期」と呼び、ポスト戦後期の中でもこれを区別する。TFP上昇率の低下、資本収益率の低下、民間投資の減少、貯蓄過剰（家計貯蓄の減少を企業の留保の増加が補う）といった連鎖は変わらないが、一九九〇年代以降は、大企業ないし一部製造業と中小企業の間の労働生産性のギャップが著しくなる、という。ギャップの要因は、技術・知識を含む無形資産と労働者の能力の面に存する。深尾は一つの註で、学歴自体は「労働の質」の問題であるが、同学歴内の能力の差（同じ学士号取得者でも能力・資質が全然異なるということか？）はTFPに属する、と言う。その意味で（実質のレヴェルで）の質の高い労働を要する部門が裾野を拡げられなかった（高い知的レヴェルの労働力を要する部門が発達せず、また発達しようにも人材を得られなかった）、というのであろう。

拡げられなかった理由として深尾が挙げるのは、TFPの高い部門が海外に移転するということ、取引関係のオープン化（部品モジュール化など）[2]によって系列へのスピルオーバーが減少すること、結果的に裾野のＩＴに投資されないということ、を挙げる。さらに深尾が特筆するのは、非正規雇用の増加である。[3] これが無形資産投資を停滞させる。例えば労働生産性の高度化によって収益を上げるために育成したり教育機関に高い質を要求したりするかわりに安上がりな労働力を使って当座の利益を出しお茶を濁すことをしてしまう、ということであろう。劣位部門だけでなく、優位部門内部でもこのようなプロセスは進んでいった、あるいはなお進みつつある、のではないかと疑われる。いずれにせよ、ギャップがあると、(同じ比喩を繰り返せば) オフサイド・トラップをかけそこなったようなもので、しばしば致命的となる。貞廣がバブル発生理由とした要因と深尾が長期停滞原因と見る要因がおおよそ重なることが注目される。

ＴＦＰを決定的な要因とする深尾の視座の射程はなお検討しなければならないが、ＴＦＰという要因の一つの柱として教育ないし高等教育が挙がったこと自体注目に値する。仮に企業や政府が深尾の指摘に気付いたとしよう。無形資産への投資が大事であるということになる。しかし原材料の仕入れ先はあるか？　大学が第一候補であろう。しかしまさにその大学の中身が今や空洞化しつつあった。これは、ＰＰＷ－Ｉにおいて知的階層が自ら手がけた与次郎風「改革」の末端の帰結たる大学解体の成果であった。しかし、一九九〇年代も進むと、その「改革」の失敗は目に見えていたではないか？　そこで軌道修正はなされたか？　大学における蓄積は如何に貧しかろうとも簡単にはゼロにならない。再出発のチャンスはあったと考えられる。一九九〇年における相場の大崩壊は一九九〇年代末にはついに誤魔化しきれなくなり、金融機関の破綻などが相次ぐが、これについて、金融政策の失敗などではない、ということが今日有力に説かれる。構造的な信用腐敗がその帰結を見たにすぎなかった。この腐敗と投機、そしてそのエクステンションとしての大学の状況、その結果としてのTFP停滞、これらは関係している。だからこそ深尾の指摘は説得力を有する。だからこそ大学という一点で悪循環を断ち切る可能性をわれわれは有した。

にもかかわらずわれわれは、一九九〇年代後半になってさえ、道を間違えているのに、戻る勇気を持たず、否、それどころか間違えていることに気付かず、間違えたその道を行き足りない、と考えたのである。知的階層が、大学が、である。もっとも、この「知的階層」は与次郎的博打をPPW-Ⅰにおいて仕掛けた人々ないしその末裔であった。そして、彼らは二〇〇〇年代になると状況をもう一段深刻にしてしまう。結果、大学の壊滅がネックであると誰も長く気付かないばかりか、気付いてももはや修復不可能であるということに二〇二〇年になっても考え及ばないのである。それすらなされていないが、仮に今更気付いて資金を投入しても無駄である。せめて、全面的な制度修復をするしかない。そして五〇年くらい待つしかない。その理由となる大学内部の状況についてはは節をあらためて詳述する。

それ以前に、日本の社会は、実は一九八〇年代の失敗をどうするかという卑近なところでも全く対処を欠いた。バブル崩壊の後始末案件の膨大な判例群は、トップレヴェルの自己焦土作戦にぴたりと伴走したのが、土地の上の不透明な実力組織であった、ことを示す。すさまじい破壊力で草の根の信用を根絶やしにした。しかしこの判例群を見る限り、荒れ狂った暴風に対して post factum の的確な対処というものも全く用意されていなかった、どころか、このことを人々は意識さえしなかった、ということが明らかである。まして「再発防止」の策はないし、そういうことは考えもしなかった。つまり信用面で回復バネが働かないどころか装備されていなかった。せめて回復バネの新規構築でも目指せば（有効需要とまで言わないが）有効な目標になったであろうに。長期停滞もせめてこれを主題化すれば脱出の一つのきっかけくらいにはなるであろうに、嘆く声は聞かれても、本格的な主題化は今日に至ってもなされていない。それもそのはずで、そういうことをするための知的世界自体が崩壊しているのである。

一九九〇年代半ば以降を特徴付けるスローガンは「規制緩和」である。確かに、考え方自体は或る意味「臨調」において既に見られる。しかし「臨調」が提案した「デレギュレーション」の中心は補助金・許認可の合理化・削減である。公共部門の解体ないし縮減に力点が置かれていた。実態は投機対象創出であったが、額面上は経済の自律性回復を目標とした。これに対して一九九三年末の「平岩リポート」以降の「規制緩和」は、額面上も、自立的な経済社会の準則そのもの、したがって自律性、を消し去る方向へ向かう。表面的には、非常に細かくなる。また、財政負担を伴わない（したがって「財政健全化」が理由となりにくい）部分の規律までもはずすのである。

この奇妙な動きには様々な解釈を当てることができるが、基礎的認識として動かないのは、一九九〇年に喫したダウン、及びその後の状況、それをもたらしたもの、への反省が全然ない、ということである。まるで何事も起こっていないように「臨調」成功神話に寄りかかっている。「臨調」はそれ自体、既に述べたように神話化による問題解決であったが、そのため、二〇二〇年代になっても依然神話が健在であり、「夢を再び見よう」という動きが繰り返し現われるのである。「臨調」の処方箋が現下の問題にとって有用でないという認識が欠けるばかりでない。それがおよそ処方箋でないという認識に欠けるばかりでない。それが現下の破綻の元兇であるという認識に欠けるのである。「規制緩和」は基本的に「臨調」型「改革」を踏襲した（つもりであった）。

しかし加えて、「規制緩和」はやはり新たなフェイズに対応していた。失敗を明確には意識せずとも、どこかには焦燥感があり、これを募らせながら藁にもすがる思いで「規制緩和」した部分があった。窮すれば詐欺に遭いやすい。巷ではまだまだ有能な詐欺師つまり与次郎三世に事欠かない。具体的には、旧公共部門略奪という新しい「満州」が尽きたところで、人為的にミニ・バブルを発生させて息をつきたい、と苦し紛れに考えたのである。木造三階建て住宅を認めて環境悪化型ミニ開発を助長することに典型的に現われている。まずは、土地投機後の不良債権処理つまり「流動化」スキームである。ブーム崩壊後は大きなデヴェロッパーが高値でババを引いてくれるということがない。貧しい資本しか入らない。どこまでも細切れにして安く売り抜くしかない。貞廣の指摘が正しければ、既にバブル期に部門間ギャップが鉄砲水的投機を生んだ。一九九〇年代、後始末のための逆向きバブルが必要であった。とにかく回転がなければ信用収縮に立ち向かえない。「規制緩和」が「景気対策」であったのはこのためであろう。

もっとも、「臨調」の実体的動機が前面に出て来たのであるとも言える。つまり、内側を犠牲にして（細かくねちねちとうるさく節約して）収益を維持し組織を生き延びさせるという動機である。「子殺し」であり、「イエ」の大看板である。この方向が優越すると労働生産性向上（人材育成や研究開発）への努力はなされなくなる。一九九〇年代は、「終身雇用を旨とする日本型システムの克服」が言われた。もちろん、一面で遠くには真に自律的な労働市場を確立するという必要が意識されたとも言える。しかし、それならば、新たなルールを構築しなければならなかった。ところが、「規制緩和」は略奪的犠牲強要にゴーサインを与えるものであった。労働法を事実上空洞化させてしまった。その結果がいわゆる「非正規労働」問題であり、深尾が指摘するとおり、TFP上昇せず、の主因である。そうでなくとも、今日の日本社会の停滞の根源であることを誰でも知っている。ここに逃げ場が用意されている限り、事業体は決して真の労働生産性向上に取り組まない。イノヴェーションが生まれず、世界との格差は拡がる。

要するに一九九〇年代の処方箋は完全に事態とすれ違ったのであるが、そもそも、「臨調」が「増税なき財政再建」から出発したのに、PPW-Ⅱは天文学的な財政赤字を蓄積してしまった。公共部門をこれだけ削減しながら、そしてなるほど公共サーヴィスの低下が著しいにもかかわらず、「小さな政府」どころか化け物のように巨大な政府が出来上がってしまった。余りにも深い謎である。この逆説を全面的に解明する作業はこの場に適しないが、知的状況に響く限りで確認すると、公共部門削減が、自律的経済社会のためのものではなく、略奪マシーンそのものから付随するミニ開発に至るまで、徹頭徹尾投機機会創出（公共性略奪産業構築）のためであったから、却って胴元ないしサクラ資金を必要としたこと、民間資金が弱いのでそれを公的信用で補ったこと、まして大破綻後は公的資金で必死に賭場を支えなければならなかったこと、がある。民営化は払い下げられた対象への投資を必要とするが、関連公共投資なしには先が続かない。自律的投資環境を創り出せなかった、経済社会の自足的信用が弱かった、ということである。このための財政出動は、「節約」、「切り詰め」のかけ声と露骨に矛盾するにもかかわらず、恥も外聞もなく行われた。否、並行して行われた。略奪者が、略奪しても採算が取れないと困る、と言うので、困らないようにしてやるのである。

他方よく見ると「ケインズ派」的財政主導が体系的に遂行されたわけでもなく、だから、経済学的には何もしていないのに財政赤字が天文学的になる。批判も、これを「新自由主義」と誤解して、「もっと面倒を見てやれ」と言ったが、ほくそ笑むのは略奪者たちだった。「もっと面倒を見てくれ」と叫んでいるのは彼らだったのである。他方むろん、単純な財政健全化論も（結局財政異常膨張をもたらす）「節約」、「切り詰め」という投機メカニズムを助長してしまうばかりである。何を言ってもおかしな方向にそれていく、異常磁場が居座ってしまった。

こうしてわれわれは深い闇の中にどんどん入っていった。二〇〇〇年代初めには、閉塞感からか原点の公共部門掠奪を久々にやってみた。しかし全く浮上しなかった。二〇〇〇年代半ば以降は投機機会創出と言っても、万策尽き、カジノくらいしか残らない有様である。公共投資の乗数は長期停滞期において低下する一方と言われる。それどころか、貨幣乗数もである。つまり財政金融政策はもはや成長に極めて非効率的にしか繋がらないのである。長期信用の確かな受け皿は投資対象たる事業の安定性によってしか得られない。そこが不透明であったり、プレケールつまり容易に根本的な関係が覆るようであれば、そこには融資しえない。もちろん、投資客体が閉ざされている、つまり既得権の対象になって寝ていても選手交代のおそれがない、場合には効率を阻害する。だからこそ（民事）法は所有権でなく占有という（素人には分からない）概念を用意している。つまり主体の地位の永久保障ではなく、良質の費用果実関係が横槍によって攪乱されないための保障、その単位の存立の保障、をしてきた。この微妙な概念を日本の経済社会は一度も理解せず、まして一九八〇年代からは徹底的に反対方向に破壊を推し進めた。こうして、誰しも「改革」路線の失敗を意識したが、しかし、それが何だったのか、何故失敗したのか、そしてとりわけ何故未だにその路線が（中身を欠くままに）継続されているのか、誰も答を与えることができなかった。

二〇〇〇年代半ば、特に二〇一〇年代になると、掠奪対象が枯渇した。この世には投機対象が見当たらなくなる。最後は労働者を切ることであったところ、二〇一三年体制になると突然労使談合による賃上げが浮上し、人々は大いに幻惑された。しかし、実質は掠奪対象がこの世からあの世に移ったということであった。（空前の財政破綻でもなお）国家からの直接的な資金の雨に浴する単一の徒党が組織され、猛威を振るうようになる。政府債務を元手に超低金利で資金が供給されるモラル・ハザード行き超特急の金融政策も続く。「満州」は今や内側にもなく、無責任にも、将来世代の負担を空想する中に求められた。[4] これは性質上どこまでも空想できる。将来世代もまた未来を空想すればよいだけである。これによって信用循環を生む。ミニ・バブルにぶら下がるより、この一元的な利益集団にぶら下がる方が遥かによい。ミニ・バブルもこれに連結すれば「安心・安全」。大企業も犠牲強要に明け暮れてきたが、これを継続するとしても残る人員には（分配するための機構さえ削減したから分配時に怪しい組織に吸われてしまって非効率きわまりないが）少し分配して循環を維持しなければ一元的な賭場自体を支えられない、と人々は悲鳴を上げた。

この巨大なぶら下がり状態は、もちろん、全般的なプレカリテを意味した。非正規労働者ばかりではない。最も甘い汁を吸う立場にある者もまた直近のプレケールな権力者の機嫌次第でいつ何時奈落の底に落ちるとも知れない。万が一金銭が土砂降りのように降ってきても信用が与えられたとは言えないのである。おちおち考えている場合ではない。焼けたトタンの上で小さな日常的投機踊りをし続けなければならない。流石にこのことを人々は理解している。だから実際には誰も本気には踊らない。危ないとわかっている。頂くものは頂くが投資どころか消費もしない。蓄蔵される。国債購入に回る。AがBから借りた金をBにただくれてやる。Bはその金をまたAに貸す。借金残高は増え続けるが、実体経済はトータルに空転化する。

それでも、先に述べた、ネーミの奴隷王制のメカニズムだけはどこまでも膨張していく。二〇一三年体制は、一元的権力構造がこの一元的ぶら下がりメカニズムを端的に担うようになったことを意味するが、その内部は暗闘である。少しでも気を抜いたらやられる。それでいて、全体は、もう、火にくべる壁も残っていないというのに、犠牲を求める心理には磨きが掛かり、常に誰かをいびり抜き、また、誰一人プレケールな状態から脱出させてたまるか、と腕まくりしている。そんなことをしなくとも、「蜘蛛の糸」にぶら下がるからこそ、互いに振り落とさねばならず、したがってボスを含めて皆自動的にプレケールである、というのに。この社会は社会として決してここから脱出しえないであろう。

2　大学の状況

深尾のような認識に到達できていた人がたとえあったとしても、人々の考えの大勢を動かすに至らず、人々が（大いに反省して）再び大学などに根本的な投資をするという可能性は事実としてゼロであったろうが、万が一そのような投資がなされたとしても無意味であると判断せざるをえないほどの基盤欠損状態へと、大学それ自体が、このPPW-Ⅱにおいて、次第に陥っていく。

一九八〇年代末の転換は、何より、大学人が自分で大学を解体していくようにと仕組まれた装置の設定を意味した。既に述べたように、大学人たちは、提案プロジェクトの意味不明の度合いが大きければ大きいほどよいというシュールなゲームをさせられ、それによってお金を施して貰う、というプレカリテの極北に向かって突進していくことに決めた。高度な大学院を立ち上げるどころか、研究者養成の基礎訓練さえ継承されなくなっていった。結果、本格的な高等教育において教えるに足る能力を備えた人員が絶滅していった。再生産の回路が断たれていってしまった。教える人材を育てなければならないが、しかしこれをできる人材こそが見当たらなくなっていった。深尾が要求する人材は新しいレヴェルの大学院教育の中からしか生まれない。そのような高等教育を新たに築くための人員こそが育っていないのである。この状況はまさに（深尾が問題とする）ギャップを創出したのと同じ人為的な介入によって惹起された。つまり「改革」推進者もフォロワーも自らの基盤に向けて戦略爆撃をしたようなものである。「大学改革」の戦果を華々しく喧伝しても、自分たちの土地を「草木一本生えない」焦土と化したと自慢するのに似ていたのである。

加えて、国立大学でさえガヴァナンスの問題を抱えるようになった。それは二〇〇〇年代初めの「独立行政法人化」による。「法人化」というと自律性を高める（「新自由主義」的自己責任原則によって財政的に放り出される）かのように（法律家以外の方々には）思われるかもしれないが、初めから自由は考えられていない（「新自由主義」的自由もない）。だから、「自由が与えられたはずなのに」という批判も妥当しない。そんなものを与えた覚えは誰にもない。「独立行政法人」は法人理論に全く通じない法律学者の手になる滅茶苦茶な立て付けのものであった（法律家以外の人々も、否、法律家さえも、「法人化」を批判するならばきちんと法人理論を学習しなければならない）。機関説事件は、法人理論に通じた法学者の受難であった。国立大学法人化事件は法学者でありながら法人理論を勉強していなかった者が招いた爆笑喜劇であった。なにしろ、substratum および pia causa という法人理論の二つの鍵を見たことも聞いたこともない人々が設計したのである。こうして「法人」レヴェルに解きがたい縺れのような腐敗病巣が発生した。そこに不透明な権力闘争の場が出来上がる。外の不透明が直接入り始めたのである。「法人化」は、自己「スクラップ・アンド・ビルド」さえもう許さず、これからは外から直接掠奪するぞ、という号令であった。だから、以後、地上げや民営化と同じく、権益を巡る争闘を大学の奥深くに発生させることになる。外の利害関係が直接どんどん入り込む。それも、一九九〇年代風（規制緩和型）ミニ開発であった。先に述べた局所的再バブルには最適なオススメ物件であろう。本バブルの醜態合戦では宗教法人や学校法人が大活躍であった。今国立大学法人も遅ればせながらミニ開発で追随する。もっとも、大学の人員はまさにその経営的無能力の故に怪しいブローカーたちから見放されつつある。ちっとも動かないものだからブローカーたちは苛立っている。セ・トン・ミュである。さらに、大学が二〇〇〇年代半ばからの「蜘蛛の糸」状態へと滑り込み、水面下の汲々とした利益争奪戦に執心するようになった、その結果、大々的な「スクラップ・アンド・ビルド」は下火になった。

それにしても、以上の経過において、法律学は積年の不勉強について重大な責任を負う。何しろほとんど全ての法概念を日本の法律学は全く理解できていない。ちなみに、法人理論を勉強するためには教会法を学ばなければならないから、ラテン語が必須である。日本の法はこういう基礎を全く欠いているのである。

こうして、なるほど「法人化」以前にも一九八〇年代からちらほら現われてはいたものの、しかしこの「法人化」によって最後の扉が破られ、今晴れて堂々と、直接的な利益が大学内に入るようになった。特殊な利益を代弁する人物が理事会などに入り込む。もちろん、経済社会からの一方的な(介入を伴わない)贈与は大学にとって重要な支えたるべきものである。しかしこちらの方には依然日本の経済社会は消極的で、逆に見返り、それも直接的な利益、を狙う動きが加速していった。最近では大規模資金を貸し付けて投資させる、という迷惑な例にも事欠かない。[6]直接的なリターンをねらった寄付(講座)は、貸し付けるばかりか、そして担保を取るばかりか、返済のための経営を直接乗っ取る行為である。寄付や利益供与の見返りに官庁や企業が退職後の幹部の落ち着き先としてポストを大学内に設けさせるのは、貸付・担保設定・自営のサイクルの中でも後ろ向きの最悪ケースである。「法人化」は大学行政組織の切り売りであったが、教授職の切り売りも大いに促進された。定数削減と新規ポスト申請をセットし、後者において「実務家」に開かれた募集をすることを歓迎する、というポリシーが採用された。

こうした一連の動向は、学問的な基礎訓練を受けていない「教授」が授業をするようになる、ということになる。学問的な手続への習熟を唯一の基準とするということを維持できなければ大学はその正統性の全部を失う。学生は漫談を聴き、コネもでき、就職に有利、ということで喜ぶかもしれない。大学も市場原理にようやく追いついた？　サーヴィス産業の自覚を獲得した？　ならば非正規化して派遣の人々に授業を任せますか？　私は世界と競争する気がありませんのでそれでもよいですが、しかし世界にはそれでは伍してはいけませんよ。何より、高等教育を担う本物の研究者は育ちませんよ。基準と正統性は一度崩れると二度とお目にかかれませんが、それでよいのですね？

ＰＰＷ-Ⅱの若い研究者たちは、科研費申請の首尾に一喜一憂する生活に慣れてしまった。申請によって「アピール」することを（かつては全員が猿芝居とわかっていたが、今や）本気で考え悩む。思考様式として染みつく。論文の中にまで思考様式が現われる。論文はもはやポストを獲得するための資源でしかない。商業的な目的のための著作が「業績」と考えられるようになる。否、それ以外の機会は減る一方であるから、業績を作るためには商業出版しなければならない。業績はどんどん数量化される。中身を吟味する能力を研究者たちは集団として失う。「実務家」とどこが違うか、と言われて窮するわけである。いや、実務ができないという違いはある、というジョークしか残らない。学問的な書評は元々稀であった。資金申請も商業出版も集団でなされることが多くなる。徒党に属していなければ業績を上げえないのである。以上は知的世界自体の死滅の図であり、クリティック不全を問うこと自体、パーティネントでない。

要するに、大学の状況は（苦し紛れの脱出口をミニ・バブルに求めた）信用の状況と瓜二つなのである。（来る日も来る日も「内職」で生活を支えるかのようにそれに追われる）資金申請書（や報告書や評価書）の執筆はささやかながら与次郎の博打なのである。取立屋のように、「そちらの方面の者」たちが大学本部、否、場合によっては部局内同僚の間、にまで姿を見せている。これも、一九八〇年代の大きなうねりに大学自ら棹さして大学自体を実質解体した、そのなれの果てなのである。

3　壊滅を前にして

戦後の知的階層は戦時期（一九三〇—四五年）の悲惨を前にして考え込むことからスタートした。クリティックの問題に気付き、そして新たなそれを求めた。成功はしなかったかもしれないが、真剣な知的営為が見られた稀な時期であることは疑いなかった。

私は同じ規模の壊滅的な出来事が生じたと考える。同じだけ真剣な知的営為が開始されたであろうか？　壊滅は第一次的には経済方面の破綻として現われたから、この方面に携わる知性につきまずは見なければならない。

この点、証明力の測定をなお要するとはいえ、確実な証拠能力を有する証言がある。二〇〇五年に至って橘川武郎は、以下のように述べている。

日本経済の変化を目の当たりにして混乱に陥ったのは、それを研究対象としている経済学者や経営学者たちである。バブル経済のさなか、日本の経済システムや日本的経営がいかに素晴らしいかを熱く語っていた論者の多くは、バブルがはじけてからしばらくすると、いつのまにか、日本の経済システムや日本的経営を「諸悪の根源」として攻撃するようになっていた。また、そこまで「変身」することはさすがに気がひけたのか、バブル崩壊とともに沈黙を決め込んだ者も少なくなかった。（橘川 二〇〇五b、一五頁以下）

この証言自体既に幾つかの問題を孕んでいる。問題が「日本的云々」にすり替わっている。これは一九八〇年代の成功神話に「日本的」の脚色をした青木昌彦らの傾向を橘川が受け継いでいるためであり、一個のバイアスである。日米逆転ではなく、成功と思えたものが失敗だったという事実、が問題のはずであった。橘川はこれに続く箇所で「成功と失敗を通して説明しうる」ということを基準として掲げるから、（一九八〇年代の）成功までをも疑うつもりはない（成功の後失敗したと考えている）のだと判断されるが、しかし、それ（前半）が成功だったのかどうかまで視野に入れるべきであったろう。成功であったならば、あれだけ劇的な崩壊は考えられない。それでも、バブル崩壊後一五年経ってなおこの方面の知性は放心状態にあった、ということをこの証言から知ることができる。

現に橘川は、混乱を指摘しながら最大の混乱ないし矛盾に気付いていない。同じ書物の「序章」で彼は言う。二〇〇五年になってなお「閉塞状況が継続しているのは、①改革が進展していないか、それとも、②改革が進展しているにもかかわらずそのことが社会的に認知されていないか、のいずれかである」と（橘川 二〇〇五a、一頁）。改革の故に、そしてそうとも知らず改革を継続している故に、閉塞状況が続いているのではないか、という疑いを持たないのである。急に逆転してまたアメリカ・モデルが喧伝されるようになった、という部分は明らかに「規制緩和」のことである。「規制緩和」

は明らかに一九八〇年代の「改革」の続きである。すると、一九八〇年代に既に失敗があったかもしれないということと、一九九〇年代以降の閉塞状況は連続的かもしれず、他方「改革」は連続しているのであり、ならば論理的に継続的失敗と継続的政策の関係は疑われてしかるべきである。しかしここに全く気付かず、大成功と大失敗、これが一体どう繋がるのか、と思い悩むのである。

これは橘川一人の問題ではない（小川・松村 二〇〇五、一〇五頁以下。江藤 二〇〇二）。一方で誠実に壊滅の理由を問い、しかしまるで「国体」のように「改革」の旗だけは決して降ろさないのである。継続していけばきっと将来再び日の差す時も来ると固く信仰しているのである。そしてどこまで「規制緩和」が進んだか、その効果は出ているか、待ち遠しい、といった研究が後を絶たなかったのである。その精度は非常に低い。例えば「規制緩和」（派遣や斡旋の自由化）が雇用にもたらす効果を判定するために、失業率を見る（同書）。非正規の増加にも微かに触れながら、しかし雇用の流動化に対して効果があった、というのである。非正規労働を致命的であると思っていないし、流動化はよいことであると思っている。データも問題も吟味せずに数値を数式に放り込む。

しかしお構いなく、実証主義Ⅱ-2-2は浸透し続ける。実は橘川自身が与える解答はその典型例である。一九八〇年代、好調な輸出によって資金を蓄積した製造業はメイン・バンクを通じた間接金融からエクイティーを使う直接金融に切り替えた。「財テク」に向かった。ところが金融ノウハウを持たなかった。失敗した。これが成功と失敗を一貫して説明しうる仮説である、というのである。金融面の破綻に事象を縮減して捉えること自体今日全く支持されないが、それより、個別アクターのノウハウの欠如ということと起こった出来事との間のスケールの差を意識しないのか、という疑問が生じる。橘川自身、個別企業の行動選択の問題に還元しなければ納得しないという方法的な立場を鮮明にしている。しかし、マクロの問題、それも全システムの崩壊という問題、をミクロの合理的選択理論、しかも極めて原始的なそれ、に置き換えてしまう仕方がここにある。

橘川は、先に見た青木昌彦らの説を非常に意識する。（既に述べたように）『経済システムの比較制度分析』は一九八〇年代の研究と思われるが、一九九六年に出版された。事業会社の金融が、一方債権者＝銀行と他方従業員による「二重の利害裁定モデル」＝「状態依存型ガヴァナンス構造」に従っていた、ことが日本経済勝利の秘訣とされたのであった。しかし一九九六年時点で日本経済の壊滅は明らかであり、メイン・バンク制も崩壊していた。一か八かの彼らの賭けははずれたのであるが、しかし彼らはこの書物でなお主張を曲げていない。手のひらを返したような「規制緩和」論つまり安い新古典派回帰に批判的である。「日本的」に固執する以外に他の資源はないと言い切る（青木・奥野（編）一九九六、二四四頁）。沈む船と運命を共にするつもりである。他方、これを批判する橘川の議論は、マクロの事象をミクロの単一的関係によって説明しようとしている。つまり、青木らが「新制度論」の定石に従ってミクロの関係から類推によって制度形成とその合理性を論証したつもりであったとすると、橘川は、同種の混乱を継承したまま、なお悪いことに、全体的な崩壊を、単一の局面の単一のアクターの偶発的な資質欠落で説明してしまった。処方箋が簡単に出るわけである。否、そもそも橘川は処方箋が簡単に出る説明でなければならないという要請を自らに課していた。ここから、妥当性を吟味する前にそもそも答になっていないと言わざるをえない、という印象が生まれる。

二〇〇二年の橋本寿朗『デフレの進行をどう読むか』は多くの意味で極めて重要である。まず「長期停滞」に相対的に早期に真っ正面から向き合った数少ない研究である。次に二〇〇〇年代半ば以降の転調を先取りしている。橋本はデフレに着目した。それが構造的なものになっていることに気付く。そしてそこに長期停滞の秘密があるのではないか、と考えた。ケインズの「流動性の罠」に陥り流動性選好が無限大になってしまった。要するに現金で蓄蔵するに越したことはない状態である。投資を控えるからデフレになる。では何故投資しない？　橋本は利潤圧縮メカニズムなるものを指摘する。収益が見込めなければ投資しない。利潤圧縮メカニズムの中身であるが、付加価値生産性の伸び悩みなども挙げられるものの、これをもたらす究極の原因として、労働分配率の高さが指摘される。失業抑止を公理とするケインズに従う橋本は、しかもなおケインズが禁じ手とした労使協調賃下げを提案する。

以上、診断は深尾らのそれに繋がる的確なものである。しかし幾つかの論理的な混乱がある。投資がなされないのは何故か？　利潤圧縮は何故か？　労働分配率か？　たまたま基幹部分が古い賃金制度を残していたから、収益率が下がれば分配率が取り残されて自動的に上がっただけではないか？それであるのにこのように主張すると、この最後の掠奪対象に人々が襲いかかるのではないか？否、元々内部犠牲強要による収益改善ばかりしてきたではないか？　焼け野が原になったが故に投資がなされないのではないか？　バブルの頃は反対に更地にしまくって投機をしていたが。実際、二〇一〇年代になると、なるほど財政ぶら下がりの徒党内経済の話ではあるが、政府でさえ逆にもっと労働側に分配しろと命ずる。利潤を圧縮されたために分配率を下げた結果、もっと労働が劣化し、利潤圧縮に拍車がかかるという悪循環が発生したのである。いずれにせよ、橋本の推論は素人目にもアンバランスである。経済という側面に限っても全体的な変容が生じているのに、奇妙に微細な要因に全てを還元し、しかもここから直ちに処方箋を導く。橋本は決して実証主義Ⅱ－2－2の方法を用いたのではなかったが、それでも、不釣り合いにも全ての理由を局所的な事象に求めるという飛躍を共有している。研究は本格的なものであり、彼自身が投機的であったとは言えない。世界史の転換などのような大法螺を吹くタイプではない。それでも、焦燥からか、実証主義Ⅱ－2－2によく見られる思考の特徴を示すのである。

このように、問題と答の間の最低限の論理的な平仄がどこかへ行ってしまう、というのはPPW－Ⅱにおけるクリティック不全の一つの病理である。失敗を意識しえた場合にさえ、失敗の射程を見誤っているのであり、それと言うのも、失敗に加担した部分（「改革」や「規制緩和」）が秘かに自己の中にあるという点を看過するからである。（「改革」や「規制緩和」といった）表面の下で実際には何が起こっているのかを見ようとしないからである。まして、MMTを初め少なくないエコノミストは、何かを打ち出し、何かに飛びつく、という傾向を示す。私はここに与次郎を見る。二〇一〇年代の経済学はそういう点で記憶に残ることであろう。

4　イデオローグから取り巻きへ

経済学は、流石に、放心状態になる程度の感覚を保持していた。立ち向かえはしなかったが、致命的な問題が発生したという意識は持った。ところが、他の多くの分野は、恰も何も生じていないが如くであった。そして、経済学を含め分野を問わず、恰も何も生じていないが如くに「規制緩和」等によって「改革」を続ける権力の周りをうろつこうと血道を上げるようになる。PPW‐Iの中核的な動きを担った(一九八〇年代の初めに「改革」をスタートさせた)人々が先鞭を付けたことになる。そうした活動を目標とする大学人が多数派となり、そうであれば大学の学問的訓練は不要となる。大学人がそういう人になるというより、そういう人が大学の教授ポストに就くようになる。本章2で指摘した大学崩壊の図にぴったりと合致した。

大学の人員も、元々行政に専門的知見を提供する役割を担っていた。常設的な審議会などがその形態である。しかしこれと異なる組織化が出現した。「私的諮問機関」や「何々会議」や「何々懇談会」などであり、また「審議会」という呼称を維持する場合もあった。PPW‐IIにおいては、PPW‐Iの時期に現われ始めたこの形態が乱発されるようになる。この形態は、調整メカニズム(官僚制)の頭越しに何かをしたいという権力の意図を基礎としていた。それでも、既にPPW‐Iにおいて、実際には調整メカニズムの側からの「抵抗」に直面した。参加者はことごとく挫折感を事後に表出する。これは調整メカニズムの克服が初めから目標ではなく、ただ曖昧な一元的和合のみが秘かにねらわれていることに対応していると考えられる。裏から言えば、知識層組織化(官僚機構の外側をプリーテクストとして使うこと)の目的は達成されているのである。それでよいのならば、知的示唆はあってもなくてもよい。形ばかりで十分である。PPW‐IIの時期になると、権力は露骨にこうした形式的な使用を専らとするようになっていく。

政治学は以上の傾向が最も著しく現われた分野であろう。まず、一九九〇年代の「政治改革」には若干の政治学者が直接に関与したと言われる。彼らの思考を決定付けたのは利益集団多元主義の克服という課題であった（「政治腐敗」、「利益政治」などという標語で語られる）。つまり一九七〇年代のアジェンダを周回遅れで掲げたことになる。その間に「行革」ないし「臨調」が出撃し、状況を悪化させ、壊滅に近い状態に陥っている、のにである。多少の違いは意識されている（山口二郎 一九九三、四、四五、六七頁）。しかし今日でも当事者たち自身が「政治改革」を「臨調」の延長線上に捉えているのである。[7] だからこそ今日に至ってなお強迫観念に取り憑かれたように「政治改革よ、もう一度」となるや「臨調」という語を自らに冠するのである。そして、何よりも、プランが完璧な空論になってしまっている。目の前の経済の破綻さえ真剣には見ていない。これが社会全体の壊滅を意味しているという現実を見ていない。丸山眞男、否、岡義武以来、あれほど、社会構造を深く探究することこそを近代の政治学の任務としてきたではないか。二大政党制用の選挙制度を定めれば二大政党制が出現すると考えるのは愚の骨頂である（細身の服をこしらえればダイエットに成功すると考えるに似る）。二大政党制などは深い社会構造上の基盤があって初めて成り立つ。基盤のないところで二大政党制用の選挙制度を定めればとんでもないことが起こる。[8] どんなに正しいプランでも、現実的でないものは提案される資格さえ持たない。政治学者たちはこのことを忘れた。つまりクリティックの初歩を致命的に欠いた。この場合クリティックは丸山等の貢献の後であるから社会構造を緻密に分析する高度なものでなければならなかった。

彼らは確かに利益団体多元主義を真正のデモクラシーに転換するという戦後期政治学の悲願を受け

継いだ面もある。しかしどちらかと言えば岡義武を捨てて蠟山政道に走ったのである。矢部貞治にさえ走ったであろう。というのも、権力ないし権力ゲームの意味の「政治」に近寄る誘惑に勝てなかったという部分がどうしても否定できないからである。彼らは、政治の概念を混同していったからこそ政治学より「政治」をするようになっていったのであるが、「政治」をするようになっていったからこそ、自律的な知的階層たるに必要な原クリティックを失い、学問的基礎を空洞化させていった。

その一つの契機は、直前に大学で生じた変化であったろう。この変化は、既に述べたように「改革」に派生するインパクトが大学に及んだことによった。このインパクトに衝き動かされて今「政治改革」に向かい、バッコス踊りに加わらないと取り残されるとばかりに乗り出していき[9]、権力に接近し、そして利用された、ということになる。まずこれが周回遅れ（「今更改革」）の理由であった。そして何よりも、これがクリティック放棄の理由であった。要するに、与次郎になったのであった。中枢においては、あれだけ徹底されていた南原や岡の遺訓が破られたわけであり、そうすれば不吉なことが起こるのも当然であり、実際この要が崩れると全面崩壊が始まった。

「政治改革」の外の政治学全般にドミノ効果が及び、前の章で見た空疎な「政治科学」という薄っぺらなノシ紙と、その下の、かつてソ連研究者が「クレムノロジー」と揶揄したような、ジャーナリスティックな権力闘争分析、が残るのみとなった。多元主義は屍体と化しているのにまだ多元主義ゲームを政治学者だけが続け、本当の選挙はしていないのに選挙分析をし、本当の政党がないのに政党分析をするのである。大規模な経済構造の変化などは全く扱うことができない。複雑な意識分析も開拓さえされない。もしマキャヴェッリやホッブズの系譜に繋がることを以て任ずるならば、政治そのものが崩れるという事象をこそ政治学は扱わなければならないのに、政治がそこにあることを前提にその内部を記述することしか知らなかったから、お手上げなのである。[10]

政治学における実証主義Ⅱ－2－2の動向はどうか？　大学の内部において徐々に伝統的実証主義を追い落としていったということはあろう。しかし、先に見たようにそれ自身希釈され変質して日本に入り、政治学の現実面での流れと利益共同の関係を樹立し、そこへ加わっていった。その流れ自体が利益団体多元主義の和合形態（克服したつもり状態）であったが、体制全般のミニチュアであるこの和合に実証主義Ⅱ－2－2も吸収されていった。だから伝統的実証主義との間に学問上の鋭い対立などは生ぜず、精々政治史や政治思想史などからポストを奪われたという愚痴が聞かれるにすぎないのである。

いずれにせよ、知的世界はＰＰＷ－Ｉ以来の一元的マシーン再建に非知的に貢献していった。あくまで知的階層の一員として博打を打つはずだった与次郎は、恰も「昭和研究会」を繰り返すように、今や本当の博打に参画するようになった。もっとも、蠟山にせよ三木にせよ矢部にせよ「昭和研究会」を使って自前で勝負した。対するに今は、賭場自体が本物でないから、幸いなことに、金を賭けないポーカーのようになっている、ということはあるかもしれない。しかし、大学の状況を反映して、あらゆる分野の、とりわけきら星の如く多数現われた新奇な分野の、学者たちは、ハッタリで怪しい効能をひねり出しては、権力の周りにどう近づくかの奴隷王争いを演ずるようになる。

政治学に戻れば、もう一つ大きいことに、決して権力に接近するわけではない部分が実際には大きく残っていたにかかわらず、これまでが、まるで精気を抜かれたかのように、急激に創造性ないし真剣なクリティックを失っていった。元々、多元主義までの手札しか持ちえずに取り残されていた。しかしその分の中身はあった。今迷走して空疎になっていくのは、先端部が派手な方向に走ったがために士気を喪失したためであろうか？　それとも、政治システムの全面崩壊の衝撃波が全ての神経を麻痺させたか？　しかしむしろ出番ではないか。これほどの全面崩壊ともなると、途方もない知的挑発を受けて当然である。全ての知性が至福の時を迎えているはずではないか。

5　土塁の構造的な弱さ

法律学はどうか？　「規制緩和」のような事態においてこれに立ちはだかる役割は明らかに法律学のものである。既にわれわれは、日本の実証主義法学が最後の一線を死守する面において大いに曖昧であるということを見てきた。それが災いしてPPW－Iにおいて破壊工作に一枚嚙んでしまった。少なくとも不作為によって。PPW－II状況においてはどうか？　私は法学者ではなく歴史学の徒であるが、しかし法律学を良き隣人としてきただけに、おそらく以下述べることはどうしても少々身びいきになる。この点を予め断っておく。

大前提から論ずるとすれば、一九九〇年の破局は、優れて法学的な観点からこそ分析しうるものであったにもかかわらず、日本の法律学は肝腎のその装備を備えていなかった。輸入機械にその装備は確かに付いていたのに、それがどういう働きをするのかわからなかったため、早々に取りはずして廃棄してしまったのである。したがって、法律学は、実質的な意味の民事法に致命的な欠陥があることを知らなかったし、ましてそれが壊滅を招いたとは夢にも思わなかった。一九九〇年代から二〇〇〇年代にかけての判例事案において明白であったのになお気付かなかったのは不思議でならない。しかし今なお法律家でも誰一人このことを思ってもみないのである。

壊滅的な事態を認識しない点は他の分野と同じである。ただ、おそらくは戦後一般（利益集団多元主義）の限界という意識は政治学におけるのと同じく存在し、一定の反省をもたらした。具体的には利益衡量論への批判ないし不満として現われる。利益衡量論批判は早くから存在していたが、全面的破局の若干以前に平井宜雄によって新たに試みられた。平井は、議論の明晰性の欠落、制度構築という観点の希薄さ、を批判していた（平井 一九八九）。彼は実証主義Ⅱ-2-2へ傾いた時期もあったが、じきにこれに幻滅した。平井の後、瀬川信久の一九九八年の指摘にわれわれは（遠くに一九九〇年の破綻を反映する）最も優れた反省を見る。「新しい問題を既存の規範・概念を手掛かりに解決するときには、既存の規範・概念よりも一段深いレベルで概念を形成することになります。……解決を求めている問題が既存の規範から遠ければ遠いほど、より深いレベルで概念を形成することが必要になります」（瀬川 一九九八、一〇頁）。平井も瀬川も何か前提的な吟味のところに問題を感じ取っている。クリティックの問題に非常に近い。この意識がある限り、投機的な「改革」にすんなり乗ることはありえない。

むろん、江頭憲治郎や岩原紳作のように、若干のエコノミストとともに、むしろ伝統的な実証主義の砦に拠って立ちながら神経の磨り減る掣肘をこつこつ続ける、という部分も決して消滅しなかった。岩原など、壊滅状況に構造的な理由があったという認識さえ欠かさない[11]。これは実際的に非常に大きな点である。「改革」から抜け目なく「行政手続法」を生ませて逃げおおせた行政法のような分野もある[12]。刑事司法改革にも一定の成果はあった。法律学は最低限のクリティックを維持した（文系では）唯一の分野であると言える。

「法と経済学」はもとより実証主義II-2-2が法学を征服した姿であるが、表面的な流入の例に欠けるところがなかったとしても、少なくとも有力な一群の人々（例えば藤田友敬や田中亘）は「法と経済学」をクリティックの手段として用いた（さしあたり、田中 二〇〇九およびその注二で引かれる諸論文（岩原紳作、藤田友敬、森田果等）を参照）。彼らがこれを用いた理由は、利益調節がクリティックを欠くことに対する苛立ちであった。この点、政治学における卒然たる利用と対照的であった。利益衡量の前提となる認識、データの採取と処理、があまりにも杜撰ではないか、というのが彼らの主張である。だから安易な制度導入・効果予測を攻撃するために「法と経済学」の道具立てが使われる。その道具立てが総体として帯びているバイアスに敏感である。その根底には、クリティックに基づいたオープンで透明な議論によって決する多元主義デモクラシー、つまりアメリカのデモクラシーのプラスの側面、を目指す姿勢がある。それによって戦後日本の多元主義的調整の限界を克服したいのである。（平井宜雄に先駆的な意識が見られたとしても[13]（平井 一九八七（それ以前に講義されてきたところをまとめたものである）））一九七〇年代にこのインパクトが加わっていたら、と思う。

むろん、なお、透明な経済社会の達成のためには、幾つもの前提条件がクリアされなければならない、という問題がある。そうした問題を考えるためには経済学のここに至った経緯について省察を加えなければならないであろう。その点で、法学的な視点に固有の寄与がなくてもよいとは言えないであろう。要するに、「法と経済学」の根底的な批判を含む全面的な省察が必要であろう。

要するに、法律家と法律学の生まれついた性質か、流石に、なだれを打って流れに向かう、ということはなかった。火遊びはしないというディーセンシーは保たれた。それでも、多くの分野で押し切られたということも確かである。そして最後には誇り高く置いていかれた。結局、瀬川の言う、「深いレベル」はやはり全体としては獲得されなかったのである。二〇〇〇年代後半から始まった「債権法改正」の経過と結果がこのことを如実に示す。どういう問題が生じているのか、ということの認識が欠けた。まして何故そうした問題が生じているのかという考察は見られない。新しい学問水準を構築するには至っていなかったのである。だから真の堡塁はやはり築くことができなかった。

実際には、頂点の法律学の陰で、「初等法学化」と呼びうる現象が始まっていた。法律学は法律家養成を担い、そしてこの養成は社会（とりわけ経済社会）からの真の要請を法律学が汲み取ってなされる。ところが法律家に対する需要に歪みがあると、法律学はこれになびく圧力にさらされる。なびけば法律家養成の実質を表面的な手段によって取って代わられる。この表面的な手段を大学が、そして法律学が、追いかけるのである。大学が予備校化し、法学が受験法学化する、ということである。「改革」の最後の余波たる法科大学院制度を呑まされたことは、この観点からすると一つの落城であった。ロースクールは制度として決して「予備校」を意味しなかったが、設立の経緯と動機はその方向を暗示していた。もちろん、呑まされた以上は逆手にとって新しい高等教育を展開し逆襲する、という道は残されていた。しかしこれをする力量は、法律学自体が持っていなかった。

6　クリティック牙城の窮乏化

クリティックの中枢を司る歴史学はどうであろうか？　主要な学術誌を通観しつつ日本史学の膨大な文献群を探っても、そこには、或る意味で変わらない堅実な実証主義作品の森しかないように見える。ただし、石井良助のテクストによって例解したような実証主義特有の強い緊張感は全く見られない。問題設定も結論導出もただナイッフであるばかりという印象を受ける。しかしもちろん、網羅することは不可能なので、優れた研究はあちらこちらに埋もれていることであろう。

さて、既に述べたように、一九七〇年代初めに石井進は、アンティクアリアンな古文書学から実証主義批判の史料学への飛躍を提案した。本来ならば実証主義が確立していなければならず、ここからアンティクアリアニズムを再評価するかのように実証主義批判に折り返すのであるが、石井にはそのようにするための条件は与えられていなかった。それでも貴重な一石を投じたことに疑いはない。

実証主義批判は、実証主義が扱いえないような一見不条理な意識を問題として取り上げる点にポイントがある。この場合、中世社会史というジャンルが新しい動向を担った。そのリーダーであった網野善彦は、一九九五年になって、一九七〇年代初めの史料学の革新を再度大きく掲げ（網野　一九九五、三頁以下）、石井のかつての発言（「史料学・史料批判の分野は……もっとも暗い一隅を形づくっていた」（石井進　一九七六、四頁））を引きながら、歴史学の転換に呼応して面目を一新した史料学の諸々の様相を誇示してみせる（「歴史学全体の関心が大きく転換……社会史、民衆生活史といわれるようになった動き」）べく、自らが編んだ論文集を紹介する。ところが、寄稿された諸々の論文は、例外なく完璧に空疎で、却ってその間の停滞を強く印象づける結果となった。つまり網野の檄文に彼らは全然反応していないのである。実証主義批判、つまり意識の奥深くを探るという動機、は全く見られない。それればかりか、石井進が拘泥した歴史学的推論と史料学の間の関係に全く言及しない。「史料批判」という語自体が登場しないのである。かと言って、アンティクアリアンな厳密さがあるわけでもない。ましてアンティクアリアニズムの意義と限界という問題意識はあるはずもない。問題提起から二五年も経っているのに、である。社会史を志すならば、社会学の問題性とともに、ここは避けて通れないであろう。否、社会史や社会学といった語も登場しない。「民俗学」というレヴェルにとどまっている。考古学的史料となると、物的自明性を素朴に信じているため、史料批判の難しさに言及がないばかりか、ストラティグラフィーもテーマとして立てられない。戦後の新しい考古学の諸々の潮流は及んでいない。古銭学の数十年来の大発展も全く反映されていない。要するに、伝統的な文献資料が「公式の」制度を再構成するために用いられたのに対し、「新しい」（!?）史料は個々的にミクロの物的事実を実証するためのものである、とされるばかりで、後者の局面では、立てられる問題も推論の過程もあまりにレヴェルが低い。

二〇一五年に同種の編纂物（『岩波講座　日本歴史』第二一巻）が刊行される時にも、やはり一九七〇年代初めの石井の問題提起が全ての出発点とされる。並べられる諸論考は少し元気を取り戻したようである。しかしよく読むと、実証主義批判も社会史もどこかへ飛んで行ってしまっている。その証拠に、考古学に関して、「記号化された言語」を用いる文献史料と「物質史料」が対比される始末である。地表の痕跡はそれ自身記号であるばかりでなく、考古学的史料は非言語的対象の（その意味で狭い意味の）記号論を用いなければ史料批判に晒すことができないのである。言語学と記号論を正確に理解しない社会史はありえない。また、宗教的な意味を有する構造物の様式を分析する場合に、現在の美術史の高度な分析法を参照することなく簡単に宗派特定して終わってしまう。使い方は、そこに込められた思いを再現するといったタイプのものである。文献史料の史料批判の問題が古くから議論の蓄積のある記紀に関して扱われても、「史実」との関係でバイアスを取り除くために編纂過程を分析する、という実証主義の方法が説かれ、新しい問題意識は見られない。

以上の限りにおいてであるが、新しい動向が空を切ったということは一九九五年までには明白になっており（むしろ退化を招いたのではないかと疑われ）、二〇一六年に「社会史」を振り返る或る文章（山本 二〇一六、一六七頁以下）は、一九七〇年代後半から一九八〇年代前半にかけて「ブーム」があったことを再確認しながら、しかしその中身は何であったかと問えば一向に定かでない、と言う。確かに、この文章は、アナル学派の歴史的背景、一八世紀からサン＝シモンなどを経てデュルケームからさらに『社会学年報』のグループ、それとマルク・ブロックやルイ・ジェルネとの関係、大きく言えば社会学的理性の系譜と歴史的位置、をまるで知らないかのようであるから、史学史にもなっていない。まして歴史学を歴史学的分析の対象とするここ数十年のレヴェルには全然達していない。しかしこれも、既にアナル学派の危機が言われていた一九七〇年代になって初めて輸入した時代錯誤のほか、当の担い手たちが方法の歴史的位置付けを正確に把握してこなかったことのエコーである可能性がある。いずれにせよ、二〇一六年には「日常性を生きている人間」などというメルクマールしか残していないのである。これでは流石に漠然としすぎであるから、「社会史」は本当にあったのか、という疑問に晒される。新しい明確な史料批判の方法が刻印されることはなかったらしいと思われてくる。

7　新しい動向へのすり寄り

二〇一五年には歴史学が少し元気になったようにも見える、と述べた。実証主義批判の反対極たる実証主義的社会学の力を借りることにしたかららしい。つまり、実証主義Ⅱ-2-2に不器用に媚びを売ることでやっとまた生計を立てうるようになった、わずかな部分が存在する。例えば物的史料の周りにそのような物的痕跡を遺す人々の行動を再構成し、これをモデルによって説明する、という手法を採るのである。機能的には変わりないのに、何故様式の差が現われるのか、何故そのような紋様が検出されるのか、などを探究するからこそ新しい史料学的知見が欲せられたのではなかったのか？アンティクアリアニズムは継承されつつずっとヨリ高い精度を与えられなければならないであろう。こうした問題は完全に忘れられたようだ。

ＰＰＷ-Ⅱの歴史学が示す特徴の一つを見るべく、（緩やかにルーマンなどまでさえ含む）実証主義Ⅱ-2系統の社会学、なかんずく実証主義Ⅱ-2-2由来のモデル（とりわけ新制度論）、を端的に適用する作品を少し紹介してみよう。若い世代ほどこうした傾向が濃厚であるが、社会史の痕跡も遺っていて贈与交換やレシプロシテなどが扱われる場合はあるものの、史料が置かれた状況を立体的に再構成しながら史料批判をし、翻って歴史学的推論に接近していく、といった面は全く見られない。とりわけ、異種史料の間の落差を考察し、そうした史料的現実を史料とする、というような姿勢には全く欠けている。

こうした傾向を典型的に示す早い例が、桜井英治「割符に関する考察」(一九九五年)(桜井 一九九六、二三五頁以下)である。中世(室町時代から戦国期?)において、AがBにCへと支払わせる関係において、「割符」とは、Bが預かっていることを確認する(「あつかり候」)、ないし替わりに支払う(立て替える)ことを確認する(「かわし候」)、文書であり、「替文」とは、AがCに向けてこうしたアレインジメントを知らせる文書である。桜井は、通説がこの二つを区別しないと判定し、しかし実際にはこれらは区別された、かつ独立していた、と解し、かつ、この「割符」が個別の支払い関係から切り離されて貨幣として流通していた、と主張する。

桜井のこの推論は、しかし、少し驚かせるに十分な飛躍である。「割符」自体は遺っていない(桜井は基本的に一つの主体に属する一つのブロックの史料たるわずかな案文を解釈する)。遺らない理由を桜井は憶測するが、桜井の意味の貨幣であるならば、遺るのが普通である。もちろん、理論的に支払手段ないし「マネー」に属するものはもう少し広く、遺らない場合も大いにある。しかし桜井は貨幣とは何かという極めて厄介な議論を全くしないから、論証対象たるテーゼ自体が意味を成さない。貨幣概念を広く採った場合に、「割符」がそれに属する可能性はもちろん否定されない。しかし、そのことを論証するためには、まず「割符」と「替文」の二元性を注意深く分析しなければならない。「割符」の独立、故に持参人払い、故に貨幣、と推論するが、推論のそれぞれのステップが飛躍である。何故二元的か、そしてとりわけ、両者の関係は有因的か無因的か、という点を詰めなければならない。有因的であれば、貨幣である可能性は低い。他方、これと別に、「割符」の基礎にあるBの手元のAの金銭もしくは債権（このどちらかということが今のテーマである）自体有因的に発生するかそれとも無因的に発生しうるか、も詰めなければならない。この点、百瀬今朝雄の研究によって桜井が確認する点が重要である。つまりAのための利息が付く場合があるという。（AがBに貸し、BがCに返す）金銭消費貸借からストレートに発生する（何かの支払いでない）関係であることになるから、「割符」を利用した決済は債権譲渡に近い性質のものであることを推測させる。また、桜井は受け取ったCが換金に苦労する様を盛んに描くので、これも同じ推測に傾かせる。つまり、桜井の描くそれではないにしても支払手段であるならば、その移転によって弁済つまり債務消滅の効果が得られるほか、Cがそれをそのまま現金にせずして支払いの手段とするのでなければならない。この帰結は、「割符」の基礎が有因的である（つまり消費貸借でなく何らかの実体的取引に基礎を持つ）方が却って得られやすい。何故ならばヨリ強い信用を意味するからである。取引圏は却って限られる。流通が広くなくとも、自足的な支払手段が得られる。

桜井は、「所質考」（一九九五年）（同書、三〇五頁以下）という補完的な論文を発表している。「債権者」が「債務者」外の「第三者」に執行していく場面の分析である。諸説は何れも「債権者」と「債務者」を団体として捉え、連帯責任のような牽連関係を想定する。これに対して桜井は、そこに全く団体的牽連関係のない場合をクローズ・アップする。行きがかりの商人を襲うのである。桜井によれば、「やられたならば、お前が真の債務者から取り立てろ」という意味であるという。しかし襲われた方は逆襲するかもしれない。これでは不安定なので、様々な権力（戦国大名等）はこの慣行を禁圧する。ところが桜井はこれを債権譲渡に特有の三角関係（さしずめ債務引受）の設定であると解する。しかも関係のない「第三者」を巻き込みうるのだから、元の債権が貨幣として流通している証拠である、と言う。明らかにここにはレシプロシテの連鎖の最も野卑な形態があるだけであり、この現実は貨幣とも債権譲渡とも関係ない。

桜井が以上のような短絡を示す理由は簡単である。彼は問題を見ない、ないし発見しようとしない。歴史学の基本動機を欠いていることになる。「割符」が貨幣かどうかを問うのは、そこに何か深刻な問題が懸かっているからでなければならない。ところが彼がしていることは、何かが問題だと指摘している人を見るや否やいちいちこれに周到に反駁し「大丈夫、異常なしです」と報告する、という任務の遂行に似る。先行研究は前近代性を指摘することが多い。そうすると、桜井は「大丈夫、もう十分に近代的です、安心してください」と言うことを目指す。結果、中世社会について無批判的であるばかりか近代についても無批判的であることになってしまう。「近代」と思い込んだものの中身は全然はっきりせず、その場限りで様々な内容が登場するにすぎないが、「近代」が深刻な亀裂を抱えた重層的な産物であるということは意識していない模様である。

「大丈夫、もう近代です」と彼が言う場合のメルクマールとしてちらちら参照するのは実は実証主義法学の道具概念である。この道具概念は本来ならば歴史的事象に関しても繊細な識別を可能にする。

テオドール・モムゼンや石井良助を思い起こせば直ちにわかる。しかし二〇世紀は実証主義法学の劣化の過程であるとも言える。一〇〇〇年近い歴史の堆積の上に成り立っていたのに、現在ではこの部分は踏まえられていない。薄っぺらなものに成り下がっている。例えば桜井も債権総論の教科書を読んで「これなら行ける」と思ったことであろう。ところが、それは深刻な問題を抱える代物で、薬というよりは病原菌そのものなのである。なおかつ、桜井はこれと社会学的実証主義Ⅱ‐2‐2が通約可能であると考えたであろう。流行の「貨幣＝債権」論は確かに「債権総論」と一脈通じる。桜井の推論の強引さはこの新しい貨幣論の風に煽られた結果であろう。ところがこの貨幣論は貨幣の特定性を抉り出すよりは遥かに大きく貨幣なる事象を陳腐化してしまったのである。

ＰＰＷ‐Ⅰの頃、網野善彦の影響を受けた日本中世史の大学院生が、「中世の人々は何故巨木に神が宿ると考えたのか」と省察した結果ついに「それは巨木には神が宿っているからである」という（後述の中沢新一風の）結論に達した、と言ったので唖然とした記憶がある。これに対しＰＰＷ‐Ⅱの特徴は、「何故古代ローマで水道が発達したのか」と問うて、「古代ローマの人々も水を必要としていたからだ」と答える、そうしたトリヴィアルさに存する。現実から問題が消え、陳腐な社会が現われる。「社会学的」などと言っては大変失礼したことになってしまう。すり切れてもはや社会学（経済学）とは呼べない。実際に如何なる社会といえども陳腐ではないから、この陳腐な画像は妄想の産物である。だから妄想の中に入り込んで現実を見ることができなくなってしまう点に変わりはないが、しかしその妄想はエキセントリックなものから陳腐なものに変わったのである。前者はカジノに赴く準備運動であり、後者は夢破れた者の逃避である。ラスベガスに憧れる妄想とパチンコ屋をラスベガスと強弁する妄想。

高槻泰郎『近世米市場の形成と展開』(二〇一二年)もまた最近の日本の歴史学に典型的な思考パターンを辿る。日本近世の米市場が合理的期待形成理論および情報効率性の観点からして合理的であることを論証する。このこと自体は先行研究も指摘していたから、高槻の貢献は、新制度論に依拠したこと、かつ商人の自律的規律以上に幕府つまり「公権力」が提供する司法制度を重視すべきであるとしたこと、に存する。実際には、この研究は堂島の大坂米市場に関する実証主義的制度記述を中心とし、史料解釈の当否を判定する力を持たない私にも、高槻の丹念な追跡は先行研究を論駁する部分を含み読んでいて飽きさせないが、ただし、司法制度の分析は少なく、紛争事例における大坂町奉行所の行動は面白ければ面白いほど非常に曖昧で市場を支えるに心許なく、「制度」が市場の合理性をもたらすという新制度論のテーゼを裏付けるよりはずっとこれを裏切るように思う。結果として出口の数量分析(価格変動分析)が合理性を示したとしても、これが司法制度による保障に依ったとは思えない。

そのうえ、高槻が丁寧に描けば描くほど、(「司法」外の)制度的現実はことごとく、理想的な商品取引所とは程遠いものにわれわれが接している、ということを説得してくる。堂島で取引されるのは、米ではなく米切手である。藩の財政は貨幣を通じてなされるが、租税つまり年貢は米現物である。このギャップを埋めるために、各藩は大坂で蔵屋敷を通じて年貢米を売りさばく。かつ、この時前借りをするのである。商人は現銀を融通する(米の価格の何割かを前渡しする)とその担保となる量の米を引き渡させる(質流れさせる、つまりその意味で売渡担保の意味で売り渡させる)権原を米切手によって物的に確保する。もちろんこれを売り抜いて回収するのであり、この部分において相場が立ち、堂島で制度化される。担保価値を取引しているのである。担保価値は、米の市場価格と、対応する米を藩が（米を生産させて取り立て輸送し）現に引き渡しうるかどうかということ、の二点に懸かる。融通に応じる最初の商人は既にこの二つの係数についてスペキュレーションを行い、禿鷹の如く、藩が財政逼迫に追われてゆっくり有利に換金するという余裕を持たないことに付け込んでいる。そこへ仲間を誘い込み、この仲間ともポトラッチを行う。しかも綺麗に売り抜くのではなく（その場合には価格変動によって全取りされる可能性がある）、相手がうまくやったのならば少しは分け前を寄越せと言えるよう前主（もしくは設定者のみ？）は某かの権利を残す。この理解が多少とも妥当するとすれば、ここにあるのは法的な関係が規律する市場ではない。

なるほど、藩と仲買の間にはエイジェンシーがあるように見える。しかしそこには委任関係がない。委任の場合、取引所で（たとえ米切手にせよ）プレーヤーは自己の名で、しかし他人のために（計算で）、売買しなければならない。「自己玉」は本来禁止される。委任はここに消費貸借を発生させないための装置である。ところが藩と商人の間には消費貸借、否、法的消費貸借以前のレシプロシテ段階の物的関係がある。そもそも際立つ脈絡はこれである。別ルートとして、借金するために発行する米切手というものも存在するし、御用金政策なる一連のイッシューも高槻自身によって印象的に描かれている。そして初めから最大のイッシューは「空切手」問題である。委任の場合には洗練された占有規律があるが、この場合一つの現物に折り重なるように複数主体が絡まる様子がある。つまり消費寄託の明確ささえないのである。まして「空切手」は、要物的関係の逆説的透明性さえも犠牲にされるということを意味している。この苦し紛れが制度自体を崩すから幕府は禁止するが、しかし制度の論理的延長であるから徹底させえない。紛争に際して幕府は裏の駆け引きに左右され迷走する。

惜しまれるのは高槻が（必須であろうに）肝腎の商人のプロソポグラフィーをしない点である（先行研究には欠けないと思う）。というのも、偶発的に現われる筑後藩のエイジェントたる商人が大変面白い存在だからである。地元で資産を築き、米輸送から米の売りさばきまでを一手に引き受ける。しかし取引所会員ではない。根拠のない米切手を大量に切って責任を追及される側だが、しかし肥前藩の事件では大量の米切手を集めており、追及する側である。根拠のない米切手を切った場合には現銀で決済するほか、他から米をかき集めなければならない。問題はこのタイプの商人と取引所会員たる商人層との関係、さらには彼らと両替商との関係である。高槻は決済を扱っても、売買の相殺を言うばかりで、銀行の帳簿がどう関係するのか、明らかにしない。取引所会員の怪しい動き（客殺し）をチェックするためには透明な金銭消費寄託帳簿が備わっていなければならない。もちろん、委任者が藩のような租税徴収者（果実収取の側が経済的合理性を有しない主体）であることも大きいが、これを除くとしても、以上のような点を顧慮せずに米市場そのものの合理性を論じても推論は非常に無理なものになる。個々の史料のバイアスに対する警戒はあっても、それを生んだ社会全体の中に史料を置くという史料批判の基礎が省略されている。

何故このような無理を冒すか、という問題は次節と次々節で扱う動因によるものと推測される。知的投機に出たくなる空気が蘇っているのである。

8　基幹クリティックの風化

以上に述べた動向は、史料を多少とも本格的に扱う歴史学が残存した中で、際立つものであるが、「大学の歴史学」を全体として見た場合には、全然別の（中身のない）画像が一面を覆う。『史学雑誌』「回顧と展望」の「総説」に（次節で取り上げる）「カルチュラル・スタディーズ」が最初に現われるのは一九九九年（一九九八年回顧）であるが、これは大きな潮流とはならなかった。それより、二〇〇二年「総説」（二〇〇一年回顧）は、歴史学の根幹が大学の激変によって存亡の危機にあることを伝える。「文章＝商品の「生産」に追われ」、「貧しい研究条件をそれなりに維持してきた居場所さえ脅かされ、これを防衛するために業績の積み重ねに追われ」、「消耗させられる」。時間がなくなり、人々は「他者の言説」を読まなくなり、論争と書評が衰弱し、「何を書いても反応がなく、闇に向かって叫ぶような虚しさ」に苛まれる。「欧米の「先端学説」の動向に向けてはアンテナが林立し、その高さを競」う。「基礎学周辺を蝕む虚脱感」。「シンポジウム型学問」の「横行」。「時局・時流に応じて、その場限り、あるいは短期年限の「売れる」研究課題を掲げ、一定期間の後にテーマが陳腐化・老朽化するとさっさとスクラップ化させ、また時流を見ながら次なるテーマを思いつき的に提示する」（第一一一編第五号（二〇〇二年六月）、二頁以下）。

次の年には、「「21世紀ＣＯＥ」……キャッチコピーまがいのテーマ……部局の予算にも匹敵するような巨額な「研究費」を独占的に運用・配分する「権力」としての「拠点リーダー」」。「浪費型研究プロジェクトが横行し始める一方では、基礎研究が衰弱」（第一一二編第五号（二〇〇三年六月）、二頁）。気付くのが一〇年遅いとしても、重要な認識である。この動向に必ずしも抵抗を覚えない層も、組織を削られると、「資金よりも、ゆとりのある時間が欲しい」という気持ちになり、「歴史学関係の就職口の減少」を心配するようになる（第一一三編第五号（二〇〇四年六月）、一頁以下）。翌年も同様にポストの削減に危機感を表明する。これは、ニッチたる大学内部のスクラップ・アンド・ビルドが「法人化」に伴って談合状態に達するかたわら、ミニ開発が再ニッチへと浸透していく、というフェイズに対応している。

その挙げ句に「大学の歴史授業」を一色に染めるようになるのが「グローバル・ヒストリー」である。「回顧と展望」の「総説」には二〇〇九年（二〇〇八年回顧）に初めて登場する（第一一八編第五号（二〇〇九年六月）、三頁）。以後今日まで状況は変わらない。日本史、つまり多少とも本格的な水準を擁する分野、に関する限り、流行に惑わされない実作は細々と継続されている。しかし「歴史」産業は元々別次元にあった。そもそも「世界史」なるものへの異様な関心が、それ自身マルクス主義のエコーである京都学派の「世界史」、戦後のマルクス主義の「発展段階論」、戦前戦後を通じて根強いアジア主義などを養分として、形成されていた。そこへ「グローバル化」というスローガンに乗らなければ巻き返せないという事情が降って湧いた。他方、自分たちをマージナルな存在に換える大学の動向に対して覚える反発心にもフィットする。西欧中心主義を糾弾する「グローバル・ヒストリー」は、「グローバル化」にも、第11、12節で論ずる、挫折後の屈折した批判にも、適した。資金申請書は書きやすい。

問題は、同じく「グローバルな」動向である「ポスト・コロニアリズム」や「カルチュラル・スタディーズ」が不発であったのに何故これのみが風となったかである。「ポスト・コロニアリズム」分析や「カルチュラル・スタディーズ」は日本の帝国主義的近代を鋭く批判しうる。しかし「グローバル・ヒストリー」の西欧中心主義批判は転じて反西欧の闘争を鼓吹するというより非西欧たるをそのまま全て肯定してくれる。「お前は挫折したけれども、どうせあのブドウは酸っぱい、今のままでお前はいいんだよ」と言ってくれるのである。これが、長期停滞の中で疲れて脱改革へと移ろう空気にフィットした。先に述べた日本社会の二〇〇〇年代後半からの相対的な軌道修正と符合した。だから、近世がクローズ・アップされる。日本の近世が神話化される（永井 二〇一六、七五頁以下）。とはいえ、これは本気でする歴史学には到底結び付かない。二〇一六年の「回顧と展望」の「総説」が「人文社会科学系の「組織の廃止や社会的要請の高い分野への転換」」（第一二五編第五号（二〇一六年六月）、三頁）に猛反発しなければならないところまで追い詰められる筋道への反対キャンペーンと解されるべきであろう。

9　ニッチへのランドマーク

ＰＰＷ‐Ⅱの知的状況全体にとってランドマークの地位を占めるのが一九九四年の『知の技法』である。この書物の商業的成功は分析に値する。

まず簡単に出版の脈絡を確認する。これは大学前期課程、それも最初の学期、の文系全員必修の「基礎演習」の「サブテクスト」として編まれたという。一九八八年の変節によって「大学院重点化」という扮装を受け容れた東京大学も、背後の圧力源が意図する切り捨ての方向に沿って教養部を廃止するかどうかの選択を迫られた。結果として、多くの大学が廃止したにもかかわらず、東京大学教養学部は存続に成功するのであるが、しかし代償も払ったのである。組織図上に「超域何々」や「表象何々」といった謎の看板が並ぶことになったが[14]、これはもちろん(先に述べたように)「新機軸」を打ち出して「改組」つまり生存を勝ち取るための知恵である。どうやら、才気溢れる面々にとって小役人を幻惑するくらい朝飯前であったと見える。追及を受ける前に変身を遂げていたのかもしれない。ついでに、新しいコース、新しい前期課程教育、を打ち出して目くらましを完結させる、そういう必要を感じた何人かがいたと思われる。とっておきの御座敷芸をちらりと披露して少しおどかしてやってくれまいか、と同僚たちに頼んだに違いない。いや、あくまでちらりでなくてはいけない、そうやって気を引くところが肝腎だ、という暗黙のアドヴァイスは以心伝心であったであろう。

これは、当事者たちが予想もしない次元の成功をもたらした。二つの面があったと思う。一つは、そうか、そうやって切り抜けるのか。やればできるじゃないか。どちらも感動物語である。高級料亭の奥深くに秘蔵されてきた御座敷芸をネット上に公開したような新鮮さもあった。しかもその御座敷芸は意外にも先端的にモデル・チェンジされていた。

私としては、これを非難する考えを全く持たない。むしろ見事な逆襲である。窮鼠猫を嚙む、である。とはいえ、当事者の意図と当座の脈絡を離れて、蓄積を切り売りし、その資金で賭博をしなければならなくなった、そういう状況というものを映し出し、そしてこの回路を確立してしまった、と言わざるをえないのである。以後、プレケールになり、なけなしの分を投入してのポトラッチを強いられる、という状況が至る所で局所的に現われる、のである。知的世界においても。信用状況とあまりにもパラレルになってしまった。

「技法」に着眼したこと、「技法」をキャッチフレーズに使ったこと、は以上と密接に関わる。「技法」とは、一定の道具を使って一定のやり方をすれば一定の成果が得られるということである。効率化である。産業化に固有の効率化である。御座敷芸たるはずが、意外にも超効率的であった。ならば犠牲にするわけにはいかないではないか？　一九八〇年代初め以来の長い波長に応えているのである。出版が得た商業的成功の真の（「社会の空気」のレヴェルの）秘訣はこの技法主義であったろう。かつて梅棹忠夫が拍手喝采を浴びた理由がレジャーとしての技法であったとすれば、今回の技法は思考のエコノミーをセールス・ポイントとした。労働生産性の低い部門が技術革新ではなく「ちょっとしたアイディア」、「カリスマ主婦の整理術」のようなもので成功を収める、という神話が商業モデルとして市場価値を持ったのである。この意味の投資スキームが用意されたことを意味した。

かつ、そのオートメーションが実物経済にリンクしていない分、つまり遊具の如くである分、投機の受け皿を作ることにもなった。産業化にも投機機会増加の芽はある。その商品が大きな市場で当たるかどうか、は一発勝負にもなる。しかしマシーンが遊具である場合、市場による評価という要素もなくなり、サイコロにせよスロット・マシンにせよ、一瞬でたちまち全てを取るか失うか、決まってしまう。サイコロの振り具合に物事が左右される場合にはギャンブルは成り立たない。そこは機械的でなければならない。スポーツの試合でもよい。八百長はないと信じられ、やってみないと結果はわからない、のでなければならない。戦争とそれによる利益もまた典型的である。

研究のマニュアル化は、作業をメカニカルにし、研究のギャンブル化を促進する。そもそも成果に着目させる。通常は、研究に成功も失敗もない。問題を立て、フィールドを定め、方法を選択し、資料を集め、そしてこれを吟味する。万が一立てられた仮説が論証できなくとも、調べたことは無駄ではない。その方法とその材料では検証できないという結果が残る。むしろ、研究者が気にかけることは、結果のバイアスや曖昧さであり、だからこそたくさんの留保を付ける。ところがマニュアル化されると、全部ではないが、以上の多くの言わば試行錯誤の手作業を研究者はパスしてしまうことになる。結果として何か発見できるか、しかもその発見が有用であるか、というところに関心が集まる。資金申請と業績報告に、既にここで、馴染んでしまう。申請が認められるか、業績が評価されるか、という発想を全く持たずに好きなように研究してきた私など古い世代は、最初に研究計画があるなどという事態そのものを思いつかないが、まして方法の最重要部分がマニュアル化されているとなると、全く興味が持てなくなる。フォーマットの決まった分析など、検査機関が有料でやればよい。研究者のやることではない。資金申請がギャンブルであるように、そうした研究は投機的なのではないか、マニュアル化は研究を押し並べて投機的にするためではないか、と思えてくるのである。普通の尺度からすると投機的でなく確かな資金投入のように見える場合にも、こと研究となると、何せ標準が一〇〇パーセント（確実に意義のあるケース）なので、少しでも結果を問うというだけで投機的なのである。

知的営為にとって最も重要な局面は問題を設定することである。問題の設定、ないしその前の問題の発見、はマニュアル化を拒む。『知の技法』は技法に馴染まないこの点をどう扱っているか？　ご心配なく、問題設定の重要さは最初に強調されている（小林・船曳（編）一九九四、八頁）。しかし、読む学生はこれをマニュアルの一部と受け取るであろう。そうか、まず問題を立てるのだな、そうやって問題というものを立てるのだな、と。受験勉強的な学習をしないということ自体を受験勉強的に学習するのが日本の学生である。『知の技法』は（その意図とは無関係に）問題を設定するというステップをもマニュアル化したと評しうる。その部分の叙述が必ずしもしっかりした実質を伴っていない、ということもある。むしろアリバイを作ったにすぎないという趣がある。

クリティックへの影響はどうか？　実はクリティックの基底的部分を直撃する動きがこの『知の技法』には込められていた。当事者が考える以上に重大な舵が切られたのである。実は歴史学よりもっと基底的なクリティックの層をフィロロジーが形成している。もちろん、常にクリティックの完結的な全体を構成しているとは言えない。だからこそしばしば補助学としてアンティクアリアニズムの一部となっている。それだったら日本にも近世以来の伝統があるとも言える。そして明治以後ここでは実証主義も時代の変転を貫いて一定程度保たれたのである。とりわけ日本語と英語について高いレヴェルが保たれた。他方、フィロロジーは優れて後期中等教育の柱である。高等学校のフィロロジーがそれほど充実していない戦後の日本では、前期課程のいわゆる「語学」の授業が実に大きな任務を果たしてきた。初めてフィロロジーというものに触れる若者も多かったであろう。ということは、教養部廃止構想によってわれわれはこの要を失う危機に直面したことになる。自分の家の土台を叩き壊せとわめいていることになるとも知らない経済界などは、英会話教室に通わせろ、とうるさく言った。それでは高等教育が成り立たず、高等教育が成り立たなければ世界の労働生産性水準に追いつけない。すると新興産業国との価格競争を強いられる。空洞化は免れない――という中学生レヴェルの推論もなしえない指導層の知的レヴェルはあまりにも低かった。彼ら自身が「長期停滞」の元兇であった、ことは今日になれば誰にでも認識されている。

しかしまさにこのロジックが通用しなかった。そもそも母屋に火が付いているというのにまだ勝っているつもりである。勝ち誇って潰しに来る。追い詰められた東大教養学部の諸教授が打った一手が以下のようなものになってしまったとしても、誰も責めることはできないであろう。それでも、ここで見事な曲芸をして見せれば見せるほど、フィロロジーの実質を失わせる方向へ大きく事態を進めてしまった。

フィロロジーからの二本の寄稿はいずれも書き手のフィロロジーが極めてレヴェルの高いものであることを窺わせる。翻訳に関する柴田元幸（「翻訳――作品の声を聞く」、同書、六二頁以下）、コンコーダンスに関する高田康成（「検索――コンコーダンスが開く言葉の冒険旅行」、同書、九〇頁以下）。何よりも、技法主義そのものを徹底的に批判している。解釈の多元性と「実体的真実主義」不成立の観点から一義的に正しい翻訳、否、そこへ接近しうるという思考、そのものを疑いに晒し、ソシュールを着実に使ってコンコーダンス利用主義を根底的に批判する。むしろ非常に珍しく、実証主義フィロロジー批判の真剣な局面が現われた、と言うことができる。一九七〇年代以来の表面的な実証主義批判受容に対して格の違いを見せつけているとさえ言える。われわれは、通常は高い料金を払わなければ見ることができないものを安価に見ることができただけで満足すべきであろう。

しかし、人々はこの一回限りの物産展を廉価大量生産のサンプルと受け取った。そういう舞台設定だったからである。込められた皮肉は気付かれることさえなかった。地味なフィロロジーを忘れ去らせる方向へ作用してしまった。フィロロジーはクリティックにとって、産業にとっての半導体のように、重要であり、だからこそ後期中等教育の生命線なのである、ということを効果的に説く必要があった。そのためには例えば、コンコーダンスを取り上げるならば、これが元来アンティクアリアンな装備でありながら一九世紀ドイツ実証主義において異様なほどの精度で作成されたこと、今日コンピューター・コンコーダンスが取って替わったが、一九世紀のコンコーダンスの落ちを見出すことはほとんどないこと、他方二〇世紀後半の新しいフィロロジーはコンコーダンス使用の語用分析を無効化すること、そこに未だ解決不能のクリティックの問題が横たわっていること、しかしいずれにせよ如何なる知的活動にとってもフィロロジーのクリティックが「基礎的材料」であること、とりわけ教育はこれに全て懸かっていること、戦後これを誰が担ってきたのかということ、を縷々説明すべきであった。

『知の技法』の大きな部分は、もちろん、マニュアル化に最も適した実証主義Ⅱ‐2によって占められている。社会調査法や統計学である。しかし、実証主義Ⅱ‐2つまりゲームの理論とそれによる包括的説明などは少なくとも前面には登場しない。これは当時の社会科学の潮流と大きく乖離する点である。つまり、権力に近い知的活動よりは遠い側に力点が置かれているということである。むしろ、（その当時もうとっくに破産が宣告されていた）ロラン・バルト流の記号論風社会学やプロップ流の構造主義亜流の分析が目立つ。これは、前章で扱った一九七〇年代以降のクリティック破壊の流れを受け継ぐ。PPW-Iのファッションであり、PPW-IIには時代遅れとなっていくものである。事実、各論考に内容がなく、またマニュアル化にもなっていない。かわりに、今では(「リテラシー」などと言って)ますます広まっている、低レヴェルの学生のための「レポートの書き方」の類いが後ろに付録として付いている。

要するにこれは、実際にこの技法で教育していこうというものではなかった。駒場の授業で実際にこれを使った教授がいたのかどうか。真面目ならば使えなかったであろう。スタイルは予算当局の小役人を幻惑するという目的に発したものであり、商業的な成功によって獲得した効果は、知的営為に局所的な投機という性格を与えるところに存した。投機として活気づけるというのでもあり、その投機を局所ないしニッチに限定するというのでもあった。そして、いずれにしても、不発であり、確かにPPW-IIを代表しはするが、この種の投機が悉く湿った線香花火のように先細りに終わった、そのことの代表なのである。この失敗をものの見事に表現しているのである。誰よりも執筆者たちがそのように感じているであろう。

それでも、申請書はこうやって書くんだな、と思わせる空気を作った。これはやがて、学問とは申請書なんだな、に至る。研究のために申請書を書いていたら、研究が(申請書と無関係なところでも)申請書のようになった。つまり知性自体が申請書のようになった。『知の技法』は、内容は取るに足らなくとも、知性全体をこの方角へ向ける大きな意義を有したのである。だから読まれた、否、買われた。

10　ニッチへの投機、その代表的ジャンル

ちょうどその頃、一九九五年、が重大な転換点であったというのが成田龍一と大澤真幸の見解であることは既に述べたとおりである。彼らは、「ポスト・モダン」から「カルチュラル・スタディーズ」へ、という変化を見る。変化後についての彼らの見通しは決して明るいものではない。「ポスト・コロニアリズム」（本橋 二〇〇五参照）は文学研究の方法であり、「カルチュラル・スタディーズ」（吉見 二〇〇〇参照）はマルクス主義社会学の一流派、（「サバルタン」が鍵概念であることからわかるように）グラムシに影響を受けた学派、を水源とする、ようである。そこには明確な共通点がある。欧米の中心的支配体制に対する異議申し立てである。エスニックな被支配者ないしマイノリティーの文化か、それとも社会的経済的従属層のそれか、という元来の違いも（経済的従属がエスニックな要因に結び付いているから）しばしば解消される傾向にある。

これらが一九九〇年代から日本に大挙流入した事実は否定できない。その影響は広く見られる。しかしながら、本書が設定した問題に直接関わってくる言説、つまり知的階層の成否に関わる社会構造を構成する言説、は多くない。そもそも、本書は、例えば歴史学を扱う際にも「西洋史」などを中心的に扱うことはなかった。日本の状況と関わらないわけではないが、研究者はやはり第一義的にはイギリス史ならイギリス、フランス史ならばフランス、における歴史学の脈絡を睨んで仕事をするので

ある。水準や動向はそちらを反映する。研究者層から言っても独自に社会構造に関わるということがない。ＰＰＷ‐Ⅰになると、実は自然科学に続いて経済学も、日本で日本語によって研究を発表するという形態を離れつつあった。こうした活動もむろん日本ではなくアメリカの知的階層構成に何ほどか関わる。他方、日本の知的空間はますます世界のそれと直接的に繋がりつつある。ＰＰＷ‐Ⅱになると、日本の大学の文系の研究者でも中堅以下の場合一切日本語では書かない人々が増えている。ならば、新しい世界大の現実に立ち向かう世界大の知的階層の形成にこれらの研究が関わっているか？

そもそも、何度も強調してきたように（とりわけ丸山眞男に即して述べたように）自らの現実に正面から向き合うことがクリティックの大前提である。私は、日本に帰ることに心理的な抵抗を感じているのを師のエットレ・レーポレに見抜かれ、自分の現実に立ち向かう（affrontare）ことなしには（ギリシャ・ローマ史でさえ）歴史学はできない、と釘を刺された。今やその現実が世界大だからこそ英語で研究を発表するのだ、とすれば異論の余地はない。反射的に日本の知的階層の再建に大きく貢献するであろう。ところが実際にはそうした筋道が見えない。その主たる理由は日本の社会構造がこうした新たな知的階層をなかなか受け容れないということにあろう。しかし従たる理由として、今や世界の研究は産業化された集団的研究組織ないし資金を得た国際シンポジウムなどを通じてなされ、「ポスト・コロニアリズム」研究や「カルチュラル・スタディーズ」はそうした場合が多い、ということがある。そうすると、本書が問題とする事象に接続されることになる。

ＰＰＷ‐Ⅱの知的状況として、申請書化を指摘した。歴史学について当事者たちが証言するのを見たように、研究者の地位がプレケールになり、科研費体制の中でしか生きていけなくなった。これと世界の状況、とりわけ「ポスト・コロニアリズム」研究や「カルチュラル・スタディーズ」の動向、つまりは世界的な学問産業化、は綺麗に符合するのである。「ポスト・コロニアリズム」研究や「カルチュラル・スタディーズ」は明治以来とも言えるほど極端な輸入文化になってしまうが、その理由は明治の頃とは全然違う。つまり世界同一構造である。いずれにせよ結果として、知的活動はクリティックを欠くこととなる。世界の現実と対峙しない。まして日本の社会構造と対峙しない。そのくせ却って、反欧米中心主義ということで、日本の権力に曖昧に接近することさえある。

「ポスト・コロニアリズム」研究は福沢諭吉や夏目漱石や丸山眞男、つまり近代日本の基軸的な知性を好んで取り上げる。確かに、日本の近代は「ポスト・コロニアリズム」研究が論ずるに相応しいテーマである。論ずればその言説は直接的に現代日本の社会構造にも関わる。しかしまさにその分、日本に輸入されたヴァージョンの「ポスト・コロニアリズム」はここで弱点を見せつける。

二〇〇一年の小森陽一「漱石文学と植民地主義」（小森 二〇一〇、七八頁以下）は、漱石が、欧米列強の真似をして戦争と植民地獲得に走るという「自己植民地化」と、反欧米のナショナリズム、の間に引き裂かれる文学者であった、というテーゼを掲げる。しかし引かれる限りの手紙と日記からは、前者に対してナショナリズムとは異なる視点から懐疑的な視線を向ける人物しか読み取れない。（引かれる）『吾輩は猫である』における「吾輩たる猫＝東郷平八郎」に至っては実に際どい日露戦争批判である（『坊っちゃん』と『草枕』のそれぞれ最後の場面も同様）。『門』において主人公が伊藤博文暗殺事件に対し曖昧な態度を示すというが、御米は（小森がきっちり読むとおり）何度も「どうして」を繰り返している。テクストは、なるほど、植民地主義という概念を使って何かを糾弾するというものではないが、作品全体で当時の日本の大陸進出の構造を抉り出す、その過程においてこの御米の科白は読者にマーカーの役割を果たしている。

『彼岸過迄』の敬太郎は「植民地主義的な日常感覚にとりこまれている」という。大学を卒業しても就職のない敬太郎がロマン主義的であるのは、「南洋」に憧れる「植民地主義」に取り憑かれたからだという。落伍と大陸の間の連関を小森は的確に読んだと言える。しかし作者の頭が植民地主義に浸潤されていたというのは誤りである。小森が読み取った設定自体、これから植民地主義のメカニズムに鋭利なメスを入れようという準備である。だからこそ、作者は、学歴のない森本さえも満鉄に職を得そうであるのに、敬太郎は満州にも朝鮮にも職がない、というように展開し、ところがその森本が下宿代を滞納し頰面して大陸に渡る、その尻ぬぐいを敬太郎がさせられそうになる、というどんでん返しを演出する。大陸浪人的経歴の森本に憧れる敬太郎を通じて大陸浪人風メンタリティーが知的階層にも浸潤していることを作者は皮肉っているのである。だから、敬太郎のその幻想をまさに下宿代の件によって叩き割っているのである。植民地侵出の意識構造の見事な解剖である。松本や須永の経済的基盤について作者は小森が読むとおり周到に描き込んでいるが、この基盤に潜む問題は作品の主要プロットによって丁寧に腑分けされている。

要するに小森は、「植民地主義」に気付くのはよいが、作品の中から気付いたのではなく、「ポスト・コロニアリズム」が流行してきたから気付いたのではないか、と言われかねない。その証拠に、「ポスト・コロニアリズム」研究のパターンが植民地主義の無意識の浸潤を突くものであるところ、漱石の作品は極めて意識的なその解剖であり、このギャップに小森は気付かない。テクストから出発すれば直ちに気付くはずである。非常に不思議であるのは、小森が長編小説のテクストに向かうに際して常に恰も現実のサンプルを見ているかのように扱う点である。ジャンルの性質、作品の基本主題・構図への関連付け、もっと言えば（標榜しているはずの）精密な記号論的コードの認識、等々が全て欠けているのである。登場人物にいきなりモラルなレヴェルの審判を向け、植民地主義という不正義に加担しているかどうかチェックする。この糾弾の姿勢が論理を飛躍させ、テクスト内連関追跡を狭める。「ポスト・コロニアリズム」研究に特徴的な性急さがある。そして、作品は全体を解釈しない限り無意味であるのに、必ず指摘は断片に向かう。なるほど、主人公たちは軍国主義を基礎に持つ資産の上に乗っている「高等遊民」である。しかし漱石は、この資産が信用システムの不透明のために脆弱であることを徹頭徹尾描く。だから実は「高等遊民」が成り立たない。そしてこの不透明こそは「満州」への直行便なのである。この磁場によって発生するスパイラルの中で例えば『門』の夫婦は地獄のような日々を送る。

全ての価値ある文学的テクストは最大限著者が直面する現実と対峙している。漱石の諸作品は、その対峙が深く構造を掘り下げるから、極めて長い射程を誇る。古典的たる所以である。大陸の人々や労働者の立場に立って書かないではないか？「立場に立つ」ことができるというのも幻想であるが、そうすれば問題が解決するというのはもっとお粗末な幻想である。彼らの問題にアプローチするためにこそ、構造のポイントを射貫かなければならない。そして現実を掘り下げ問いを発する手段として長編小説というジャンルを最後に選んだ。「ポスト・コロニアリズム」を標榜する分析は一般に、フィロロジーが歴史学に接近する、と評しうる。それはよいが、ならば必要な、歴史学の基礎訓練を完全に欠いている。そしてフィロロジーの基本を疎かにした点だけが残ってしまう。こうして結局あらゆるクリティックが飛んでしまう。日本でこれに飛びつけば、それは自動的に与次郎的投機となる。

二〇〇二年の小熊英二『〈民主〉と〈愛国〉』が例外的に水準の低い作品であるとは言えない。むしろ、「ポスト・コロニアリズム」の観点から「戦後思想」全体に挑戦した力作であろう。それでも、われわれはそこにこの系統の研究に見られる典型的なクリティック不全を見出すのである。小熊が丸山眞男を扱う部分（小熊 二〇〇二、七〇頁以下）を例にとって説明しよう。小熊は、丸山の「政治学に於ける国家の概念」（一九三六年）と「近代的思惟」（一九四六年）を対比し、丸山が戦争体験をくぐって近代批判者から近代主義者に変わった、と主張する。しかしまず前者の論文について初歩的な誤読がある。確かにそこには「個人主義的国家観」への批判がある。しかし同時に中世団体主義的国家および（「況や」）ファシズム的国家観も痛烈に批判されている。にもかかわらず小熊は丸山＝マルクス主義＝「近代の超克」と置き、一九四六年に丸山が一転「近代の超克」を批判した、と言うのである。右の等式は何れも妥当しないが、そもそも小熊は論証しようともしていない。

次に、丸山は戦後「国民主義」（近代主義の一種?）になったと言う。戦争の中で（国民が一致団結するのを見て?）「「国民主義」の問題に注目せざるを得なくなった」という。「戦後知識人としての丸山が誕生した」。これは「大衆蔑視」を意味した（福沢を論じた部分が引かれる）。さらにまた、丸山は、政治面での解放は望んだものの「性や感覚面での解放にはむしろ否定的であった」。大塚久雄らと混ぜ合わせた上で「アジア蔑視」もあると小熊は判定する。複雑に混乱しているが、一つ一つ解きほぐすと、まず「国家」や「国民」の概念を丸山は正確に用いているから、この点の勉強なしにそれを評した小熊がきりもみ状態に陥るのは当然である。この場合「国民」はポプルスすなわち厳密な意味の「国家」の基体であり、「戦争体験」で感じ取るようなものではない。丸山の関心は、一九三六年に既に、発達したデモクラシーの政治システムであり、三谷太一郎が常に強調するように、丸山の「個人」ないし「市民」は「能動的デーモス」を意味している。この点を押さえないから、小熊は、戦争体験で民衆に接して「国民主義」になりながらエリーティズムに陥る、という辻褄の合わない図式を振り回す自己矛盾に陥っている。もちろん、そういう逆説こそ小熊の指摘したいところなのかもしれないが、大きな背景を押さえた上でテクストを読むという訓練を欠くために「ポスト・コロニアリズム」論独特のスタンド・プレイに終わっている。

実際、丸山の「大衆蔑視」については、吉本隆明以来言われてきていたクリシェに乗っただけで論証を試みてさえいない。丸山にエピキューリアニズムに関する誤解があったことは疑いないが、丸山が批判の対象としたのは、不透明なエシャンジュが幅を利かすという意味の「欲望社会」であり、丸山にとってこれは戦時中の権力者や知識人の行動様式そのものであった。知的階層に対する丸山の視線には極めて厳しいものがあり、それ自体エリーティズムだと言いたければ言えばよいが、「大衆を蔑視」することなどしていない。「大衆の味方」を騙る知識人は蔑視したかもしれないが。丸山は「能動的デーモス」としての大衆を大きく掲げたのである。だから誰の目にも彼の力点が国家にではなく市民社会にあると見えるし、それが素直な読み方である。そして、竹内好を高く評価する点に見られるように、アジア蔑視は全くない。安易なアジア主義への懐疑はあるかもしれないが、苛烈な戦時体制批判においてさえ、「日本はアジア的だからこうなる」という論法は全く見られない。ヨーロッパとの違いや近代化の瑕疵については言わないではないが、理念を尺度にして問題をあぶり出すための仮設であるにすぎない。

要するに、小熊のこの作品については、テクストを読む基本訓練が欠けているということ、基本概念を学習することを怠ったということ、の二点を指摘しうる。もっとも、いずれも小熊のせいではないかもしれない。高校ではそうした訓練をしない。法学部に進学したところで「国家」の概念を学習させてくれるわけではない。法人理論を理解しなければならないが、そのためにはローマ法とキリスト教神学の両方を学ばなければならない。そうでないとホッブズ一つ読めない。ところが日本ではこれを教えないどころか教えうる先生もいない。ヨーロッパに渡っても誰も教えてくれない。あまりにも当たり前のことは言葉にしないからである。そこで言葉にされているのは「ポスト何々」ばかりである。

こうして、「ポスト・コロニアリズム」の場合、明治以来の、あの与次郎の、醜態が派手に表紙を飾ることになる。

11　一元的投機目標希求の屈折

われわれは、与次郎がいきなり「日本」へ話を飛躍させるのを見た。戦前期においてこれは、信用の一元的マシーンを目がけるつもりであることの合図であった。このマシーンは軍事的な性質のものであった。こうしたメンタリティーを「ナショナリズム」と呼ぶことに私は躊躇を覚える。国民国家の形成、一九世紀の民族的自由主義、二〇世紀の反植民地主義、の何れとも大きく異なるからである。だからこそ、明治初期のナショナリズムから与次郎以後のそれが微妙に隔たる点を重視してきた。「アジア主義」が問題の中心フィールドであった。これが拡張版日本第一主義にすぎないのか、それとも朝鮮半島や中国などの具体的な社会的現実を捉えたものか、が分水嶺である。だからナショナリズムの語を避け、ひとまず「日本主義」と呼んでおこう。その中身は不明であるが、不明であるのが特徴である。実質は例の一元的マシーンの周りにわき起こるつむじ風であった。

戦後も、述べてこなかったが、この渦への郷愁がなくなったわけではなかった。一暴れしたいのに押さえられてしまった不満は鬱積していたことであろう。ＰＰＷ‐Ｉになり、「内なる満州」が開拓され、彼らはやっと希望の光を見出した。日本経済の「大勝利」に沸き上がった。見てきたように、「改革」推進のための議論はことごとく不自然なほど「日本的」を強調した。成功神話を「日本」神話へ置き換えずにはいられなかったのである。否、神話化したからこそ「日本」になった。戦時期の神話化に比べても、人々が信じた度合いは大きかったかもしれない。日米開戦の報に接して多くの知識人が「すかっとした」ということは有名であるが、ものすごいコンプレックスの表われであろう。現実に勝利しうるとどれだけの人が思っていたか。しかしＰＰＷ‐Ｉ、特に一九八〇年代、には日本が最終的に勝利したと人々は本当に信じ切った。そして宴は永遠に続くと思った。「勝ったの負けたのと」何と馬鹿馬鹿しい、とも考えつかず、こんな無意味な喧噪が長く続くわけもない、とも思わなかったのである。だから傷はもっと深い。であるのに、繰り返せば、全てが灰燼に帰した一九九〇年代にあっても戦後期のスタートラインにおけるような反省は全然なかった。

さて、では酩酊状態を焚き付けた人たちは、壊滅を動かしがたい現実として突きつけられて一体どうしたか？　誰も反省しないのであるから、まして、彼らが反省するわけもない。しかしこれまでの線をそのままでは維持できない、のではないか？　実際、ＰＰＷ-Ⅱにおいて「日本主義」はその捻れを一段と際立たせることになる。

吉本隆明・梅原猛・中沢新一による鼎談『日本人は思想したか』（一九九五年）を覗いてみよう。（少し若いが）京都学派系統の正統「日本主義」者（の後継）と、マルクス主義系統の土着主義的「日本主義」者と、ポスト・モダンつまりＰＰＷ-Ⅰの「日本主義」者、言うならば戦前派と戦後派とＰＰＷ派という三世代与次郎、極めつきの与次郎、が揃うのであるから、史料的価値はともかく、見物である。与次郎に相応しく、いい加減なことを意識的に言って読者をたぶらかそうとする意図（特に中沢にこの暗い悪意）が丸見えであるから、支離滅裂なその主張を追跡する意味は全くない。顕著なのは、三人で「日本的な」何かを必死に捜索してついに発見できない、ということである。与次郎一世と与次郎二世がともに高齢であるためか、話は回顧的になる。そしてきちんと自分たちの正統的なルーツを明かしている。

西洋のものはよくわからないんだ……日本のものは、もうちょっとヴィヴィッドに楽に理解できるんじゃないか。（吉本・梅原・中沢　一九九五、一二頁）

丸山真男をなで斬ったんですね。当時神様であった丸山真男をバカ呼ばわりした……吉本さんは後から丸山真男を再批判したけど、私のほうが先なんです（笑）。神様だった丸山真男が、私と吉本さんにだいぶ批判されてちょっと傾いた。（同書、二七頁）

超世代的同窓会風に、反西欧反近代では盛り上がる。ただ、それにしては、ヘーゲルの「国家」をターゲットにしたりするので、一体どこを撃っているのか、と思わせる。正統的な「国家」概念も知らず、ヘーゲルのそれがそれ自身大はずれであることも知らない。何より、反西欧反近代は一応掲げてみただけで固執されない。とりわけ、これに「勝った」という動機は流石に前には出せない。確かに、吉本が「現代の超克」というアドバルーンを上げる部分はある。

「近代の超克」にはもちろんある種の根拠はあったんです。……その根拠を大雑把に言っちゃえば、日本を中心とすれば、軍事力がとても大きな役割をして、それがアジアの植民地解放の刺激になって……。
いま、……現代は超克されなくちゃいけない。超克ということははっきりしなきゃいけないということで、その大きな背景は、経済力としての日本……世界全体を支えるくらいの背景を持っている……。（同書、二一二頁）

しかしこの日本の役割自体アメリカやヨーロッパと並んで果たされるべきものとされる。世界最終戦争に勝ったという主張ではない。そして、中沢はこの旧世代のノスタルジックな逸脱を早速回収しにかかる。「近代の超克」にもこの「現代の超克」にも（廣松渉にも）「通底して流れている」ものがあり、それは「軍事力を背景にした日本でも、今の経済力を背景にした日本でも」、「ある種の「過剰」したものです」と言う（同書、二一六頁）。それはこの書物で一貫して中沢が「日本思想」の根源として説くアニミズムやミスティシズム（ミスティックな思考）のことを指す。「日本的」を求めてサルがラッキョウの皮をむくのであるが、そんなものはないから諦めるかと思いきや、極めてありふれたこのアニミズムやミスティシズムを引っ張り出し（ただしその理解は全然正確でない、ギリシャのことまで挙げるので、私はたまたまその出鱈目を知りうる）、これを以て「独自」と強弁する。原始日本にあり、その後も修験道などによって受け継がれてきたものである、という。陳腐だがしかし悪質である。アニミズムやミスティシズムをそのように一面的に称揚し鼓吹することは、怪しい軍事化メカニズムに繋がるからである。

中沢は、もはや勝ったとは言いがたい状況を迂回し、一旦勝ち負けを超越する「日本」の唯一無二の独自性に逃げ、反転、軍事化メカニズムを秘かに忍ばせる仕方でカルト集団を助長しかねないミスティシズムに加担する。「日本主義」は今や（或いは再び）こうした回路を備えるに至った。与次郎の投機的行動はこういうものに変質したのである。中沢はＰＰＷ－Ｉの期間中に既に構想を準備していた。「ポスト・モダン」がプリーテクストであった。それは「内なる満州」に唱和していた（駒場事件）。クリティック解消のお囃子方であった。幸い（ニッチに居て）中軸の信用循環と無関係であった分、不良債権処理に再度蠢く連中のように、ＰＰＷ－Ⅱにおいても健在であった。それればかりか、一元的マシーンのダミーを乗っ取ってしまう。そうしてニッチから脱出してヘゲモニーを取る、チャンスをうかがったのである。それがこの鼎談の意義であった。梅原と吉本のいい加減は身についたものであるにすぎない（梅原はこの点に自覚的である）のに対し、中沢のそれは、悪意と野望を感じさせる（しかしそれにしては軽薄すぎる）ものである。中沢の野心は、個人的には実を結ばなかったかもしれないが、諸種パラレルなものがＰＰＷ－Ⅱの根幹にどっしり腰を据えたのである。

敗北後、独自性への撤退が「日本主義」の秘かな抵抗手段ないし逃げ道であったとすれば、「ポスト・コロニアリズム」や「カルチュラル・スタディーズ」の多元性礼賛は少なくとも影の援軍であったろう。経済にとって「観光立国」や「クール・ジャパン」以外に行き場がなくなった、にもかかわらずそこにまた隠微に「日本優位」のリヴェンジを忍ばせてしまう、ことに似る。つまり、「日本にも固有の価値がある」は黙示的に「日本がやはり一番だ」を意味している。「ポスト・コロニアリズム」や「カルチュラル・スタディーズ」ばかりでなく、「グローバル・ヒストリー」もこうして捻れてしまう。

われわれは既に、ヨーロッパ中心主義・近代主義批判が何時の間にか日本（の前近代）礼賛になり、その日本（の前近代）がまるでヨーロッパ近代のようになり、こうしてぐるりと回ってヨーロッパ近代を礼賛し、その上何も問題がないことになってしまう、というジャンル横断的な根深い傾向を見た。（比較を禁忌としてきたが）こうした特徴は他の国の「ポスト・コロニアリズム」や「カルチュラル・スタディーズ」や「グローバル・ヒストリー」には少ないのではないかと思う。近代ヨーロッパのものに対立する価値を鋭く突きつける異議申し立てが主力であるはずである。こうして、投機機会が散り散りになり雲散霧消していく、しかしなお一元的投機機会を夢見る、そうした残影がここにも痕跡をとどめたのである。

12　苛立ちの屈折

他方、以上とは全く別に、多元主義が曖昧であり、その克服がまた多元主義との間で曖昧であり、克服の失敗を受けての方策（「規制緩和」）がまたこれらとの関係において曖昧である、という真綿でくるむようなPPW-IIの状況は、曖昧さを払拭したいという心理的なバネ（苛立ち）を回路として、別の「日本主義」を産み出す。適合するクリティックの装備を与えられていないために、状況批判が古い「一元マシーン願望主義」に幻惑されるのである。「村おこし」型「日本主義」ないし「クール・ジャパン」とは異なって、文字通り取れば日米戦争を再開させかねない過激な主張であったが、しかしまさに幻影を見ているだけなので、決して本当に危険なものではない。

一九九七年の加藤典洋『敗戦後論』はこの新しい重要なモーメントを読み取るための避けて通れないポイントである。加藤は憲法、特に九条、を自ら選び取ったのではなく押しつけられた、という事実を人々が十分に意識してこなかったことに苛立ちを覚える。いわゆる護憲派は当然に批判に晒されるが、しかし加藤は改憲派もまた標的とする。「主張を貫くなら、国家主権確立のため、在日米軍の撤退にまで進まなければならないところ」それをせず「中途半端な屈折した姿勢を余儀なくされ」るからである（加藤 一九九七、五〇頁）。負けたという事実を認めていないではないか、「自主憲法」を制定したければ再びアメリカと戦って勝たなければならない。かくして、護憲派も改憲派も「二重人格」の表と裏のようなもので、「ねじれ」が発生している、というのである。ここを清算しなければ「われわれ」というナショナルなもの、つまり「国民」、が立ち上がらない、と言う。「隠蔽」、「汚れ」、「欺瞞」のような強い人格批判の言葉が並ぶ。テクストの文理上の意味さえ取れない部分も多いが、そうしたレヴェルの解釈より、何故加藤がこうしたトーンを発信し、しかも多くの人の共感を得たか、ということにここでは関心を向けよう。

おそらく、インテグリティーの欠如を言いたいに違いない。「どちらでもいいからはっきりしろ」と叫んでいるのである。曖昧さのシンボルないし頂点として日米関係の曖昧さがある、と考えられている。憲法擁護の観点から安保体制に反対した丸山眞男らのかつての議論と実は繫がっている。かつては多元主義の曖昧さが日米同盟とともに批判された。今、多元主義克服の曖昧さが加藤を苛立たせている。実は、憲法は加藤にとって錯覚に基づく論点である。その証拠に、これを巡る彼の事実認識は全く根拠を欠く。そもそも日本とアメリカが戦って日本が負けたという事実はない。本気かと疑われる（芸者などを連れた）司令部の愚かな命令によって餓死させられた多くの兵士たち、利益を貪ろうと付和雷同した人々、およそ考えられる限り最も汚い腐敗した状況、などがあり、そしてものの見事に壊滅した、という歴史的事実しかそこにはなかった。ならば憲法の起草者は外部の者の方がよい。反省の上に立って再スタートをした点に偽りはない。むしろまさにアメリカの干渉で責任者を処罰し損なったことが汚点を残した。そこから日米関係はインテグリティー毀損という連関の中に置かれることになる。負けたのに負けていないことになったのはそうした事情である。憲法の骨抜きを加藤は批判してしかるべきであった。しかし加藤は八つ当たりして憲法を攻撃した。苛立ちはおそらく正当だったが、しかし苛立てばよいというものではない。状況を精査する装備が必要なのである。加藤は何故これを備えなかったか？　ＰＰＷ‐Ｉ以来の与次郎君の跋扈という帆に風を孕んでいたからではないか？

　憲法へ八つ当たりした混乱が反米感情に達している点は注目される。ＰＰＷ‐Ⅱになって反米感情が燻るようになったことは確かである。明らかに、深い閉塞感そして挫折感の反映である。アメリカという天井が突き抜けを阻んでいるように見えてしまった。憲法もアメリカに見え、だから天井に見えた。一九八〇年代におけるのと異なって、「改革」の新ヴァージョン、（非常にアメリカ的に見えた）「規制緩和」、をもはや人々はあまり信用せず、まやかしであることに早くに気付いた。しかしまやかしのポイントが多元主義と多元主義否定の曖昧なこね合わせであることまでには認識が至らなかった。目くらましを食らって、戦後全体の否定となる。戦後は定義上一元的投機マシーンの否定であり与次郎雌伏であったから、反動で与次郎原点に返ってしまう。流石に軍事的マシーンは非現実的であるものの、せめて反米は追求したい、となる。「勝った」、「負けた」の発想に出てしまったのは、潔く「勝った」、「負けた」をすればインテグリティーを得た気分にはなるからである。しかし日米戦争だけを切り出したのは無意味だったし、日米戦争自体そういう問題ではない。そもそも「勝った」、「負けた」のインテグリティーは如何にも安手のものである。現実を厳密に見ることを到底意味しない。現実を厳密に見ることなく与次郎風気分だけ一貫させても真のインテグリティーは生まれない。考えてみれば、「改革」、否、多元主義の曖昧さ自体、は与次郎のなせる技であった。

中谷巌は「規制緩和」の旗手であった。ところが二〇〇八年になってなかなか派手なヴォルト・フェイスをして見せる（中谷 二〇〇八）。「転向」を公言し、「規制緩和」および「グローバル資本主義」＝「市場」＝アメリカ＝一神教＝個人主義を攻撃する。日本経済のかつての成功の秘訣を「日本的なもの」の独自性に求める。例えば縄文人を征服しない弥生人。互いに信頼し合う均質的で平等な社会。日本的雇用システム。日本的取引慣行。会社内の共同体。中谷は、ここへ帰ろう、と呼びかける。戦後期に帰るのか？　しかしむしろ「改革」の主旋律「イエ」ではないか？　これと「規制緩和」は同義で、同時にアメリカではなかったのか？　「臨調」の頃「イエ」は官僚の調整体質にやられた、と嘆いた。「平岩レポート」の時には中谷自身が嘆いたのではなかったのか？　したがって中谷のヴォルト・フェイスは虚偽である。

「規制緩和」と「日本主義」は連続的である。しかし看板を掛け替えた（掛け替えたように見せなければならなかった）ということはある。既に述べたように、二〇〇〇年代後半、少なくとも二〇一〇年代に入ると、信用状況の風向きが変わる。基本構造は変わらない。だから「改革」の旗も降ろされないし、犠牲強要もむしろ過激化する。腐敗はもっとである。しかし「内なる満州」掠奪ゲーム自体は（おそらく「内なる満州」焼き尽くしの結果）撃ち方止めとなり、一個の党派に包容され安心を得ることが切望される。掠奪対象さえ（どうせそこにはいない）将来世代の担税力である。無限に先延ばしすればよい。ゆるく公共事業をして皆がオコボレ頂戴となる。モラル・ハザード丸出しの貸付をして実質無償バラマキとする。中谷はこの相対的に新しい空気を読んでいたと思われる。「日本的」はこういう奇妙な一元的マシーンのためのかけ声に変化した。しかしこの党派の中ではわずかな対立さえ許されず、人々はひたすら和気藹々としていなければならないから、神話化は必需品であり、と同時に強いストレスをもたらす。

二〇〇〇年代後半からの相対的に新しい風向きは、一九九〇年代と同じ地点から批判ないし苛立ちが発射されても、その軌道を大きくそらすであろう、ということを予測させる。白井聡の『永続敗戦論』（二〇一三年）は、このことをよく示す。明示的に加藤典洋の後継ヴァージョンを目指す白井は、「戦後」を総括する基本的な物語（＝「平和と繁栄」）に対する根源的な見直し」を福島二〇一一によって迫られたとする。福島二〇一一によって露わになった腐敗の深さに衝撃を覚えたのである。しかしそこから完全に混乱した一連の推論に向かってしまう。既にこの引用にあるように、福島二〇一一で露わになったものが「平和と繁栄」の虚偽性である、という推論。その「平和と繁栄」が「戦後」のものである、という推論。その「戦後」は「対米従属」である、という推論（アメリカの軍事力に守って貰ったから平和だったのである、という推論）。「この二〇年の間に、民主主義の虚構は暴かれ、平和は軍事的危機へと向かいつつあり、経済的繁栄は失われた。もはやしがみつくべき「戦後」はどこにも見当たらず、満足すべき現状などどこにも存在しない」。「「絶対平和主義」は、生命を賭してでも守られるべき価値として機能してきたのではなく、それが実利的に見て便利であるがゆえに、奉じられてきた」。護憲派の欺瞞的態度と支配者の実利主義は共犯関係にあった、というのである。

加藤典洋との間のヴァージョン偏差は、同じく戦後体制＝対米従属＝憲法という短絡をするにしても、（インテグリティーではなく）安定ないし保障がない、と異議申し立てする点である。プレカリテ自体を告発しているのである。その限りで、与次郎を目指していない。むしろ、われわれを与次郎にしたのは誰か、と問うているのである。しかしまさに与次郎にされてしまっているため、クリティックと無縁である。与次郎になるのが厭で現実と包括的に対峙したい。しかしそのための装備をまさに彼が告発するシステムによって剝奪されており、したがってその先の分析が全く伴わない。知的にプレケールになってしまっている。

福島二〇一一が歴史的体制の産物であるのは彼の言うとおりである。しかし「戦後」へとはなかなか括りえない。基本は丸山眞男の指摘した点であり、その意味で戦前＝戦時の社会の体質が露呈してしまったと言えるのである。戦後はこれに立ち向かうはずであった。憲法はその橋頭堡であった。しかしこの企図は挫折した。その限りで戦後の責任を問うことは可能である。しかし一九七〇年代以降、この企図は徹頭徹尾骨抜きにされた。右の企図を阻害した者たちが、自分で阻害しておいて、どうもうまくいっていないようだから、戦後自体を清算すべきではないか、と言い始めた。白井は二〇一〇年代になってなおこのトリックに引っかかっているのである。その限りで白井も「日本主義」のverso（裏面）に陥っている。福島二〇一一は第一義的には一九七〇年代以来のこの清算過程のドロドロの帰結であり、一九九〇年代から原発体制の破綻とボロボロは誰の目にも明らかであったから、破廉恥な帰結も意外とは受け取られなかった。なるほど、一九七〇年代以降の体制の破綻たるを認めても、これと戦後を抱き合わせて一緒に沈めれば二〇一三年体制には（二〇〇〇年代半ばからの新しい風には）好都合だったろう。実際、少なくとも一九八〇年代から続く体制にとって渡りに船であった。

この（「戦後」への）責任転嫁（福島二〇一一もアメリカのせいだ、憲法のせいだ！）による免罪にとっては右の抱き合わせが肝腎で、白井は意図せずしてこれに加担したのである（自分が何をやっていることになるのかわからない、というのは若い世代の特徴である、教育の偉大な成果である）。

白井が福島二〇一一に過剰に反応する理由は、プレカリテが閃いたためであろうが、不安に火が付き、「保障がない」が非論理的に安全保障の問題に飛び、「対米依存」に思い至った。アメリカも守ってくれる保証はない。この心理的な連鎖は、現実をきちんと分析しない（例えば全く経済史の研究を参照しない）ところから生まれている（否、ただの不安が駆動力だからクリティックへ行けない）。右に列挙した推論ないし等号をいちいち（その概念内容を含めて）吟味するという手続が身についていないのである。繰り返し言えば、ただしこれは白井の責任ではないであろう。一九七〇年代以降われわれは若い人々がこれを身につけないようにと体系的に模索してきた。それでも、白井は自分の批判が二〇一三年体制に優に吸収されるということに気付かなければならなかった。[16] 何せ、プレカリテは一石二鳥である。創り出せば労働コストが安くなる。不安定にしておけばおくほど、ぶら下がり気質が成長し、ぶら下がらせる政策が人気を博する。いじめておけばすがってくる。こんな楽な商売はない。だから、単に不安定を訴えても、厳密な分析がなければ最悪の結果を招くのである。

何時の頃かはなかなか思い出せず、したがってクロノロジーの検証を課題とするが、少なくともPPW-IIの後半においては、大学院生のような潜在的知的階層たる若い人々の間にさえ、カルトに惹き付けられるような心性が発生していったように記憶する。投機的心理は、サイコロの目に全てが掛かるところから来る不安を鎮めるためにすがる帰依の拠り所を求める。プレカリテがポトラッチへと人を駆り立てるとき、（日本の場合主として神道系の）おぞましいカルトが浮上する。近代日本のこの大動脈を分析するためには本格的な社会構造分析を要するから本書のなしうるところではないが、知的圏内に限って見ても戦時期の狂奔を折口信夫などで例解したところである。先に一九八〇年代の日本中世史の大学院生のエピソードも紹介した。一九九〇年代に事件を起こすカルト集団へ秘かな共感を寄せる若干の擬似知識層があり、彼らが事件にショックを受けた、という事実があったことも記憶に生々しい。

しかし二〇〇〇年代後半以降、いわゆるサブカルチャーの中に同様の色調が大量に見られるようになり、若い潜在的知識層もこれに染まっていってしまうという現象が見られた。二〇二〇年時点で（インターネットが媒体として圧倒的な力を持つにつれ）この傾向はますます強まるような趨勢である。[17]カルトはカルトでまた根強い基盤的プレカリテを主要資源としているが、これと相対的に区別された与次郎たちの寄与もまた無視できないのである。その場合に、大学を含む知的状況におけるプレカリテが決定的な作用を及ぼしていると見てほぼ間違いない。

13　二〇二〇年に見える知的風景

ＰＰＷ‐Ⅱを輝かせる事実は、ＰＰＷ‐Ⅰにおいてはまだ残っていた良質の実証主義的理性が、極めて例外的な研究者を除いて、完全に消えた、ということである。系統的な根絶やしは成功したのである。他方、実証主義批判のクリティックを構築する作業はその必要に気付かれてさえいない。繰り返し確認してきたように、本書は与次郎のみ（それも示唆的な例のみ）を扱ったものであり、知的階層のうちの残余は扱わなかった。インテレクチュアル・ヒストリーではない。しかしＰＰＷ－Ⅱにおいては、結局この残余が極小化してしまった。自動的に、狭義の知的階層が絶滅した。かわりに、小さな与次郎ばかり溢れかえっている。

二〇二〇年という時点において、いわゆる「文系」の学問全体に眺望を開いてみると、目を射るのは、若い世代（さしずめ一九七〇年代以降生まれ）の著作が軒並み幾つもの基本を欠くということである。第一は後期中等教育で獲得していなければならない基本的な論理的思考である。論述の基本態度とも言い換えうる。何かを論証するのであるという前提自体が欠ける場合さえある。論証のためには論理的な組み立てが不可欠であるが、これは滅多に見られない。第二に、より一層致命的なこととして、問題を設定するというステップがしばしば欠けている。何かのマニュアルでこのステップの不可欠を学んだと思われる場合も含む。つまり形の上では問題が立てられているが、それは学界の動向などから借りたものであり、個人の一貫した探究を長く系統的に支えるに足るものとなっていない。本書で原クリティックと呼んできたものの欠落を示す徴表であり、重篤である。ＰＰＷ状況の進行の中で、彼らは現実の総体と対峙しているという感覚自体を失っている。ここから非常なアンバランスないし視野狭窄と単純さないし軽薄さが彼らに発生している。第三に、まさにその原クリティックの蓄積についての無知である。或いは、知識としてそれらを詰め込んでいる場合にも、蓄積の所以が全然理解されていないから、ただのマニアックな知識にすぎなくなっている。

さらに、最も若い世代（一九八〇年代後半以降、特に一九九〇年代以降生まれ）に関する限り、まだ帰趨はわからないながら、以上の三点が濃縮して結実し、むしろ病的な精神状態が彼らを覆い始めているのではないかと疑われる。ＰＰＷ－Ⅱの信用状況が中等教育に浸透し、高等教育制度の混乱も加わり、しかし世界の潮流はますます容易に及ぶから、彼らはギャップに苦しみ、きりもみ状態に陥る。彼らは弾き出された分子に固有の憤激を秘めている。世界の潮流の最も「秘境」的な部分を切り取り、ポトラッチに出る。彼らは一九七〇年代以来慣習化した「明治期に優る」とも言われる極端な（しばしばエキセントリックな外国の学者や学界動向の）スポット的輸入に狂奔する（ワシントン条約違反の珍獣輸入に似る）。しかし基本は全然学ばないから、滑稽なことになる。それが報われないと、与次郎の後継と呼ぶことさえ躊躇われるほどすさんでしまう。日本の社会全体がＰＰＷ－Ⅱの信用状況のために大きく取り残されているからであろう。年長者たちが鈍感な中、彼らはやはり取り残されたという怨恨を溜め込んでいるのである。

以上のような眺望を大学という側面で切り取って再度見てみると、ＰＰＷ－Ⅱの大学の状況が若い研究者にすっかり浸透してしまっている、ということになる。右に述べた若い世代の知的状況は基本的に彼らのプレカリテに由来する。そのプレカリテは、これまで述べてきたとおり、「改革」の中で大学が自ら選び取って推進してきたものである。ＰＰＷ－Ⅱにおいてはミニ・バブルへとババを引かせる以外になくなったと述べたが、ちょうどそのように、ＰＰＷ－Ⅱにおいては若い研究者は一層のニッチに入り込むというポトラッチをする。右に述べた「衛生的」でない知的環境は、制度的にはこの回路によって設定される。できるだけ視野を狭くしてアピールする論文をたくさん書いて就職活動する、という関心が、学問的な関心よりも優越しているのである。世界の現実の総体と対峙するという学問の基本姿勢などどこかへ飛んでしまう。

おそらく既に教授陣がこの基本を欠いている。だから基本を教えることができない。教授陣自体が新しい大学の状況の産物になっている。まして若い世代には、古い時代から続いてきた知的姿勢の基本、とりわけ社会の圧倒的な潮流に一人で立ち向かうという基本、は絵空事にしか映らないであろう。知的階層という存在が現実的なものと思えないからであろうが、しかし、本書は「知的階層という存在が現実的なものと思えない」厳然たる現実が如何に特殊で異常かを示そうとしたつもりである。むろん、ヨーロッパで勉強したとしても、簡単には知的階層なるものに触れえない。知的社会の奥深くに入らなければならない。しかしだからと言って知的階層の基本姿勢などというものを凡そありうるものであるとさえ考ええないとすれば、ただのお粗末であると指弾されざるをえない。私は知的巨人たちを知って逆立ちしても彼らのようにはなりえないと思ったが、だからと言って彼らのような知性でありうるということを無視してよいとは一度も考えたことはない。自分に可能性がないからと言って、それをこの世にそもそもないものと考えるなど、最も卑劣な態度であろう。

とはいえ、若い世代を以上のような状況に追い込んだ人々の責任こそ、最も重大である。そのような状況を根底から批判するという意識に欠ける分、若い世代に同情はしないが、しかし追い込んだ人々を具体的に知るだけに、責任をはっきりさせることを優先せざるをえない。若い世代も、少なくとも、自分たちが置かれた状況の依って来たる理由を知るべきである。なお、それでも若い世代に期待を寄せうる、その理由についてはは章をあらためて示唆する。

結

ポスト戦後日本の知的状況を単一のイメージで要約するのは簡単である。夏目漱石の『それから』において、関西の銀行に勤めた平岡は、支店長に及ぶはずの不祥事の責任を何故か自分が引き受け、辞職する。どういう取引がなされたのか、漱石は敢えて真相を闇の中に置く。平岡は悪質な人間へと仕上がっていく。卑劣な仕方で権力に取り入る。そしてたぶん、やがて満州へ行く。平岡は知的階層からの脱落者であったが、知的階層は（形成途上で既に）知的平面における剥離分子を生み出していき、そうした分子は平岡同様端的に権力中枢に食い込み、しばしば暴力的にさえ振る舞う。これに引き摺られて戦時期に知的階層は一旦全面崩壊する。以上の経過は戦前期日本においてクリティックがついに定着しなかった理由を説明する。その起点に信用面の不透明（「関西の銀行」）があることに留意すべきである。

戦後期、信用面の闇から産み出されるエネルギーを一個の原子炉において動力に転換する、以上のようなメカニズムは解体された。与次郎ないし平岡は表舞台での立ち回りを許されなくなった。クリティックの（再）発見はメカニズム解体の主要な動因であった。ただし、出来上がった利益団体多元主義デモクラシーは、理想的に形成されたとしてもデモクラシーとして問題を抱えるのみならず、戦後日本では極めて不完全にしか発達しなかった。利益調整の合理性と透明性を欠いた。ただし、クリティックの側はこのことに早くから気付き、問題としていった。そしてその原因を、(中枢のマシーンこそ解体したものの)地中に取り逃がした例の闇に見出していた。だからこそ、彼らは市民社会論に専一していった。しかし突破には成功しなかった。クリティックの具体相においてもう一段決定的な飛躍を必要としたのにこれに到達しなかった。彼らはこの問題に気付いたが、未だに世界のどこでも成功していないこのブレイク・スルーは彼らにとってあまりにも遠かった。

この撃ち洩らしはしかし高く付く。PPWは定義上、不完全な多元主義がそれ以上支えられない臨界点を超えた後を指す。論理的に、解は地中の信用の闇にメスを入れる方向に在る。実際にはしかし反対に、戦後体制そのものをキャンセルする、つまり地中から這い出した平岡たちが多元主義体制を(解体するのでなく)乗っ取り癒着させる、方向がみるみるうちに優勢になっていった。すると論理必然的に、多元主義体制の最低限の機能を保障しつつ存在を取り戻していた知的階層とクリティックを、この大波が葬っていくこととなる。これがPPWの基本趨勢である。地中ないし地下からの突き上げは現在でも日本の社会全体を決定付けている要因である。かくして、その相貌を異にするとはいえ、PPWの知的状況は依然、与次郎から平岡にかけての単純な画像によって簡単に理解できることとなる。

PPWの中でも、PPW-II、とりわけその後期、においては、右のマシーン稼働のために不可欠な犠牲強要のフロンティアが消失してしまい、癒着と結託は攻撃性を失い、一本のか細い蜘蛛の糸に皆がぶら下がり蹴落とし合うだけになった。派手な与次郎的彗星軌道も影を潜める。知識層の存在どころか知的活動自体が消滅に向かうかのような様相が現われる。クリティックを問題にすること自体が的外れになってしまう。

クリティックの方面からまとめれば、戦後期に課題として発見された地中深くの問題を解明しそのメカニズムを解体する方途を探るためのクリティックの構築が挫折し、そしてその結果今ではこの課題に立ち向かうための条件、つまり立ち向かう資質を潜在的に有する階層ないしこれを育てる環境それ自体、もまた失われてしまった。

ＰＰＷ－Ⅱつまり一九九〇年の第二の「敗戦」以後の「長期停滞」の「失われた三〇年」において、われわれの状況は、再出発のために全面崩壊を予見し待ち受ける知的階層が秘かに生き延びていた戦時期よりも悪いかもしれない。もちろん、個々的に知的姿勢を保っている人々は幾人も数え上げることができる。本書はそういう人々を取り上げるためのものではない。確かに戦後期についてのみ与次郎の反対サイドを扱いはしたが、それは与次郎が鳴りを潜めていることを叙述するためであった。その線を受け継ぐ人々がＰＰＷ－Ⅱにおいてもゼロではない。しかし全体を見ると、公平に見て、ＰＰＷ－Ⅱの現状には如何なる希望もない。有力な打開の糸口もない。この状況が非常に長く（少しずつ悪くなりながら）続くであろう、という予測が容易に立つ。

ただ、書き残したことがあるとすれば、それは、本論の最後に書いたことと矛盾するが、一部分の若い人々の間に育ってきている一定の意識である。彼らは、圧倒的な少数派であるにしても、ものを言う数にはなる。彼らについて、彼らの（たぶん特殊な）一部と、どの世代からか（一九六〇年代後半生まれから変化が検出されるという）、その意識の中身は何か、どこに限界があるか、とりわけ海外との接触ないし端的に海外で自己形成したこととどこまで関係があるか、等々について或る時期から私は継続的にかなり激しい議論をしてきた。おそらく全然妥当しない、個人的な、偏った、感想にすぎないことを承知で、それでも継続的に若い世代と関わってきた者の一人として、現場の感覚を証言しておこう。

（常に強固な例外があることを前提に単純化すると）一九三〇年代生まれが主導したPPWに一九四〇―六〇年代生まれ（戦後に育った「戦後世代」）は、学生運動の世代を含むにもかかわらず、（学生運動出身者も含めて）腰巾着のように、或いは有能な手足として、従った。彼らは「戦後の子」であったにもかかわらず、戦後破壊に関心を有し、しかも戦後の「悪性化による存続」に際してこれを推進する権力中枢へ上昇していった。これは私の世代であるから、他者を誹謗していると非難されることなく言いうる（もちろん、何度も繰り返すように、たくさんの例外を挙げうる）。われわれは極度に無節操であった。これに対して、一九七〇年代生まれ以降は、一九九〇年代の瓦解を目の当たりにして自己形成した。まずはこのことが、状況を突き放して見ることを可能にした。

とはいえ、戦後とは異なって、この意識を持つ人々が少数派なりにヘゲモニーを握る、ということにはならなかった。その少し外側に、一種の被害者意識ならば持つ層があったが、彼らは状況の体系的な認識、ないし鋭い分析、に至らない。やがてプレケールなまま依存志向を強めていく。また、戦後とは異なって、事態を明確に捉えうる知的階層が微少ながら生き残っていたという条件が失われている。つまりここで、一九四〇―六〇年代生まれ、つまり私の世代、の責任が問われる。さらに、われわれを育てたのは、まさに戦後の知的階層であったから、彼らの教育も問われる（卑近な例で言えば、多く学問的後継者育成に失敗した）。一人一人は極めて優れた教育者でもあった。講義に全てを投入するという伝統に殉じた。しかし知的形成の鍵を察知して体系的に身につけさせる仕組を構築する努力はなされなかった。ひょっとすると、彼らは旧制高校や無教会派の知的環境において知らず知らずに身につけていたのかもしれない。しかしその、新しい、真の、ヴァージョンが必要とされていた。

さらにまた、クリティックに鋭敏な少数の若い人々が孤立せざるをえない事情として、本論末尾で述べた怨嗟を鬱積させた同世代の者たちから発せられる極めて不健全な攻撃がある。それが女性研究者であろうものならば、攻撃はエスカレートする。男子学生が教師に対してハラスメントをしたり、つるんで演習を授業崩壊させたり、しさえする。まさに投機的な信用状況が「勝った負けた」の意識を異常増殖させているからである。もう一つ、クリティックの伝統を持ち出されると、折角ニッチの中で楽しく「御山の大将」をしているのにその夢を根底から破壊されて不愉快だ、ということがある。「蜘蛛の糸」状況の中ニッチについての縄張り意識が肥大し、汲々と蹴落としゲームに邁進している、ところへ広い視野を見せつけられた、ということでもあろう。要するに、PPW‐Ⅱ固有の磁場が、大学内でも、非常に多くの若い研究者の意識を悪質なものへと屈折させており、若い人々自身が折角の自分たちの芽を自分たちで摘む、という事態がある。

以上のような全く私的な感想は、しかしながら、一筋の希望を持つことをも意味する。なるほど、本書が描いた出口のない状況はますます深刻であり、極めて少数の相対的に若い人々の成長を凌駕している。それでも、本書が最も悲観的に見る部分にこそ希望があることも事実である。つまり知的階層の失敗、その消滅、が（戦前期と異なり）破綻の理由である、と本書は論じた。すると、鍵はこちらが握っているということである。しかも知的階層再形成の失敗が特定しうる原因に基づいたとすれば、そこをわずかに改善するだけで大きく違ってくる。なるほど、本書は、知的状況が信用の世界の状況に決定付けられている、と論じた。しかし後者は前者によってボトルネックを持った、とも論じた。つまり知的なブレイク・スルーによって、それを教育プログラムに変換することによって、物事の進行を逆転させうるのである。痩せ我慢をして決定的な認識に至れば、未知の可能性が開けるかもしれない。もちろん、それで十分とは到底思わない。しかし逆にこれなしでは如何なる努力も無駄である。そのブレイク・スルーが若い世代から出てくるかもしれない、と思うのである。

注

［はしがき］

1　とはいえ、前著は多くの読者にとってハードルが高く感じられるであろう。とりわけ、ギリシャ・ローマから人文主義を経て現代まで経緯が辿られる部分は予備知識を要求するように見えるであろう。しかし読者の方々にお願いしたいのは、委細構わず問題設定を理解する、ということである。ここではそのポイントをまとめておこう。

さて、「クリティック」とは、どうすべきかを考えるにあたって、様々な選択肢を吟味する（とは限らず、卒然と物事を決定したり直ぐに行動したりすることが多いが、そこを敢えて吟味しようとする）であろうことを前提に、吟味のための論拠をまた「本当にそうか」と吟味する知的営為を指す。選択肢の吟味自体を区別して「原クリティック」と呼び、論拠の吟味を「クリティック」と呼べば、クリティックは二段階の吟味を予定していることとなる。論拠は、価値体系のこともあろうし、事実認識のこともあろう。決定の前提に事実認識を置くだけではクリティックとは言えない。この事実認識を厳密な吟味に懸からしめる、例えば資料（を使うことだけでなく、そ）の吟味を要請する、のがクリティックの立場である。小さなことのようであるが、このクリティックが知の全てを左右するということを前著では述べた。そしてまた、社会のあり方の全てをも左右する、と私は考えている。

前著ではまず二つのことを述べた。原クリティックを突き詰めるところに（この場合特殊な意味であるが、その）政治が成立し、これが発達してデモクラシーないし市民社会を生む段階でクリティックが現われる（何のためにクリティックをするのかと問われれば、それはデモクラシーのためであると答えることとなる）。そして、政治・デモクラシー・市民社会の発達形態が複雑であることに対応して、様々なクリティックとその組み合わせが歴史上現われ、この堆積層の上にわれわれの手札を成す諸々のクリティックの具体相がのっている。前著は、この二点を確認すると同時に、以上のような発展のレールに「のらない」社会の、或いは「のった」社会の崩れゆく、土台を分析する（つまりレールにのせるための判断の基礎を獲得すべくする知的作業の）クリティックが依然用意されていないことをも確認し、そして、これを獲得するためにはどの辺りに鍵が潜んでいるかということについて堆積を振り返ることから若干のヒントを引き出そうとした。

　以上のように、前著で示した（本書にとっては前提的な）認識は極めて単純である。しかしもちろん、具体的なクリティックのあり方は複雑で、一つ一つ理解するのは骨の折れる作業である。

2　頂点を成すのが、モミッリャーノ 二〇二一 に収めた「G. C. Lewis、Niebuhr、そして史料批判」であり、一九世紀前半イングランドの知的世界ないし社会そのものの極めて魅力的な歴史分析である。これを読んでしまうと本書は詰まらなくて読めなくなってしまうかもしれないが、本書の目指すところはこの論文によってイメージできるであろう。ただし、本書の課題は実は遥かに高度である。捻じれに捻じれたところを相手にしなければならない。

［序］

1　念のために言えば、本書はクリティックを必須とする道へと社会をそもそも進ませないという選択については何も言わない。クリティックを選ぶ道へ進むべきであると主張するものでもない。進んだとした場合の話をするばかりである。前著もまた、クリティックを装備する道というものがどういうものであるのかだけを論じ、その道を先へ進むための障害を突破する方途を探った。個人の自由を保障する道とそれが同義である点に注意を促した。自分はクリティックを愛好しないという人々がいたとすれば、前著も本書も、単純にその人々に向けては全く語っていない、と答えるしかない。しかしまさにその故に、前著で示唆したように、クリティック阻害のメカニズムを探ること、「ホメーロスの方向に曲がらない社会」を解析すること、は重要な課題である。クリティックを嫌う人には語りかけていないが、クリティックを嫌う人の分析は試みる。ただし、日本社会は（それ以前の萌芽を除いても）一五〇年以上前にクリティックを備える道へと航路を取ったのだから、（前著で言うところの）「ホメーロスの方向に曲がらない社会」というより、高々「曲がるのに成功しない社会」である。つまり日本では、依然クリティックを嫌うのも自由とはいえ、そういう船を買って航海に乗り出し沖合にまで達した以上、ここでその船を捨てても遭難するだけではないか、と心配にはなる。船を買ってはみたもののトリセツもよく読まないばかりか、必要な部品取り付けも怠っているとすれば、問題とするに足りるであろう。ただし、船が元々欠陥品であった可能性を私は否定しないどころか蓋然的と考える。だから、自分で工夫して修理しなければならない。

2 典型例を挙げれば、矢部貞治の日記を読むときに岡義武とのコントラストによってそこにバイアスを読み取る、その時に私が私的経験の中で獲得した伝承が作用している。

3 とはいえ、本書で取り上げるＰＰＷ期の諸々の著作に私は同時代人でありながらしばしば触れることさえなかった、ということに気付く。専門の性質上、自己の学問の知的脈絡が完全に日本を離れていた、ということが大きいが、大きな前提として、ここで述べている形成期の環境が「巷の喧噪」に初めから手を出させなかった、ということもある。今回名高い諸著作を読んで驚くことが多かった。そこには同世代が学生時代に必ず読むような戦後の古典なども含まれる。本書の限界であると同時に（新鮮に見うるという点で）アドヴァンテージでもある。ちなみに、告白すれば、マルクス主義の文献にも、研究室に入り、片岡輝夫から（歴史学の）方法論を集中的に学ぶよう命じられた期間までは読んだことがなかった。『資本論』については、党派によって翻訳推奨が異なるらしく、或る人に「何版で読んだか」と詰問されたが、私は（質問の意味を解さず卒然と）「ディーツ版」と答え、相手をのけぞらせた。つまりドイツ語のかなりの習得後になって初めて読んだ（マックス・ウェーバーについても同様）。既に出来つつある自分の立場から徹底的に吟味するためにテクストを読んだ、それほどナイッフであった（だから馬鹿にされた）、ということである。

4 本書の執筆の基準時は二〇二二年六月である。ただし本書の場合、基準時と言っても、文献参照の限度というより同時代体験の下限である。二〇二二年一月に執筆を決断し、同時に作業を開始、六月に一旦執筆完了となり、七月には文章をチェックし、二〇日頃一旦提出、「結」の部分を書き直し八月初旬に再提出した。さらに一一月から一二月にかけて体裁面で手直しをしたが、同年七月の大事件はいずれにせよ反映されていない。しかし私は、この事件はむしろ本書の基本的見通しを裏付けた、と考える（木庭 二〇二二b、七八頁以下参照）。実際、本書の基本的見通しに繋がる構造把握を私はそれまでにあちらこちらで述べてきていた。

5 ただし、私が知る頃には主として頻繁な電話、「君、聞いた？ 久保君がねえ……」。私もしばしば脇で聴いていた。

6 なお、滋賀は私の拙い助手論文のただ一つの取り柄として「実に粘り強く史料（Cic. Verr.）を読むなあ」と言ってくれた。つまり私の方で滋賀に対して「学恩」がある。最晩年、滋賀は村上淳一に、私の「三部作」の第三部が出るまで自分の生命が持続しないことが痛恨事であると言った。これを村上から伝えられた私は、むろん本望だと思ったのだが、それ以上に学者の執念に感動し、一計を案じた。第三部のエッセンス、占有の部分、のみを「基礎法学研究会」で報告することとした。もちろん、この意図は決して誰にも洩らさなかった。当日、私が報告原稿を読み上げ始める時点で滋賀の姿はなかった。わたしは「やはり無理だったか」と少しがっかりして報告を始めた。その直後であった。夫人に付き添われ酸素ボンベを引いた滋賀が研究会室に入ってきた。会場に緊迫感が走った。本論に入った報告原稿は急に滲んで見え始めた。

7 或る日、片岡は岡邸で夕方の雑談（英国風「ティー」？）をして帰ると、上気した表情で、「先生はいまだに「（一〇月の冬学期開講を控えた）九月になっても講義案が出来上がらない」という夢を見るとおっしゃった」と言った。岡が東大の講義を離れて二〇年は経過していたと思う。確かに、講義が全てという気風はあの「3号館」には濃厚に存在していた。つまりそこに自己の学問の全てを投入すべしという考え方である。学生を無視しているというのとは正反対である。最高度の学問でなければ学生の期待に応えられないという認識がそこにあった。実際、学生の身になってみれば、こちらに妥協してくるような講義ほど退屈なものはない。

8 本書第Ⅱ章は全面的に三谷の諸論考に依拠することになる。むろん、誰がするにしてもそうすべきである。しかし私の証言が私自身に忠実であるならば自ずからそうなる、という側面もある。したがって、私が三谷の所論を十分には解釈しえていないという批判ならばこれを甘んじて受ける。

9 私に対する「審査委員長」芦部信喜の言葉。

10 万が一、本書は知的階層のことばかり述べて民衆的視点を欠いている、という批判があるかもしれない。これに対しては、クリティックを扱うからそうなるだけのことである、と答えるしかない。社会全体のことを常に視野に収めるよう努めるが、しかし全体を論ずるのでないことは自明である。実際には知的階層の中でもわずかな部分に絞って分析される。逆に、「民衆」や「大衆」といったカテゴリーが成り立つのかどうか、私は非常に懐疑的である。現在では歴史学でも社会学でも全然使われないと思う。個々具体的な階層が精緻に分析される。

［第Ⅰ章］

1 本書において以下重要な役割を果たすこの「実証主義」はpositivismの訳語である。経験的データを論拠として用いる「実証精神」一般のことではない。「実証主義」という訳語は混乱を招くので適当でないが、定着しきっているので変更に馴染まない（「国家」、「法」、「権利」などと同じである）。実証主義はかくして一九世紀初頭に現われる論証の特定の方式を指す（繰り返し書いてきたし、簡単には『クリティック再建』によって確認できるので、詳述を省く）。なお、鷗外の失敗は、研究文献を信頼する限り、実証主義と一八世紀風経験データ主義を区別するのに役に立つ。麦食の有用性が経験的な知見として存在し（海軍が成功し）たにもかかわらず鷗外が受け容れなかったのは、「何故か」の部分の論証（モデルの作成）、その部分のデータ操作（モデル妥当の証明）、がなかったからである、と言われる。先端実証主義のコッホの弟子たる鷗外は、「病原」（フィロロジーにとってのω）が仮説として特定され、かつこれがデータで裏付けられない限り、証明されたことにはならない、と考えた。何故だかわからないデータ相関でもとりあえず参考にして決定する、という態度が鷗外には欠けた。

2 言うまでもなく、デカルト『方法序説』の“le grand livre du monde”のパロディーであり、そこからの痛烈な批判である。

3 あなたの代理人を装った男が第三者と売買してあなたの土地を売り払ったとしよう。代理人を装った男が確かにあなたの代理人だと信ずるに足る何らかの理由をその第三者が持てば、この売買は有効だ、というのが表見代理の法理とか権利外観理論とか言われるもので、「取引の安全」のためには本人つまりあなたは堪え忍ばなければならない（売られた土地は戻らず高々不実な自称「代理人」に賠償を迫るのみである）、とされる。民法典の代理に関する規定が、基本の代理関係があるか、またはあなたと当該第三者との間に基本の信頼関係がある場合に、かつ第三者が「善意」のときに限り、少し逸脱しても売買などは有効である、とするのを、（第Ⅱ章7で見るように）明治末ないし大正期以降に民法学者そして裁判所が拡張しまくり、少しでも何か委ねたり委ねた風に見えたりしただけで、あなたは責任を取らされ、代理人と称した人物から賠償でも取る以外にない（そんなものは取れたためしがないから、後の祭り）、という方向に持っていった。商人間のような場合に、信頼を裏切るつもりのない行き違いによる取引をいちいち巻き戻すより何らかの手段で互いに帳尻を合わせた方が早い、ということから生まれた考えを、示し合わせてあなたをハメた偽代理人に応用してしまったのである。人々の常識に反するばかりか、ローマ法以来の大きな伝統に真っ向から衝突する。こういうことが積もり積もって構造を成し、一九四五年の、否、現今のこの、破局を招いたから、責任を読者諸賢は民法学者に対して追及してよい。

4 もちろん、先の注で触れた代理問題がここにもある。つまり「大いなる暗闇」事件と「二十円」事件は作者によって極めて意識的に重ね合わされている、ということは言うまでもない。

5 法学的に厳密を期せば実は窃盗である。現金を持たせせられたならば、占有は与次郎にない。しかし文学的形象としては横領を指している。

6 「弁済による代位」とは、あなたの債務を払ってくれた人物が、親切かと思いきや、当然にその債務につきあなたの債権者となってあなたの前に立ち塞がる、ということである。取立屋はそのようにしてあなたの身に迫る。前の債権者はあなたの体に手を触れる力を持たなかったかもしれないが、今度の債権者には冗談が通じないかもしれない。しかしここでは、美禰子は三四郎に支払って与次郎の債権者となるということには関心がなく、三四郎に支払った（「貸した」と意識される）ことから発生する三四郎自身に対する優位を利用したいのである。この屈折が何を意味するか微妙だが、代位弁済者が何かの理由で包括的な信用源になっている（他のアクターが皆そこにぶら下がっている）構造から歪みが生まれるというところまでは確かである。いずれにせよ、この屈折を発生させた作者の鋭さには驚く。

7　先に指摘したこの衝撃的な捻れは、与次郎からは取れない、という現実に適合した結果でもある。弁済による代位の反射効として第一債権者は関係から離脱するのが普通だが、債務者の貧しさの結果、両債権者が怪しいレシプロシテを共同で紡ぐことになる、ということか？　そのレシプロシテはカジノ的ゲーム（ここでは美禰子の賭け）になるだろう。すると、信用基盤の不在が日本の信用生態を決める？

8　『三四郎』のパラレル、鷗外の『青年』が遺憾なく示すところである。

［第Ⅱ章］

1　大きな出発点を意味する指摘である。「結社形成的」かどうかの軸を国家対市民社会とクロスさせ、「結社形成的」でなければ、「私化」も独裁に絡め取られる「原子化」に至るので、国家に対抗する結社を形成する「自立化」と、結社を作って政治に参加する「民主化」、の間の対抗軸上に社会は来なければならない、というのである。日清戦争後に発生したのは「私化」と「原子化」の間を行きつ戻りつする線であったという。濃厚な多元主義である。丸山のデモクラシー論が必ずこの形態を採るとまでは言えないが、戦後期の対多元主義無警戒を雄弁に物語ってはいる。結社ないし団体が大惨事を招いて立ち直れない日本社会の現状を前にすると、複雑な思いにとらわれる。ばらばらの個人が政治的に結集しえないからこそブレイク・スルーが達成されない（ファシズムのような形の結社を形成させられてしまう）、と考えられたのであるが、しかし結集しえないのは、集団のメカニズムに一人で対峙する個人が生まれない、もしくは生まれても潰される、からであり、真の連帯はこの「最後の一人」のためにしか生まれない。丸山があれほど問題とした戦時体制の摩訶不思議なメカニズムを解体するにはこの道を行くしかない。その意味で、（丸山が引く）「代助」や「画工」が提起してくる問題は、「原子化」ではなく原子化不全（「代助」のように実は集団のメカニズムに秘かに絡め取られていること）であった。デーモクリトスの原子とデモクラシーないし連帯との関係をここで引照する必要はないであろう。原子を飛ばして結社に赴けば高く付く。折角「析出した」原子を絡め取る（「代助」を潰す）市民社会の不透明こそが真剣に取り組むべき問題で、連帯こそを目標とするにしても、闇雲に結社などに赴けばとんでもないことになる。この時代の「煩悶青年」の弱点も、和辻哲郎などのその後を見れば容易に判明するように、自分たちを政治的に組織化しえないところにはなく、非常に曖昧で全然個人に成り切れないところに存した。戦時期に取り込まれる時、簡単に徒党を組む。結社と国家がべったりとくっついているのが戦前の体制の特徴であると言えば、これこそ丸山の知見であるから、釈迦に説法となる。

2 丸山 一九六八（一九九六）、三九六頁を受けての指摘である。丸山は、青年インテリ層の俗悪成功テクニック志向を（明治前期の「立志」に対比して）「私化」、「原子化」の証左とした。

3 武田 二〇二〇は、同族持株会社の「総有制」が果たした実に興味深い役割を検証している。所有がフリーズされ、エイジェントがグループ内資本分配の合理性を無干渉で貫徹させえた、というのである。内部の果実を同族に費消させず、内部にのみ投資させ、外部資本市場にも全く依存しなかった。ロナルド・コース系統の最近の経済学のトレンドを反映する分析であるが、その分析が正しいとすると、財閥の投資選択ないし選別（特定産業への集中と他の切り捨て）は（国際）市場外の判断によって「合理的に」なされたことになる。その「合理性」は一元マシーンの作動に沿うということでありえたであろう。他方、グループ内銀行の預金に大きくは依存しなかった（逆にグループの留保と銀行に預金者が依存した）とすると、地主も含めて地方の信用は細ると同時にますます依存的になっていったと推測される。いずれにせよ、財閥の独特の体制は（丸山がよく分析しえた）戦前の仕組に適していたと言える。しかも、後述の高橋財政がこれをも強引に外へ引っ張り出すまでは、中間的な自律性を保ったのである。

4 美濃部は『国民新聞』の記者と思って切り捨てたのであるが、実は穂積八束の文章であった、ということを穂積の上杉慎吉宛書簡から突き止めたのは長尾龍一の有名な功績である。この二人の汚さがどういう個人的な動機に発しているのか、わからない（興味がない）が、与次郎ばりの「運動」が（大逆事件等、与次郎孵化とも無縁でないかもしれない最初の不吉な前兆たる）時宜を得たのであろう。機関説論争に関する文献は多々存在するが、まずは三谷太一郎「天皇機関説事件の政治史的意味」、三谷 一九九七、二二八頁以下からスタートすべきである。星島編（美濃部 一九一三（一九八九））所収の（文章自体実に胡散臭い）上杉の美濃部攻撃を読むと、法人説を本当に理解できなかったのか、悪意で誤解しているのか、わからない。理解できないからこそ悪意で曲解し攻撃した、というのが一番近いかもしれない。つまり、国民を substratum に採るということと、民主政と、は違うという認識を美濃部が持っていることは承知の上で、その違いがよくわからないので、美濃部が民主政を主張した、と言い立ててスキャンダルに仕立てたのであろう。対するに上杉は、端的かつ一方的に（つまりヤクザのように）天皇が臣民を従えるイメージから神代言葉によって煙に巻くことへすっ飛び「国体」という語を冠する、以上の議論はできないようである。その限りで、「国体」概念は凡そ精緻な概念構成や論理的な議論というものを嫌悪する人々の雄叫びか合い言葉なのであろう。ならば統治とは何か、ときかれても明確な答はないのであろう。かくして美濃部は、批判内容に答えるのではなく、批判者が前提的な部分をクリアしていない（そもそも自分のテクストをまともに読んでいない、ましてドイツの「通説」を理解していない）ということを一貫して指摘する。

5 以下しばらくの叙述は再び三谷太一郎（今回は、三谷 二〇〇九）に全面的に依拠する。一人の研究者にかくも多く依拠するのが望ましくないことは重々承知であるが、探し回っても結局信頼できる研究は多くないのである。興味深い試みはあっても、史料のテクストを厳密に読むということ、そのバイアスを厳密に測定するということ、など歴史学の基礎訓練を受けていないため、結局典拠としえない。個別の事実について面白い発見をしていても、基本の認識となると、信頼度以前に全く不明確になる。もちろん、三谷の個々の史料解釈について専門家ならば異論を提出することも可能であろうが、基本認識の信頼感は揺らがない。

6 各種概説に登場するが、多田井 二〇二〇はこれを主題としてわかりやすい。

7 井手のこの力作は、「日銀引受」が近代の中央銀行のルーツに根差すものであること（政府債務を基礎としたこと）、この点を踏まえてのいわゆる管理通貨制を早くから準備した結果であり一時の奇策でないこと、そして金融市場に対する操作可能性を高める施策を通じて売りオペと財政均衡という出口戦略を有していたこと、つまりは技術的に高度な合理性を有していたこと、を論証している。同時に、体制の大きな脈絡のレヴェルで引き金を引くこと（例えば統制経済）にもなり、誤算もまた内在的であった、とする。その大きな脈絡として信用構造があり、描き出された体系的施策は完璧にこれと共振してしまった、と私は考える。

8 以上はどの概説からでも知りうるが、中村・原 一九七三、七一頁以下が最も優れた画像を提供していると思われる。

9 矢部は常に安井とは反対側つまり南原の側に自分が居ると思い続ける。しかし秘かに与次郎たるのライヴァルと見て燃える部分もある。

10 一高時代、蓑田、三井（甲之）の指導を受けた、と矢部は聞く（一九三八年四月七日、矢部 一九七四、一〇一頁。ただし事実は少し違うようである）。

11 一九四〇年一二月二四日になってなお、「小田村」が「色々御迷惑をかけた」などと言いながら、やりとりを出版したい、と言ってくる（同書、三八一頁）。「小田村」の気持ちの悪い言辞を必ずしもそうは思わず聴いているようである。

12 一九四〇年五月八日に田中耕太郎から依頼される（同書、三〇八頁）。辛島 二〇一〇、三五五頁以下によると、高木惣吉を通じて京都学派に繋がるこの研究会は、穂積重遠から田中の線で矢部に接近、文書（六月二六日付け）において岡義武もターゲットであった。しかし辛島は岡も田中も参加しなかったことを確認している（神川彦松、高木八尺、田中二郎が参加した）。

13 一九四〇年六月二四日に（昭和研究会のルートで）尾崎秀実から近衛の近辺に誘われ、七月四日には後藤隆之助から正式の申し入れを受け、七日には近衛と会っている（矢部 一九七四、三二三頁以下）。その間にもちろん陸軍の武藤などと接触するので、通勤し続ける海軍省の方では詮索を受ける（八月二八日、同書、三四四頁）。節操というものは全然なくなっている。

14　目立つのは「原勝」なる人物に土肥原からの資金を匂わされて引っかかる（「新友社」の）件である（一九三八年一一月一〇日、同書、一六二頁。一一月一三日、同書、一六三頁）。蓑田のようなのはけしからん、「支那事変」の解決は文化人にしかできない、などと言われ、信用する。つまりは自負を読まれている。この時安井の名を出したのは「原」の失策であった。矢部は「断固として排斥」した。いずれにせよ、一二月一一日（同書、一七三頁以下）には「原」が資金をだまし取るための自作自演とわかる。一九三九年一一月二日には「湯沢」なる人物のやはり大陸がらみの話に乗っている（同書、二六二頁）。一九四〇年四月一一日には、「華中連絡部楠本実隆少将」の名で一〇〇〇円払うから書式に書き込んで捺印せよという「軍事公用航空郵便」が届く。しかし夕刊には「楠本少将」免官と出るので、「何のことか判らぬ」（同書、三〇〇頁）。

15　横田喜三郎がストレートに「小田村」糾弾であるのに対して、矢部は背後を十分に見抜いている（一九三八年九月一〇日、同書、一四一頁）。

16　矢部の「思想の内容」について本書は関知しないが、日記を見る限り、様々な事物に接する際にそれらに彼が向ける評価の軸は一向に定まらない。如何にも基礎的な学問を欠くという印象である。あれに惹かれたりこれに惹かれたり。鋭く嫌悪感を抱いても、何時の間にか影響を受けたり、誘われ怪しいと思っても断らないうちにすっかり深入りしたりする。井上寿一 二〇二一は、日記類を読むに際して矢部の言明を（他の視角を考慮することなく）そのまま受け取り、思想内容を再構成するから、支離滅裂と空疎さを描きえない結果となっている。権力の渦の中に入っていって空を切る様も、知識人のあるべき政治関与として礼賛する。そのようにして、むしろPPW‐Ⅱの知的空間を映し出している。矢部は根底では（与次郎に籠絡された「広田先生」というよりは）端的に与次郎そのものかもしれない。こうした点に違和感を覚えない井上の矢部貞治論は、PPW‐Ⅱにおいて如何に与次郎が圧倒的な妥当性を誇るようになったかを物語っている。

17　牧健二については、山口道弘 二〇二二aを参照。牧の思考の特徴をよく捉えている。

18 なお、この論文は「近代の超克」座談会のあの呪文のようなテクストの解析としても最も参考になる。とりわけ、呉越同舟の言語不成立をあぶり出している。

19 昆野 二〇一三、三三七頁以下の「皇国史観」分析は示唆的である。神話時代に全てを溶かし込む「国体の本義」の立場と、歴史時代の臣民の奉公にこそ日本主義の粋を見る平泉澄らの「皇国史観」の立場、というデュアリスムを読み取り、後者の（国家＝文部省レヴェルにおける）公式化が総力戦体制の確立に対応するクロノロジーを持つ、ということを明らかにした。「手打ち」を拒否して外からの奪取無窮動化へ突っ走る軍事化ドライヴがあった、ということである。しかし昆野が的確に指摘するとおり、一九四〇年代になってのこの動向のヘゲモニー奪取は既に現実離れしており、言説は自暴自棄の表現であった。

20 かくして呪文のような折口のテクストは少なくとも私を全く寄せ付けない。そこで、松浦 二〇〇八の力を借りることとした。ただし、松浦の解釈にそのまま従うのではない。彼は唯一解釈をし（他の文献は多く折口の言うところを解釈抜きに再述するばかりである）、かつその解釈は理解できるものである。彼は折口に共感する部分を持ちながらなお、折口の言説の背後に権力を感じ取っている。しかし私にはそれは権力ではなくことごとく軍事化の儀礼であるように見える。

21 日本浪曼派にとって満州事変や満州国建国が（「事実がどうか知らないが」）「世界観的純潔さ」を持ったもの、「政治的なもののどんな汚れもうけない」もの、に映った、点については、橋川 一九六五、二八頁。

22 債権者は概ね返済されればよいが、新体制では現物がきっかり流れなければ軍事が破綻を招くので、人々は窮屈に追及した。ただし体制全体の談合モラル・ハザードのため物的符合はそのパロディーである員数合わせになった。当然軍事は破綻した。

23 三谷が岡に吉野のことをきくインタヴュー（三谷 二〇一八、一九二頁以下）もあまり参考にならない。概括的に影響が肯定されるばかりである（岡は三谷の必死の質問にも軽々に乗らない）。その中で注目すべきは、「御殿」（各学部教授会メンバーが会する昼食のための食堂）でのエピソードである。遅くに来て敢えて末席に座る吉野を若いスタッフが質問攻めにした。満州事変について吉野は、全く驚くに足りない、と言ったそうである。広い状況認識（この場合陸軍の伝来の行動様式を見抜く力）を持っていたということである。時事的な評論における細かい事実認定の誤りの指摘に対しても、独自に情報源を持っていたのではないかと岡が推測しているように、総合的な判断の正しさをなお主張したようである。吉野は岡にセニョーボスから出発するよう指示したというから、実証主義史学の核心部を基本としたことは疑いないが、岡の印象では、啓蒙の philosophic history と実証主義＝歴史主義の両方に対して距離を取るようでもあったという。吉野の方法についての興味ある徴表であるが、しかし岡がそのように受け取っていたということ自体、岡に対する吉野の影響という点で重要な証言である。いずれにせよ、三谷のこのインタヴューは、学問において口頭コミュニケーション空間が如何に大きな役割を果たすか、これが消失すると如何に学問が打撃を受けるか、ということを雄弁に示している。PPW‐Ⅱが滅ぼした数多くのものの一つである。

［第Ⅲ章］

1 TFPつまり全要素生産性の概念については、スティグリッツ＋ウォルシュ二〇一四、二〇五頁以下参照。同書、二〇七頁以下の（長期停滞を説明する）日本語版解説も概念の働きを理解する上で参考になる。TFPは資本深化（技術革新基幹）と労働の質を二本の柱とするように見える。だからもちろん信用の問題に直接には関わらない。しかし、投資効率に関わる概念である。潜在的TFPが高くとも、投資をそこへ繋ぐマネージャーが信頼できなければ、モラル・ハザードの連鎖により、低いTFPが現実の値となる（低いところへ投資される）し、また高TFP環境も劣化する（少なくとも蓄積されず、継承されず、育てられない）。社会全体が一個のTFP環境を成すと想定すれば、腐敗によって投資が食われてしまう環境は労働の質を育てない環境と連続的であろう。このような観点を本書の第Ⅳ章、第Ⅴ章は採用する。

2 TFPは結局包括的な消極的マクロ指標で、個々の要素を控除したところをも反映しうるから、一種の総合力を有し、捉えにくい構造的要因にも相関する、のではないか。

3 私のこの部分の認識は全て自分の研究による。木庭 二〇一八b参照。

4 「丸山と市民社会」は丸山解釈において一個のトポスを成してきたが、本書で言う「市民社会」は必ずしもこのトポスにおけるそれではない。そもそも「市民社会」という語の語用を分析するのでは的外れであるという指摘は、既に平石直昭によって説得的になされている(「丸山眞男の「市民社会」論」(二〇〇三年)、平石 二〇二一、二五九頁以下)。丸山の主要ターゲットが市民社会であったという点は動かないと思う。ただ、平石の「丸山の市民社会は福澤＝ギゾー的であった」というテーゼも含めて、論者たちは丸山にとっての市民社会、ないし市民社会そのもの、を一面だけ捉える傾向を有する。市民社会は非常に多面的な一つの全体であり、対応して丸山の(語を用いたり用いなかったりする)引照も同様である。だから丸山の知的営為の全体を押さえなければ市民社会というターゲットは識別しえない。

5 ただし、一九七〇年代以降の、それより前でも公刊されなかった、テクストの分析は、発掘自体が現在進行形であり、私の射程を越えているため、専門の研究者に委ねる。一九六〇年代までの公刊テクストから予測するとそうであるはずだ、というところを記したのみである。全然違っているかもしれない。

6 これは読む高校生に直感的な不信の念を抱かせる。背景を知らなくとも何かが齟齬しているという感覚は働くのである。まして彼らは日々苛烈な競争ないし闘争の中に置かれて疲れ切っている。闇雲に戦えと言われても疑わしいとしか思わない。

7 なお、一般向けの講演だから仕方がないとは言えないであろう。チェックする手段を持たない一般聴衆に対しては責任が一層重大になる。第一、聴き手を決して低く見ない、常に最高級のものを与える(逆に言えば、聴き手読み手に決して妥協しない)というのは丸山が属する伝統の金科玉条ではなかったのか。拙稿「政治はどこにあるか」、木庭 二〇一八a、七九頁以下参照。

8 ただし、以下の点を割り引かなければならない。彼らの少なくとも一部は、市民社会の課題を「アトム化した個人」を結合させて政治的に活性化するという方向に見た。丸山眞男にもこの動機の存在が認められる。広く言えば多元主義の方向へデモクラシーを向かわせるということであるが、原点に位置する丸山の問題設定が集団の論理を追究するものであったことを忘れてはならない。戦後日本社会のどこに課題があるかという認識が判断を分けるが、個人犠牲の不透明は判例集を読むだけで明白であるから、結局彼らの多元主義志向は不思議である。表面上における伝統社会の解体に幻惑されたか?

9 本書は一個の証言としての価値しか持たないから、せめてそれに値することを記せば、例えば篠原一は言葉を交わした数少ない機会において必ず若い世代から何とか方法的ブレイク・スルーが出て来ないものかとそればかり希求している風であり、だから私の『政治の成立』にさえそれがあるかもしれないと期待し、片岡輝夫に対して「これは一つ、頭を洗濯して読まねばならないかなあ」と言った。松本三之介は同じく片岡に「これはえらいものを突きつけられたな、しかし［そのことが］政治学者にはわからんだろうな」と言った。私としてはむろん、『政治の成立』がその期待に値するものでなかった点を恥じる以外にないが、彼らが決して問題を自覚していなかったのではない、ということは証言しておく必要がある。

10 松沢裕作（編）二〇一五が多少とも水準を表わしているとすれば、明治大正期における実証主義史学の離陸失敗については研究が進んでいない。山口道弘 二〇二二b、三二一頁以下は、久米邦武のクリティックが国学の一流派を背景とするものであることを解明している（一種の verum factum 理論、パラデイクマの実現態への固執、行動主義）。かつ、山口道弘 二〇二三a、二九〇頁以下は、久米がそこから頑なに出ようとしなかったことを追跡する。久米の筆禍事件は、実証主義対権力というより、ランケないし実証主義を継受したはずの「官学アカデミズム」が西欧一八世紀以前の層を吸収しえていないという欠陥と、重要な資源たるべき日本近世の遺産を脱皮させえないという欠陥、が競合した隙を突かれたものであろう。なお、山口道弘 二〇二三bは、フィロロジーがアンティクアリアンな分だけ、実証主義フィロロジーの受容がヨリ着実であった、ことを示唆している。

11 そこに片岡自身の解釈も含まれたであろうが、片岡輝夫が私に語ったところによる。

12　滋賀は大きな行き詰まりを感じて研究者の道を断念すべく原田に相談する。しかしそこで原田に一喝され、目が覚めた、という。公式のスピーチの他、私を含む複数の者たちとの間の会話の中で、晩年の滋賀は好んでこのエピソードを語った。滋賀一九九〇、三四二頁でも微かに触れられる。ただしクロノロジーの問題がある。原田のもとを訪れた理由は、終戦までの（特研生）「前期」での挫折にあり、他方、マルクス主義を前にして悩み、これを採らないことに決める、のは戦後期である、かのようにもこの回顧は読める。しかし、滋賀は、前期で土地の問題を扱い、ここから転じて家族の問題へ移り、後期において論文に成功する。すると、土地の問題はナツィスともマルクス主義とも親和的であるから、最初ナツィス、次いでマルクス主義に（終戦を挟んで連続的に）悩み、他方、戦後マルクス主義の文献を大量に読んだ後に疑問に至りキリスト教の信仰を得た、そしてこの段階で自分の方法に辿り着き家族を問題とした、と考えるのが妥当である。疑問と信仰の狭間に原田の叱咤が位置したと思われる。ちなみに、滋賀の「カトリシズム」はやや特殊で、無教会派への接近を転機としたことに現われているように、人間の認識の（神の前における）限界、しかし幻影を突き合わせて精査することによる認識の改善の可能性、を内容とした。ドグマティスムとピロニスムに対して反撃する一七世紀末以降のフェイズに対応する。つまり、実証主義を突き抜けてその層にまで達していると考えられる。そこから、仁井田の歴史学的推論（その杜撰さ）に対する（滋賀にしては珍しい）激しい弾劾の言葉が出てくる。なお、滋賀は、「皮相的な国際化とうらはらに、またぞろ驕慢な国粋主義や自閉的な民族的優越感が頭をもたげかねない昨今の風潮」をも指摘している。「前期」にはこれにも苦しんだのである。

13　おそらく、モムゼンのように、枠組をしっかり持っており、そういう史料ならばあるはずだとか、絶対ないはずだとか、という判断をできたに違いない。史料を見なくとも史料を予測できるのでなければ本物の実証主義者とは言えない。枠組が、彼らの場合、事実上厳密な法学的概念によった、ということは時代錯誤を意味しない。物差しに使っているだけだからである。別の一層厳密な枠組ないし物差しを提示するのでない限り批判は成功しない。

14　日本で生まれ育ちずっと「お前はおかしい」と言われ続けてきた、つまり日本にこそ「お前より優れた人間がいる」と言い聞かされてきた、私など、(ヨーロッパでも落ちこぼれの)イタリア(のせいでもあるが、そこ)で初めて、何だ、それでいいんだ、どうあろうと自由なんだ、とわかって嬉しかった、いや、懐かしい故郷に帰ったようにほっとした、それどころか毎日濃厚なコミュニケーションに溢れて水を得た魚のようだった、ので竹内の気持ちはよく分かる。ヨーロッパも少なくとも(イタリアのような)歴史的にコアの部分では決して「優れている」というような発想をしない(個人は「一人一人それぞれ」な)ので、竹内が行ったとしても、劣等感を抱かされるようなことはなかったであろう。竹内の臆見は無知から来ている。そのヨーロッパ像は、うんざりするほど他人と比較してばかりいる日本の人々が自分で自分を鏡に映したところを投影しただけのものである。

15 ただし竹内の解釈は亀井勝一郎の解釈にニュアンスを付けようとはしている。

[第Ⅳ章]

1 そもそもこれはアメリカとの対比による表現である。常に指摘されてきたように、解雇の自由のような側面に着目するならば、大陸のヨーロッパ諸国は大いに「日本的」である。

2 どうやら、この方向へ向かうときには必ず「日本主義」になる。権威のためには犠牲になれ、というのは、(泣きながら、しかしそれでも子供の首を差し出す)歌舞伎から『それから』の(上司の不祥事の詰め腹を切らされた)平岡以下今日に至るまで、なるほどコンスタントであるから、「日本的」と言いたくなるのも道理だ(私はしかし「日本の国民性」などではなく状況が必然的に生み出した悲惨な現実にすぎないと思う)が、「個人主義的な」戦後を否定してこちらへ乗り換え、そのくせ、戦後に由来する経済的成功を謳歌する、ならば、また非論理病が出たと言われても仕方がない。非論理は必ず現実離れである。事実として、麗しい「日本的」和合は出たことのないオバケである。結託して犠牲にするときの結託を美化しているだけである。「日本的和気藹々」を「冷たい欧米の個人主義」と対比することがこの時代なされたが、一九七〇年代後半の東京では既に、笑顔で近づいてくる者があればそれは詐欺師かカルト勧誘である可能性があり、その場合は欲得尽くと暴力しかないわけであるし、また、他人を見れば利用することしか考えないし、家族も売ったり虐待したりする、という風情も既に漂い始めていた。現在ではこうしたことが社会を支配している、と多くの人々が実感している（不思議なことに、そこでまさに「日本主義」が猛威を振るう）。対して、一九八〇年代前半の一時期をヨーロッパで過ごした私は、深刻な問題に囲まれながらも人々が（知的階層も労働者階層もそれぞれに誇り高く）濃密な、ときに熱すぎる、コミュニケーションと強い連帯意識を保持しているのに接し感激した。当時はまだ東京の方がヨーロッパよりも豊かであり、技術革新に満ちていた。つまり「近代」と「資本主義」はこちらにあった。しかし個人が個人としてリスペクトされ、そして言葉がきちんと通じる、ということが全然なかった。これに対してヨーロッパの人々は実に温かかった。親密になればなるほどそうであった。むろん、家族や友人は本当に大事にする。「世間」や「会社」や「国家」を優先させることなどありえない。明治以来、「冷酷な」「近代」「個人主義」ヨーロッパへ行っては「温かい」「無垢の」「家族的」日本のことを懐かしがる連中が居たというが、おそらく言葉の問題でヨーロッパの人々とまともなコミュニケーションができなかったにすぎないだろう。彼らにあっては言葉が全てで、社会は物ではなく言葉で成り立っている、からである。

3　これまでも「臨調」に留意しないではなかったが、思った以上に決定的であるということを、私は西村 二〇二二、一一七頁以下から教わった。

4　ずっと後になって、内田貴は、或る公式の席のスピーチで、意識的に卑近なアナロジーを使ってわかりやすくするという彼らしい配慮から出た表現で、「歴史はその時動いた」と言った（ただし「その時」は提案の時を指示していた）。数年後同じ席で北村一郎はこれを裏書きした。一学部の歴史が動いたにすぎないという理解は何れの場合にも成り立たないニュアンスであった。もっとも、だからと言って私さえ日本の歴史にとって決定的であったとまで考えているのではない。並行して生じた多くの場面の（しかし相対的に重要な）一コマであったにすぎない。飛び立つ水鳥の最初の一羽であったにすぎなかった。ただ、事の重大さを今以上に感じていた当時でさえ、何かの引き金を引いたが如くに将棋倒しになるとは流石に考えていなかった（同じような激しい議論がそれぞれの組織でなされて非常に時間が掛かると思った）。つまりその程度には予想以上の大きな意味を有したのである。

5　既に歴史に属するから、或る学部の内部での出来事にも禁を破って以下多少触れることとする。ただし個々人の動きを伝える意図は全くない。何が起こったかを伝えるためにエピソードをピックアップするとき、固有名詞なしにはニュアンスを表現しえない場合にこれに触れざるをえないことがある。その場合にも、決してその固有名詞を傷付けないよう注意を払う。ここでは、樋口陽一が、一端ここで決定すれば、他大学は雪崩を打ってその方向へ傾くことになるから、そのことを見越した上でどうすべきか決める責任がある、と発言した、ことを証言せざるをえない。責任を重視する樋口の人格と視野を含めて理解しなければ言及された状況が伝わらない。だからこの固有名詞は避けられない（以下固有名詞には必ず同様の意味が込められている）。実際、日本社会の岐路の一つであるという意識を持っていた私も（樋口の人格と視野を通じて）虚を突かれた（或いは、蒙を啓かれた）。

6　私は一九七〇年代後半以来の片岡輝夫との（主として軽井沢での）議論のおかげで提案のあることとその内容を予測しえた（片岡は、北大でのだいぶ遡る先行ケースについてよく情報を得ていた）。議論の中で迎撃の（後に樋口陽一が的確にも「意図的なショーヴィニズム」と呼んだ保守主義的な）ラインについても考えていた。いつものようにウトウトしていた教授会において突然提案がなされたのであったが、十分に整った反論を直ちにすることができた。かつ、以後も会議での弁論のみを手段とした。組織内で運動をしたり他大学の人々と連絡を取るべきであった、という批評がありうるかもしれない。しかし私はこれらの選択肢をほとんど無意識にカテゴリカルに排除していた。あくまで個人として行動する、まして外の人々と繋がらない、というのが伝統であり、自律の基礎であった。こうした（おそらく戦時期の経済学部の事件などから引き出された）「教訓」こそ、主として片岡から、しかしその周囲の多くの人々からも、受け継いだものであった。積み上げこそ大事ではないか、という自己の論陣にも忠実たる所以であった（ギリシャ以来の伝統も意識下に浸透していたかもしれない）。実際、その種の動きは、戦術的破綻を招いただけでなく、戦略的基盤をも失わせた（元も子もなくしてしまった）ことであろう。結果が全てではない。敗れ方というものがある。もちろん、それは信頼になお値するものが残っていたからである（普遍的に妥当する戦術というものはない)。

7　もっとも、伝来のシステムがそのままで維持できるとは考えていなかった。コンセンサスを得るために意図して保守的な線を強調したが、むろん、伝来のシステムの精神を新しい高等教育（大学院教育）の中で生かせれば一番良かった。そのためには時間を掛けてたくさんの検討を行う必要があった。しかし提案はあまりにも小手先の予算獲得トリックであった。背後に、その時代特有の軽薄さがあった。ちょうど新しい「4号館」なるものの建築計画が並行したため、この建物はそうした軽薄さの象徴と受け取られた（平井宜雄は退職時に「あれで駄目になった」と言った）。何故あの数年、熱に浮かされたように金銭を追い求めたのか？　危ない橋も渡りかけたのである。困窮しているわけではなかったのに。やはり、急激に富を増やす巷の趨勢が焦燥感をもたらしたとしか考えられない。しかし知的階層の要が何も見通せなかった責任は重い。

8　論戦を断ち切るような最後の決定方法も決してこの機関に相応しいものではなかった。夜も更けた研究室（その学部は、誰でも直ちに閲覧できるよう、教授会メンバーにも図書を持ち出させない、ため、書庫の図書を利用する限り遅くまで居残らなければならなかった）に村上淳一が訪ねてきた。彼は一種の精神的リンチに遭ったことを語り、（後にも先にもただ一度）落涙した（直後にその足で私の研究室を訪ねた如くであった）。そして次の教授会で例の件の決定がなされることに決まったと言った。私は、仇は取ります、ただし学問の方面で、と言った（私には、一〇〇パーセントの学問的な自信とゼロ・パーセントの現実面の希望、その両方が確かにあった）。後に樋口陽一は、人事以外で投票したのは後にも先にもあの一回、と述懐した。

9　「ポスト・モダン」という標語とともに、この雑誌が一つのランドマークを成したことは疑いない。一個の傾向と、一個の系統の著述家たち、を指示しうる。その系統の人々はＰＰＷ‐Ⅱに深く入った時期に至っても（つまり極最近まで）一定の圏内で知識層を代表するが如くであった。しかしそれは相対的に限られた範囲であったと思われる。本書がＰＰＷの主旋律と見なす動向にさえ影響が見られず（例の駒場事件では主旋律側がこの傍流を実証主義潰しのために利用しようとしたにすぎず）、まして衰えながら存続していくアカデミズム主流には影響しなかった。アカデミズムの外に立つ、という意識の存在は認められる。ただ、アカデミズム批判が真剣でなかったとは思えないが、学問的ではなかった、商業主義に流された、ということは言える。何故ならば、クリティック、それもこの場合ならば実証主義批判のクリティックを構築するという作業、が具体的に試みられたとは言えないからである。それにしても、この雑誌を指標とする一群の著述家たちが（今急速に退場しつつあるとはいえ）最近に至るまで若い人々を幻惑し続けてきたという歴史的事実は遺る。「消費財」としての「思想」を生産販売し続けたのである。そして、PPW－IIの時期になると、ここで養殖された一種のいい加減さのみが、彼らの世代的退場と入れ替わるように大学を覆っていった。

10　クリティックの形態自体は実証主義のそれと変わらないため、『クリティック再建のために』ではこの分岐について扱っていない。社会学に固有のミッションを実証主義批判においたためにこの社会学主流が死角に入った点を認めざるをえない。それでも、デモクラシー期への移行に際してそのデモクラシーが不全であったことを反映する、と捉える木庭［二〇〇三、三六頁以下を参照願いたい。デモクラシー不全を告発するという動機は明白であったと同時に媒介を否定するために却ってその不全に加担してしまう。

11　同書の同箇所参照。多元主義自体、デモクラシーを要求する動きであり、かつ媒介を主張するのであるが、媒介を置けば置くほどそのチャンネルが林立する寡頭制になるという逆説がある。

12　ロナルド・コースについて、「コースの定理」と「法と経済学」を想起する読者が多いと思われるが、これらを含む経済学自体の大きな変化にコースは関わる。彼は「取引費用」という語を使っていないとも言われるが、実質的にその観点を一九三七年に既に提出しており、今日の様変わりしたミクロ経済学全体を準備した。

13　「新制度論」に実はまだ達していないと私は思うが、通常その祖の一人とされるオリヴァー・ウィリアムスンの諸著作に顕著である。

14　ダグラス・ノースという名前がほとんど一義的にこのトレンドを表わす。

15　私は一九八七年度の講義において初めて占有を取り上げた。傍論として、ちなみに日本社会はこの概念を装着しないまま民事法を輸入して使っているが、理論上これでは経済社会は立ち上がらないはずである、と述べた。しかし、日本経済が世界を制覇したと言われ、華やかな祝祭は永遠に続くように思われていた。そこで苦し紛れに、今はよいけれども、五〇年後はわからない、と強弁してみたものである。ところがそれから五年でひっくり返った。私は完全に予測を誤った。以来、日本をも少し丹念に調べるようになった。

[第V章]

1 これは実は私の声であり、他になかったとすれば、この一行を削除しなければならない。

2 垂直分業を二重分節する、つまり下請を自由にする、からTFPを高めるのではないか、という疑問が浮かぶが、深尾の見解が私を説得する所以は、清水 二〇一七、一七頁以下に由来する。新制度論得意の「不完全契約」をモジュール化が脱出させるのではないか、という期待は実証研究によって裏切られる。深尾の示唆は、モジュール化が却って元請への一層の適合しかもたらしていない、という点に存する。下からのそれではない、というのである。

3 非正規化は破綻を代表する事象として二〇〇〇年代後半から二〇一〇年代初めにかけて大きく取り上げられた。事柄の重要性は否定すべくもないが、例えば小熊 二〇一二、一三頁以下など、日本型雇用と日本型社会保障が時代(脱産業化)に適合しなくなったために発生した事象であるからこれらを解体することが先決である、という主張も見られた。その論旨は奇妙に一九七〇年代以来のスローガン、「戦後レジームの清算」と符合する。何故非正規化が進行したかをきちんと押さえてオルターナティヴを提示するのでなければ、意図することなく、非正規化を推進した思考と同一に帰することとなる。Aが壊れてBが出て来た場合、AからBが出たように一瞬見えるが、しかしAが原因ではないから、Aを壊しても問題は解決しない。壊せばBが出るだけである。むろん、だからと言ってAを復元すればよいわけではない。Bへと帰結したAの構造的限界にメスを入れる必要がある。

4 たまたまの知見になるが、Saito 2021 は示唆的である。素人の読解にすぎないが、虚空の彼方への(強いられた)

5

期待が、経済学的に不条理に見える積極財政・信用膨張をかなりの期間「合理的」なものとして存続させる、というのである。タイムラグにすぎないが、しかし長いタイムラグの経過中に相対的な均衡が現われる、というのである。このことを（タイムラグを織り込んだ）破綻モデルの構築によって証明しようとしている（その評価は私にはできない）。注目すべきは、モデルが戦時期と現在に妥当するとされる点である。「満州」と「内なる満州」に対応する。一元的マシーンが架空の信用で実体のない、ないし非効率な、投資をまとめて行うのであるが、本来財政破綻・信用破裂予測から通貨安・国債暴落・大インフレを招くところ、それが起こらず均衡してしまうのは、これが遷延される（そのかわり将来劇的な結果を招く）からであるという。おそらく遷延の根拠つまり見せ金は、ちょうど高橋財政が民間資金をあるはずと見なしてその分を日銀に預託させたように、現在は企業の高い貯蓄性向から産み出される分が国債購入や日銀預託・株式買い支えに向けられているのであろう。ここが徹底的に投資機会を先送りしている（実体経済の萎縮とデフレ）。実質投資を全部政府に委ねている。リターンは無限遠将来の税収であるが、（税収の将来を誰も信じていないから）期待というより消極的に、不安から来る（企業および家計の）異常に高い流動性選好の結果にすぎないであろう（ただし流動性確保は幻想で、皆が一度に引き出せば破綻を招く）。まして借りて投資するなど滅相もない。ゼロ金利でもしない。金利でも付こうものならもっとしないから、ゼロ金利は死んでも維持しなければならない。そこをゼロにしておかなければ、一元的マシーン信用循環さえ流れなくなる。結局、将来の世代から今やただ同然で借りている。本当のリスクは大きいので高金利でなければならないところ、どうせ彼らは不在だから、無権代理人を装っている者がモラル・ハザードを極めている。そして、もうここしか経済をしていない。だから財政膨張とゼロ金利の二点セットは動かせない。

「なれの果て」の一端は、駒込（編）二〇二一によって覗くことができる。特に駒込武「はじめに」は「法人化」を根底の原因と見る。「ステークホルダー」に問題を見る視点も正当である。法人化したからではなく、法人化しなかったから、問題なのである、という認識を欠くのは、民法学者にさえ欠けるのだから、法律家でない駒込の場合仕方がない。法人概念は、substratum を厳密に採るため、ガヴァナンスの梃子となる人々を「ステークホルダー」から、さらには「公益代表」から、区別する。

6 二〇二二年時点での最新版は「大学十兆円ファンド」である。これはまたさらに異なる新しい趣向に出たものである（木庭 二〇二三参照）。

7 「民間政治臨調」なるものの構成メンバーが「臨調」のそれと連続的であったことについては、川上 二〇二二、二九頁以下。

8 川上 二〇二二は「政治改革」の失敗を分析するのであるが、今なお、プランの一部が実現しなかったことを失敗の理由とし、その実現を（修正の上）提案する。社会経済的側面を全然分析しようとしない。川上は政治学者ではないが、それに近く、また文献も十分に参照している。政治学の傾向を映し出していると考えられる。

9 先に示唆したターニング・ポイントないし明けてその後において政治学の同僚たちがそわそわと浮かれたのをよく覚えている。或る提案に思わず顔が緩んだ或る同僚を思わず睨み付けたら恥ずかしそうにしゅんとなった。

10 以上はもちろん最も強い傾向に照明を集中した場合の画像であり、誇張されている。しかし、社会構造なかんずく経済構造を本格的に視野に入れた研究とりわけ現状分析は、三谷太一郎の後となると、分厚いとは言えないのである。そうした研究が分厚い層を成しているという事実を挙示しうるのでない限り、この画像に反論することはできない。何故ならば、ここでの目的は支配的な状況を追跡することだからである。

11 ほんの一端を垣間見るために、例えば、岩原紳作「金融危機と金融規制――アメリカのドッド・フランク法を中心に」（二〇一三年）、岩原 二〇一七、二二三頁以下。同「浮貸しの罪の要件――不正融資仲介事件判決をめぐって」（一九九五年）、同書、四五九頁以下。これらやその他は本書の信用状況把握にとっても基本認識を提供している。

12 「規制緩和」の流れの逆手を巧妙に取ったのだ、という証言を個人的に得ている。つまりミニ開発したいのに行政に阻まれる連中が、行政を制約する行政手続法を後押しすることを読んで押し込んだ、というのである。この点の比重を検証する手段を持たないが、少なくとも、一連の「行政改革」の中でよくこれが通ったなという疑問は解決する。状況を見通す頭脳があった、ということである。

13　「法と経済学」を多元主義内でデモクラシーを実質化しようとする営為であると捉えると、平井の法政策学が何故彼の「法的推論」論と関係するのか、理解できる。

14　クロノロジーの問題があるが、大きな流れはいずれにせよ敏感にも先行的に嗅ぎ取られていたと考えられる。一九八〇年代初めの転換を担う人々が同じ部局から出ていたことに留意する必要がある。

15　二〇二二年になって、「国際情勢の変化」という幻影を煽ってこのマシーンを本気で復活させるかのような、しかし実は本気でない、それでも流れをつくる、試みが、具体化している。

16　他の場合もそうであるが、白井のその後については論ずる余裕を持たない。彼がその後この点に気付いた可能性があるという留保のみここに記しておく。

17　拙著「現代日本法へのカタバシス」（二〇〇二―〇三年）、木庭 二〇一八b所収の全体で暗示したように、インターネットは、媒介なしにいきなりレフェランのレヴェルに作動する記号作用、つまり定義上の「魔術」を増長させる。その思考が支配的になる。すると、パラデイクマの対抗過程を経ずにいきなり公的な空間に（陰口や妄想のような）地下の表象が上昇してくる。言語世界を完璧に破壊しうる力を有する。何故ならば、地下の表象が依拠する生の集団力学がそのまま（これを遮断して成り立つ）言語世界そして公的空間に侵入し、これを破砕する、からである。つまり端的な暴力を生むのである。政治システムの中枢を暴力集団が襲った二〇二一年初めのワシントンの光景は誰も忘れない。インターネットの空間、とりわけＳＮＳのプラットフォーム、は政治システムに必要な基盤を全く欠く。それでいて、デモクラシーの言語チャンネルを完全にそちらへ迂回させる力を有しているのである。これはもちろん新しい社会構造の産物であるが、同時にこれを効率的に再生産する。そのときに、文芸的なパラデイクマの生態をも破壊する。つまり魔術的世界を映したような表象が大衆的に流布するが、これは、文芸作用つまり鋭いパラデイクマの対抗関係構築を麻痺させる型のパラデイクマ表出が蔓延ってしまった図である。戦時体制下の図像を想起させるような薄汚さないし気持ちの悪さは、そこから生まれている。本書の関心からすれば、問題は、以上の傾向に若い潜在的知識層もまた抵抗力を持たない、ということである。

文献一覧

日本語文献

青木昌彦・奥野正寛（編）一九九六『経済システムの比較制度分析』東京大学出版会。
阿部次郎 一九一四—一五（二〇〇八）『新版合本 三太郎の日記』（第一：東雲堂書店、一九一四年、第二：岩波書店、一九一五年）、角川学芸出版（角川選書）、二〇〇八年。
網野善彦 一九七八『無縁・公界・楽——日本中世の自由と平和』平凡社（平凡社選書）。
—— 一九九五「史料論の課題と展望」、『岩波講座 日本通史』別巻3、岩波書店。
家永三郎 一九七四『田辺元の思想史的研究——戦争と哲学者』法政大学出版局（叢書・歴史学研究）。
石井寛治 一九九九『近代日本金融史序説』東京大学出版会。
石井進 一九七三（二〇〇五）「古文書学と歴史学とのあいだ」（一九七三年）、『石井進著作集』第七巻、岩波書店、二〇〇五年。
—— 一九七四『中世武士団』（『日本の歴史』第一二巻）、小学館。
—— 一九七六「「史料論」まえがき」、『岩波講座 日本歴史』別巻2、岩波書店。
石井良助 一九三八『中世武家不動産訴訟法の研究』弘文堂書房。
—— 一九五二『日本不動産占有論——中世における知行の研究』創文社。
石母田正 一九五〇（一九八九）「歴史学の方法についての感想」（一九五〇年）、『石母田正著作集』第一四巻、岩波書店、一九八九年。

――　一九五二『歴史と民族の発見――歴史学の課題と方法』東京大学出版会。　＊再編集して『石母田正著作集』第一四巻、岩波書店、一九八九年に収録。
――　一九五三『続 歴史と民族の発見――人間・抵抗・学風』東京大学出版会。　＊再編集して『石母田正著作集』第一四巻、岩波書店、一九八九年に収録。
――　一九五六「歴史科学と唯物論」、『講座歴史』第一巻「国民と歴史」、大月書店。
――　一九六三（一九八九）「古代の身分秩序」（一九六三年）、『石母田正著作集』第四巻、岩波書店、一九八九年。
井手英策　二〇〇六『高橋財政の研究――昭和恐慌からの脱出と財政再建への苦闘』有斐閣。
井上寿一　二〇二二『矢部貞治――知識人と政治』中央公論新社（中公選書）。
井上光貞　一九五六（一九八五）「帝紀からみた葛城氏」（一九五六年）、『井上光貞著作集』第一巻、岩波書店、一九八五年。
猪口孝　一九八三『現代日本政治経済の構図――政府と市場』東洋経済新報社。
『岩波講座　日本経済の歴史』第五巻「現代1」岩波書店、二〇一八年。
『岩波講座　日本経済の歴史』第六巻「現代2」岩波書店、二〇一八年。
『岩波講座　日本歴史』第二一巻「史料論」岩波書店、二〇一五年。
岩原紳作　二〇一七『商事法論集Ⅱ　金融法論集（上）――金融・銀行』商事法務。
植手通有　一九九六「解題」、『丸山眞男集』第一巻、岩波書店。
梅棹忠夫　一九六七『文明の生態史観』中央公論社（中公叢書）。
――　一九六九『知的生産の技術』岩波書店（岩波新書）。
江藤勝　二〇〇二『規制改革と日本経済――何が行われ、何が生じ、何が問題か』日本評論社。

大澤聡 二〇一〇「複製装置としての「東亜協同体」論――三木清と船山信一」、石井知章・小林英夫・米谷匡史編『一九三〇年代のアジア社会論――「東亜協同体」論を中心とする言説空間の諸相』社会評論社。
大澤真幸・成田龍一 二〇一四『現代思想の時代――〈歴史の読み方〉を問う』青土社。
大塚久雄 一九四八(一九六九)『近代化の人間的基礎』(白日書院、一九四八年)、『大塚久雄著作集』第八巻、岩波書店、一九六九年。
―― 一九五五(一九六九)『共同体の基礎理論――経済史総論講義案』(岩波書店、一九五五年)、『大塚久雄著作集』第七巻、岩波書店、一九六九年。
―― 一九五六(一九六九)「「共同体」をどう問題とするか」(一九五六年)、『大塚久雄著作集』第七巻、岩波書店、一九六九年。
小川昭・松村敏弘 二〇〇五「規制改革の成果とその課題――経済成長への長い助走」、東京大学社会科学研究所編『「失われた10年」を超えて[I]――経済危機の教訓』東京大学出版会。
小熊英二 二〇〇二『〈民主〉と〈愛国〉――戦後日本のナショナリズムと公共性』新曜社。
―― 二〇一二「総説――「先延ばし」と「漏れ落ちた人びと」」、小熊英二編『平成史』河出書房新社(河出ブックス)。
加藤典洋 一九九七『敗戦後論』講談社。
辛島理人 二〇一〇「海軍省綜合研究会と板垣與一」、石井知章・小林英夫・米谷匡史編『一九三〇年代のアジア社会論――「東亜協同体」論を中心とする言説空間の諸相』社会評論社。
川上高志 二〇二二『検証 政治改革――なぜ劣化を招いたのか』岩波書店(岩波新書)。
川島武宜 一九五四(一九八二)「農村の身分階層制」(一九五四年)、『川島武宜著作集』第一巻、岩波書店、一九八二年。

――　一九八七『新版 所有権法の理論』岩波書店。

橋川武郎　二〇〇五a「「失われた10年」の意味」、東京大学社会科学研究所編『「失われた10年」を超えて[I]――経済危機の教訓』東京大学出版会。

――　二〇〇五b「経済危機の本質――脆弱な金融システムと頑強な生産システム」、東京大学社会科学研究所編『「失われた10年」を超えて[I]――経済危機の教訓』東京大学出版会。

久野収　一九六六「後記」、『三木清全集』第三巻、岩波書店。

久野収・鶴見俊輔・藤田省三　一九五九（一九六六）『戦後日本の思想』（中央公論社、一九五九年）、勁草書房、一九六六年。

桑原朝子　二〇一三「近松門左衛門『大経師昔暦』をめぐって――貞享改暦前後の日本の社会構造」（全二回）、『北大法学論集』第六四巻第二号（二〇一三年七月）、一―五九頁、第三号（二〇一三年九月）、一二五―一六四頁。

――　二〇二二「樋口一葉『大つごもり』に見る信用問題――西鶴との比較を手掛りとして」、『北大法学論集』第七三巻第二号（二〇二二年七月）、一―四〇頁。

木庭顕　一九九七『政治の成立』東京大学出版会。

――　二〇〇三『デモクラシーの古典的基礎』東京大学出版会。

――　二〇一五『[笑うケースメソッド]現代日本民法の基礎を問う』勁草書房。

――　二〇一八a『憲法9条へのカタバシス』みすず書房。

――　二〇一八b『新版 現代日本法へのカタバシス』みすず書房。

――　二〇一九『[笑うケースメソッドⅢ]現代日本刑事法の基礎を問う』勁草書房。

――　二〇二一『人文主義の系譜――方法の探究』法政大学出版局。

――二〇二二a『クリティック再建のために』講談社（講談社選書メチエ）。
――二〇二二b「カルト集団の政治浸透について――若干の問題整理」、『法律時報』第一一八三号（二〇二二年一一月）、七八―八四頁。
――二〇二三「「大学10兆円ファンド」」、『法律時報』第一一九〇号（二〇二三年六月）、五六―六三頁。
小林英夫　二〇一五『満鉄調査部』講談社（講談社学術文庫）。
小林康夫・船曳建夫（編）一九九四『知の技法――東京大学教養学部「基礎演習」テキスト』東京大学出版会。
駒込武（編）二〇二一『「私物化」される国公立大学』岩波書店（岩波ブックレット）。
小森陽一　二〇一〇『漱石論――21世紀を生き抜くために』岩波書店。
子安宣邦　二〇〇八『「近代の超克」とは何か』青土社。
昆野伸幸　二〇一三「日本主義と皇国史観」、『日本思想史講座』第四巻、ぺりかん社。
酒井三郎　一九七九『昭和研究会――ある知識人集団の軌跡』ティビーエス・ブリタニカ（私の現代史シリーズ）。
坂本太郎　一九五八『日本の修史と史学』至文堂（日本歴史新書）。
桜井英治　一九九六『日本中世の経済構造』岩波書店。
貞廣彰　二〇〇五『戦後日本のマクロ経済分析』東洋経済新報社。
滋賀秀三　一九九〇「中国法制史と私――老兵の告白」、『中国――社会と文化』第五号（一九九〇年六月）、三三八―三六〇頁。
清水真希子　二〇一七「モジュール化と「日本的取引慣行」――調査の仮説と分析(1)」、『旬刊　商事法務』第二一四二号（二〇一七年八月二五日）、一七―二九頁。
白井聡　二〇一三『永続敗戦論――戦後日本の核心』太田出版（atプラス叢書）。
瀬川信久　一九九八「民法解釈方法論の今日的位相」、『日本私法学会　私法』第六〇号（一九九八年四月）、七

――一六頁。
高槻泰郎 二〇一二『近世米市場の形成と展開――幕府司法と堂島米会所の発展』名古屋大学出版会。
高畠通敏 二〇〇一「「六〇年安保」の精神史」、テツオ・ナジタ＋前田愛＋神島二郎編『戦後日本の精神史――その再検討』岩波書店（岩波モダンクラシックス）。
竹内好 一九五九（一九八〇）「近代の超克」（一九五九年）、『竹内好全集』第八巻、筑摩書房、一九八〇年。
―― 一九六〇（一九八一）「方法としてのアジア」（一九六〇年）、『竹内好全集』第五巻、筑摩書房、一九八一年。
―― 一九六三（一九八〇）「日本のアジア主義」（一九六三年）、『竹内好全集』第八巻、筑摩書房、一九八〇年。
―― 一九六六（一九八〇）「学者の責任について」（一九六六年）、『竹内好全集』第八巻、筑摩書房、一九八〇年。
武田晴人 二〇二〇『日本経済の発展と財閥本社――持株会社と内部資本市場』東京大学出版会。
多田井喜生 二〇二〇『朝鮮銀行――ある円通貨圏の興亡』筑摩書房（ちくま学芸文庫）。
田中亘 二〇〇九「総論――会社法学における実証研究の意義」、『旬刊 商事法務』第一八七四号（二〇〇九年八月二五日）、五―一五頁。
田邊元 一九二四（一九六三）『カントの目的論』（岩波書店、一九二四年）、『田邊元全集』第三巻、筑摩書房、一九六三年。
―― 一九三二（一九六三）『ヘーゲル哲学と弁証法』（岩波書店、一九三二年）、『田邊元全集』第三巻、筑摩書房、一九六三年。
―― 一九三五（一九六三）「種の論理と世界図式――絶対媒介の哲学への途」（一九三五年）、『田邊元全集』第六巻、筑摩書房、一九六三年。
――一九三九（一九六三）「国家的存在の論理」（一九三九年）、『田邊元全集』第七巻、筑摩書房、一九六三年。
玉置紀夫 一九九四『日本金融史――安政の開国から高度成長前夜まで』有斐閣（有斐閣選書）。
筒井清忠 一九九五『日本型「教養」の運命――歴史社会学的考察』岩波書店。
永井和 二〇一六「近世論からみたグローバル・ヒストリー」、『岩波講座 日本歴史』第二二巻、岩波書店。
中谷巌 二〇〇八『資本主義はなぜ自壊したのか――「日本」再生への提言』集英社インターナショナル。
中村隆英・原朗 一九七三「「経済新体制」」、『年報政治学』第二三巻（一九七三年三月）、七一―一三三頁。
成田龍一 二〇〇九『戦後思想家としての司馬遼太郎』筑摩書房。
西村裕一 二〇二二「改革・階級・憲法――日本社会の歴史的条件」、蟻川恒正・木庭顕・樋口陽一編『憲法の土壌を培養する』日本評論社。
橋川文三 一九六五『増補 日本浪曼派批判序説』未来社。
橋本寿朗 二〇〇二『デフレの進行をどう読むか――見落された利潤圧縮メカニズム』岩波書店。
鳩山秀夫 一九一五（一九五五）「法律生活の静的安全及び動的安全の調節を論ず」（一九一五年）、『債権法における信義誠実の原則』有斐閣（学術選書）、一九五五年。
――一九二四（一九五五）「債権法に於ける信義誠実の原則」（一九二四年）、『債権法における信義誠実の原則』有斐閣（学術選書）、一九五五年。
浜田宏一 一九八一「経済学の現状と日本経済」、村上泰亮・浜田宏一編『経済学の新しい流れ――日本経済の理論と現実』東洋経済新報社。
平井宜雄 一九八七『法政策学――法的意思決定および法制度設計の理論と技法』有斐閣。

―― 一九八九『法律学基礎論覚書』有斐閣。
平石直昭 二〇二一『福澤諭吉と丸山眞男――近現代日本の思想的原点』北海道大学出版会。
平野義太郎 一九三三（一九八二）「明治維新における政治的支配形態」（『日本資本主義発達史講座』第一部、岩波書店、一九三三年）、復刻版、岩波書店、一九八二年。
―― 一九四五『大アジア主義の歴史的基礎』河出書房。
―― 一九七〇『民法に於けるローマ思想とゲルマン思想』（増補新版）、有斐閣（学術選書）。
藤田省三 一九五六（一九九八）「天皇制国家の支配原理」（一九五六年）、『藤田省三著作集』第一巻、みすず書房、一九九八年。
―― 一九五七（一九九八）「天皇制とファシズム」（一九五七年）、『藤田省三著作集』第一巻、みすず書房、一九九八年。
―― 一九六二（一九九八）「新しい政治的主体の出現」（一九六二年）、『藤田省三著作集』第七巻、みすず書房、一九九八年。
―― 一九七五（一九九七）『転向の思想史的研究――その一側面』（岩波書店、一九七五年）、『藤田省三著作集』第二巻、みすず書房、一九九七年。
星野英一 一九六八（一九七〇）「民法解釈論序説」（一九六八年）、『民法論集』第一巻、有斐閣、一九七〇年。
牧健二 一九三四「満洲国の統治に就いて」、『法学論叢』第三一巻第一号（一九三四年七月）、四二―八六頁。
松浦寿輝 二〇〇八『増補 折口信夫論』筑摩書房（ちくま学芸文庫）。
松沢弘陽 一九七三『日本社会主義の思想』筑摩書房。
松沢裕作（編）二〇一五『近代日本のヒストリオグラフィー』山川出版社（史学会シンポジウム叢書）。

松下圭一 一九五九『市民政治理論の形成』岩波書店。

―― 一九七一『シビル・ミニマムの思想』東京大学出版会。

松本三之介 一九六九「尊攘運動における近代的政治意識の形成――政治的リアリズムの胎動」、『天皇制国家と政治思想』未来社。

―― 一九九六『明治思想史――近代国家の創設から個の覚醒まで』新曜社（ロンド叢書）。

丸山眞男 一九三七（一九九六）「法学部三教授批評」（一九三七年）、『丸山眞男集』第一巻、岩波書店、一九九六年。

―― 一九四〇（一九九六）「近世儒教の発展における徂徠学の特質並にその国学との関連」（一九四〇年）、『丸山眞男集』第一巻、岩波書店、一九九六年。

―― 一九四一（一九九六）「近世日本政治思想における「自然」と「作為」――制度観の対立としての」（一九四一年）、『丸山眞男集』第二巻、岩波書店、一九九六年。

―― 一九四六a（一九九五）「近代的思惟」（一九四六年一月）、『丸山眞男集』第三巻、岩波書店、一九九五年。

―― 一九四六b（一九九五）「超国家主義の論理と心理」（一九四六年五月）、『丸山眞男集』第三巻、岩波書店、一九九五年。

―― 一九四九a（一九九五）「軍国支配者の精神形態」（一九四九年五月）、『丸山眞男集』第四巻、岩波書店、一九九五年。

―― 一九四九b（一九九五）「肉体文学から肉体政治まで」（一九四九年一〇月）、『丸山眞男集』第四巻、岩波書店、一九九五年。

―― 一九五一（一九九五）「戦後日本のナショナリズムの一般的考察」（一九五一年）、『丸山眞男集』第五巻、岩波書店、一九九五年。

――一九五二(一九九五)『日本政治思想史研究』「あとがき」(東京大学出版会、一九五二年)、『丸山眞男集』第五巻、岩波書店、一九九五年。

――一九五六(一九九五)「政治学」(一九五六年六月)、『丸山眞男集』第六巻、岩波書店、一九九五年。

――一九五七a(一九九六)「思想のあり方について」(一九五七年九月)、『丸山眞男集』第七巻、岩波書店、一九九六年。

――一九五七b(一九九六)「日本の思想」(一九五七年一一月)、『丸山眞男集』第七巻、岩波書店、一九九六年。

――一九五九a(一九九六)「「である」ことと「する」こと」(一九五九年一月)、『丸山眞男集』第八巻、岩波書店、一九九六年。

――一九五九b(一九九六)「近代日本の思想と文学――一つのケース・スタディとして」(一九五九年八月)、『丸山眞男集』第八巻、岩波書店、一九九六年。

――一九六〇a(一九九六)「この事態の政治学的問題点」(一九六〇年六月)、『丸山眞男集』第八巻、岩波書店、一九九六年。

――一九六〇b(一九九六)「現代における態度決定」(一九六〇年七月)、『丸山眞男集』第八巻、岩波書店、一九九六年。

――一九六〇c(一九九六)「安保闘争の教訓と今後の大衆闘争――青年労働者の報告をもとにして」(一九六〇年七月)、『丸山眞男集』第八巻、岩波書店、一九九六年。

――一九六〇d(一九九六)「復初の説」(一九六〇年八月)、『丸山眞男集』第八巻、岩波書店、一九九六年。

――一九六〇e（一九九六）「八・一五と五・一九――日本民主主義の歴史的意味」（一九六〇年八月）、『丸山眞男集』第八巻、岩波書店、一九九六年。

――一九六八（一九九六）「個人析出のさまざまなパターン――近代日本をケースとして」（一九六八年）、『丸山眞男集』第九巻、岩波書店、一九九六年。

三木清 一九二七（一九六六）「人間学のマルクス的形態」（一九二七年）、『三木清全集』第三巻、岩波書店、一九六六年。

――一九三二（一九六七）『歴史哲学』（岩波書店、一九三二年）、『三木清全集』第六巻、岩波書店、一九六七年。

――一九三三a（一九六七）「不安の思想とその超克」（一九三三年六月）、『三木清全集』第一〇巻、岩波書店、一九六七年。

――一九三三b（一九六七）「ハイデッガーと哲学の運命」（一九三三年一一月）、『三木清全集』第一〇巻、岩波書店、一九六七年。

三谷太一郎 一九九五a『新版 大正デモクラシー論――吉野作造の時代』東京大学出版会。

――一九九五b『増補 日本政党政治の形成――原敬の政治指導の展開』東京大学出版会。

――一九九七『近代日本の戦争と政治』岩波書店。

――二〇〇九『ウォール・ストリートと極東――政治における国際金融資本』東京大学出版会。

――二〇一三a『学問は現実にいかに関わるか』東京大学出版会。

――二〇一三b『第三版 大正デモクラシー論――吉野作造の時代』東京大学出版会。

――二〇一八『近代と現代の間――三谷太一郎対談集』東京大学出版会。

美濃部達吉 一九一二（二〇一八）『憲法講話』（有斐閣、一九一二年）、岩波書店（岩波文庫）、二〇一八年。

―― 一九一三（一九八九）「上杉博士の「国体に関する異説」を読む」、星島二郎編『最近憲法論――上杉慎吉対美濃部達吉』（実業之日本社、一九一三年）、みすず書房（Misuzu reprints）、一九八九年。
宮村治雄 一九八九『理学者兆民――ある開国経験の思想史』みすず書房。
三和良一 一九七九「高橋財政期の経済政策」、東京大学社会科学研究所編『ファシズム期の国家と社会』第二巻「戦時日本経済」東京大学出版会。
村上泰亮・公文俊平・佐藤誠三郎 一九七九『文明としてのイエ社会』中央公論社。
村上泰亮・浜田宏一（編）一九八一『経済学の新しい流れ――日本経済の理論と現実』東洋経済新報社。
村松岐夫 一九八一『戦後日本の官僚制』東洋経済新報社。
―― 一九九四『日本の行政――活動型官僚制の変貌』中央公論社（中公新書）。
本橋哲也 二〇〇五『ポストコロニアリズム』岩波書店（岩波新書）。
森嶋通夫 二〇〇五『森嶋通夫著作集』別巻、岩波書店。
盛田良治 二〇一〇「平野義太郎とマルクス社会科学のアジア社会論――「アジア的」と「共同体」の狭間で」、石井知章・小林英夫・米谷匡史編『一九三〇年代のアジア社会論――「東亜協同体」論を中心とする言説空間の諸相』社会評論社。
柳田國男 一九一〇（一九九七）『遠野物語』（一九一〇年）、「序文」、『柳田國男全集』第二巻、筑摩書房、一九九七年。
―― 一九二六（一九九八）「Ethnology とは何か」（一九二六年）、『柳田國男全集』第四巻、筑摩書房、一九九八年。
―― 一九二九（一九九八）『都市と農村』（朝日新聞社、一九二九年）、『柳田國男全集』第四巻、筑摩書房、一九九八年。

――　一九四四（一九九八）『史料としての伝説』（一九四四年）、『柳田國男全集』第一四巻、筑摩書房、一九九八年。
矢部貞治　一九七四『矢部貞治日記　銀杏の巻』（一九三七年五月二八～四五年一二月三一日）、読売新聞社。
山口二郎　一九九三『政治改革』岩波書店（岩波新書）。
山口昌男　一九七一『人類学的思考』せりか書房。
――　一九七四『歴史・祝祭・神話』中央公論社。
――　一九七五『文化と両義性』岩波書店（哲学叢書）。
山口道弘　二〇二二a「牧健二と文科派法制史学の展開」（全二回）、『法政研究』第八八巻第四号（二〇二二年三月）、二四二―一九一頁、第八九巻第一号（二〇二二年七月）、一一七―一七〇頁。
――　二〇二二b「久米邦武の思想形成」、『藝林』第七一巻第二号（二〇二二年一〇月）、三二―七五頁。
――　二〇二三a「久米邦武の思想展開」、『法政研究』第八九巻第四号（二〇二三年三月）、二九〇―二一二頁。
――　二〇二三b「文化史への途――明治中期の哲学界・文学界に於ける歴史研究の展開」、『法政研究』第九〇巻第二号（二〇二三年一〇月）、一二七―一九四頁。
山崎広明　一九七九「日本戦争経済の崩壊とその特質」、東京大学社会科学研究所編『ファシズム期の国家と社会』第二巻「戦時日本経済」東京大学出版会。
山室信一　二〇〇四『キメラ――満洲国の肖像』（増補版）、中央公論新社（中公新書）。
山本幸司　二〇一六「社会史の成果と課題」、『岩波講座 日本歴史』第二二巻、岩波書店。
吉見俊哉　二〇〇〇『カルチュラル・スタディーズ』岩波書店（思考のフロンティア）。
吉本隆明・梅原猛・中沢新一　一九九五『日本人は思想したか』新潮社。

蠟山政道 一九二五『政治学の任務と対象——政治学理論の批判的研究』巌松堂書店。

和辻哲郎 一九一九（二〇一二）『初版 古寺巡礼』（岩波書店、一九一九年）、筑摩書房（ちくま学芸文庫）、二〇一二年。

邦訳文献

ゴードン、アンドルー（編）二〇〇一『歴史としての戦後日本』上、中村政則監訳、みすず書房。

スティグリッツ、ジョセフ・E＋カール・E・ウォルシュ 二〇一四『スティグリッツ マクロ経済学』（第四版）、藪下史郎・秋山太郎・蟻川靖浩・大阿久博・木立力・宮田亮・清野一治訳、東洋経済新報社。

スミス、H 一九七八『新人会の研究——日本学生運動の源流』松尾尊兊・森史子訳、東京大学出版会。

フレッチャー、マイルズ 二〇一一『知識人とファシズム——近衛新体制と昭和研究会』竹内洋・井上義和訳、柏書房。

モミッリャーノ 二〇二一『モミッリャーノ 歴史学を歴史学する』木庭顕編訳、みすず書房。

外国語文献

Saito, Makoto 2021, *Strong Money Demand in Financing War and Peace: The Cases of Wartime and Contemporary Japan*, Singapore: Springer.

おわりに

本書を含めて私の仕事の全ては、最後に述べた小さなブレイク・スルーへと繋ぐことであった。早くから私はこうと定めて体系的に研究と教育をしてきた。それこそホメーロスに始まり人文主義を経てモミッリャーノやレーポレに至る伝統、他面では鷗外・漱石・一葉はたまた梅謙次郎から三谷太一郎までの微かに繋がる直近の一筋、を何とか先へ繋ごうとしてきた。もとより、何も付け加えないことは初めから明らかであったから、せめて先人たちの遺したテクストを忠実に解釈して、それを若い世代に伝えようと（のみ）してきたのである。自分の独創を刻むことなどには意味がないということに幸い早くに気付いた。

もちろん、最初に述べたように、私を動かしたのは責任の意識である。まさに今掲げた人々のテクストから、そして直近の環境の人々との接触によって、私は幸福にも、学問とは責任感でするところのことである、ということを理解しえた。別に労苦ということではない。学問は難行苦行ではなく、楽しくなければ学問ではない、と私は言い続けてきたから、食言ではないか、と私の近傍の若い人々は思うかもしれないが、そうではない。一九九〇年代の初めに、大学院の入学試験口述で、型どおりに研究者志望の動機をきいたところ、或る受験者が、「研究者としてのライフ・スタイルが好きだから」と答えた。書斎でパイプをくゆらせながら好きなだけ本を読む、という生活に憧れるようであった。実際には、学問とは、ぬかるみで泥だらけになって進むことを意味し、罠あり、落とし穴あり、大概は（実質的な意味の）命を落とす。その時に強い使命感がなければ、そしてとりわけ問題を鋭く直感する力がなければ、混迷と焦燥の地獄を味わうのみである。楽しくならないのである。前著でホメーロスによって、或いはデカルトによって、本書で丸山眞男によって、例解した原クリティックへ向かう分岐を経なければ認識はクリアにならないが、これを経るということは同時に全現実に対して責任を持つということを意味する。だから責任感なしには透明な意識は得られない。楽しくない。若い世代には全く通じないということを日々感じるが、責任という考えのない学問は結局透明になってこない。どうしても陳腐になる。

もちろん、私のこの繋ぎという仕事は目も当てられない fiasco に終わった。それが証拠に、或る（当時相対的に若い）研究者は、書棚の「三部作」を指さして、こんな誰も読まないものを書いて先生は一体どういうおつもりですか、と彼一流の野武士風武骨さでストレートに批判した。同様の別の研究者は、私が書くもの一般について、内容が理解できる者は日本語が理解できず、日本語が理解できる者は内容が理解できないのだ、と彼一流の不器用な優しさで慰めようとし、却って一層きついゼロ査定に至った。なるほど、ラテン語を読む者は哲学を理解しないし、哲学を理解する者はギリシャ語を理解するので、ラテン語で哲学を書くことに一体どういう意味があるのか、と確かキケローが自問していたように記憶する。けれども、二人の批判はどちらも完璧であり、私の失敗は動かない。

しかし、先へ繋ぐ、別の言い方をすればわずかずつ積み上げる、仕方には様々ある。それは、責任を果たす仕方に様々あるということでもある。なるほど私はバトンを受け取り先へ渡すことには失敗した。ブレイク・スルーを担う極小の一点へ、私の仕事が結び付くものではない。しかし、責任の中には必ず、失敗について報告し申し送る、とりわけ、何故失敗に終わったか、失敗の結果どういう状況が後へ残っているのか、について考察を遺しておく、ということがある。本書はとりわけこれに該当する。ひょっとすると、こうしたネガティヴな形態において、私でも微かに、肝腎なポイントへと伝統を届けるために寄与できるかもしれない。伝統自体、或る意味、累々たる失敗の山である。直近の失敗の経験は、ブレイク・スルーのポイントで独自に伝統を再発見し受け継ぐ、その場面へ、小さな養分を消極的に補いうる、かもしれない。

本書は、私のバイアスを構成するとして名を挙げた（或いは名を挙げない）（私より若い研究者を含む）人々への謝辞なしには締めくくりえないであろう。彼らに私が値するということはない。それでも、本書を執筆するにつれ、限りない懐かしさを覚えた。

最後に、この特定的な意味における責任という感覚に鋭く反応してこの著作の出版を引き受けた互盛央の勇気に再度注意を促しておきたい。そういうことを理解しうる知性に遭遇したことは私にとって得がたいものであった。

二〇二三年師走

木庭　顕

木庭　顕（こば・あきら）

一九五一年、東京都生まれ。歴史学者。

主な著書に、『政治の成立』、『デモクラシーの古典的基礎』、『法存立の歴史的基盤』（以上、東京大学出版会）、『憲法9条へのカタバシス』（みすず書房）、『誰のために法は生まれた』（朝日出版社）、『人文主義の系譜』（法政大学出版局）、『クリティック再建のために』（講談社選書メチエ）など。

主な訳書に、『モミッリャーノ　歴史学を歴史学する』（編訳、みすず書房）など。

ポスト戦後日本の知的状況

二〇二四年 三月一二日 第一刷発行

著者 木庭 顕

発行者 森田浩章

発行所 株式会社 講談社

東京都文京区音羽二丁目一二―二一 〒一一二―八〇〇一

電話（編集）〇三―五三九五―三五一二

（販売）〇三―五三九五―五八一七

（業務）〇三―五三九五―三六一五

KODANSHA

装幀者 奥定泰之

本文印刷 株式会社新藤慶昌堂

カバー・表紙印刷 半七写真印刷工業株式会社

製本所 大口製本印刷株式会社

ISBN978-4-06-535234-2 Printed in Japan N.D.C.201 359p 19cm

講談社選書メチエの再出発に際して

講談社選書メチエの創刊は冷戦終結後まもない一九九四年のことである。長く続いた東西対立の終わりはついに世界に平和をもたらすかに思われたが、その期待はすぐに裏切られた。超大国による新たな戦争、吹き荒れる民族主義の嵐……世界は向かうべき道を見失った。そのような時代の中で、書物のもたらす知識が一人一人の指針となることを願って、本選書は刊行された。

それから二五年、世界はさらに大きく変わった。特に知識をめぐる環境は世界史的な変化をこうむったとすら言える。インターネットによる情報化革命は、知識の徹底的な民主化を推し進めた。誰もがどこでも自由に知識を入手でき、自由に知識を発信できる。それは、冷戦終結後に抱いた期待を裏切られた私たちのもとに差した一条の光明でもあった。

その光明は今も消え去ってはいない。しかし、私たちは同時に、知識の民主化が知識の失墜をも生み出すという逆説を生きている。堅く揺るぎない知識も消費されるだけの不確かな情報に埋もれることを余儀なくされ、不確かな情報が人々の憎悪をかき立てる時代が今、訪れている。

この不確かな時代、不確かさが憎悪を生み出す時代にあって必要なのは、一人一人が堅く揺るぎない知識を得、生きていくための道標を得ることである。

フランス語の「メチエ」という言葉は、人が生きていくために必要とする職、経験によって身につけられる技術を意味する。選書メチエは、読者が磨き上げられた経験のもとに紡ぎ出される思索に触れ、生きるための技術と知識を手に入れる機会を提供することを目指している。万人にそのような機会が提供されたとき初めて、知識は真に民主化され、憎悪を乗り越える平和への道が拓けると私たちは固く信ずる。

この宣言をもって、講談社選書メチエ再出発の辞とするものである。

二〇一九年二月　　野間省伸

講談社選書メチエ　世界史

MÉTIER

英国ユダヤ人　佐藤唯行
オスマンvs.ヨーロッパ　新井政美
ポル・ポト〈革命〉史　山田　寛
世界のなかの日清韓関係史　岡本隆司
アーリア人　青木　健
ハプスブルクとオスマン帝国　河野　淳
「三国志」の政治と思想　渡邉義浩
海洋帝国興隆史　玉木俊明
軍人皇帝のローマ　井上文則
世界史の図式　岩崎育夫
ロシアあるいは対立の亡霊　乗松亨平
都市の起源　小泉龍人
英語の帝国　平田雅博
アメリカ　異形の制度空間　西谷　修
ジャズ・アンバサダーズ　齋藤嘉臣
モンゴル帝国誕生　白石典之
〈海賊〉の大英帝国　薩摩真介
フランス史　ギヨーム・ド・ベルティエ・ド・ソヴィニー　鹿島　茂監訳／楠瀬正浩訳
地中海の十字路＝シチリアの歴史　藤澤房俊
月下の犯罪　サーシャ・バッチャーニ　伊東信宏訳
シルクロード世界史　森安孝夫
黄禍論　廣部　泉
イスラエルの起源　鶴見太郎
近代アジアの啓蒙思想家　岩崎育夫
銭躍る東シナ海　大田由紀夫
スパルタを夢見た第三帝国　曽田長人
メランコリーの文化史　谷川多佳子
アトランティス＝ムーの系譜学　庄子大亮
中国パンダ外交史　家永真幸
越境の中国史　菊池秀明
中華を生んだ遊牧民　松下憲一
戦国日本を見た中国人　上田　信

講談社選書メチエ　社会・人間科学

MÉTIER

日本語に主語はいらない　金谷武洋
テクノリテラシーとは何か　齊藤了文
どのような教育が「よい」教育か　苫野一徳
感情の政治学　吉田　徹
マーケット・デザイン　川越敏司
「社会(コンヴィヴィアリテ)」のない国、日本　菊谷和宏
権力の空間／空間の権力　山本理顕
地図入門　今尾恵介
国際紛争を読み解く五つの視座　篠田英朗
易、風水、暦、養生、処世　水野杏紀
丸山眞男の敗北　伊東祐吏
新・中華街　山下清海
ノーベル経済学賞　根井雅弘編著
日本論　石川九楊
丸山眞男の憂鬱　橋爪大三郎
危機の政治学　牧野雅彦
主権の二千年史　正村俊之

機械カニバリズム　久保明教
暗号通貨の経済学　小島寛之
電鉄は聖地をめざす　鈴木勇一郎
日本語の焦点　日本語「標準形(スタンダード)」の歴史　野村剛史
ワイン法　蛯原健介
MMT　井上智洋
快楽としての動物保護　信岡朝子
手の倫理　伊藤亜紗
現代民主主義　思想と歴史　権左武志
やさしくない国ニッポンの政治経済学　田中世紀
物価とは何か　渡辺　努
SNS天皇論　茂木謙之介
英語の階級　新井潤美
目に見えない戦争　イヴォンヌ・ホフシュテッター　渡辺　玲訳
英語教育論争史　江利川春雄
人口の経済学　野原慎司

講談社選書メチエ　心理・科学

MÉTIER

講談社選書メチエ　哲学・思想Ⅱ

MÉTIER

近代性の構造　今村仁司
身体の零度　三浦雅士
近代日本の陽明学　小島　毅
経済倫理＝あなたは、なに主義？　橋本　努
パロール・ドネ　C・レヴィ＝ストロース　中沢新一訳
ブルデュー　闘う知識人　加藤晴久
熊楠の星の時間　中沢新一
絶滅の地球誌　澤野雅樹
共同体のかたち　菅　香子
三つの革命　佐藤嘉幸・廣瀬　純
なぜ世界は存在しないのか　マルクス・ガブリエル　清水一浩訳
「東洋」哲学の根本問題　斎藤慶典
言葉の魂の哲学　古田徹也
実在とは何か　ジョルジョ・アガンベン　上村忠男訳
創造の星　渡辺哲夫
いつもそばには本があった。　國分功一郎・互　盛央
創造と狂気の歴史　松本卓也

「私」は脳ではない　マルクス・ガブリエル　姫田多佳子訳
AI時代の労働の哲学　稲葉振一郎
西田幾多郎の哲学＝絶対無の場所とは何か　中村　昇
名前の哲学　村岡晋一
「心の哲学」批判序説　佐藤義之
贈与の系譜学　湯浅博雄
「人間以後」の哲学　篠原雅武
ドゥルーズとガタリの『哲学とは何か』を精読する　近藤和敬
自由意志の向こう側　木島泰三
自然の哲学史　米虫正巳
夢と虹の存在論　松田　毅
クリティック再建のために　木庭　顕
AI時代の資本主義の哲学　稲葉振一郎
ウィトゲンシュタインと言語の限界　ピエール・アド　合田正人訳
ときは、ながれない　八木沢　敬
非有機的生　宇野邦一
恋愛の授業　丘沢静也